図解！　地図とあらすじでわかる

古事記・日本書紀

横浜市[illegible]博物館館長
國學[illegible]
鈴[illegible]

はじめに

日本の古代史はいつも脚光を浴びています。古代とは三世紀から一〇世紀ころまでの社会を指し、その前後の原始社会、中世社会と区別されます。古代の史実を探るには、考古学とならんで、歴史書や金石文《きんせきぶん》を検討し史実を復元する文献史学の研究があります。そのうち、七世紀、飛鳥時代以前の基本史料が日本最古の歴史書『古事記』『日本書紀』です。『古事記』の選録以来一三〇〇年になりました。この二つの古典は、天地の創成、神々の活動する世界から、神の子孫の天皇たちの時代を生き生きと描き、目の前に古代世界が広がる、一大スペクタクルをみせてくれます。ただ、文章は現代人には難解です。

そこで、この本は、両書を読んだ時と同じように、エッセンスをざっくりとすくい、しかも平易にまとめあげています。神話、古代史の最新の研究も盛り込んでいます。この本を入門にして、〝古代の森〟に分け入ってみませんか。

鈴木靖民

図解！地図とあらすじでわかる古事記・日本書紀　目次

序章　『古事記』『日本書紀』の基礎知識

第一章　日本の創世神話

第二章　国造りから天孫降臨へ

第三章　天皇家誕生の説話

第四章　王権を拡大した英雄

第五章 伝説から歴史の時代へ

本書は、弊社発行の『図解　地図でたどる古事記・日本書紀』に加筆・修正を行って再編集し、改題したものです。

序章 『古事記』『日本書紀』の基礎知識

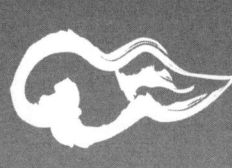

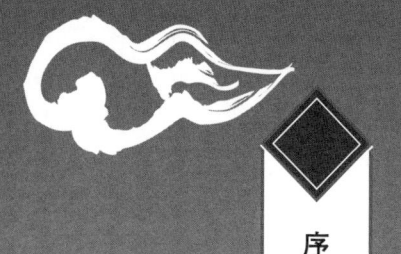

『古事記』『日本書紀』はどんな書物か？

天地のはじまりから天皇家の歴史を描く

●私的な歴史書（記）と公式記録（紀）

『古事記』は７１２年、『日本書紀』は７２０年に成立した歴史書だ。ともに40代天武《てんむ》天皇が編纂《へんさん》を企画したとされ、２つあわせて「記紀《きき》」とよばれる。

『古事記』は、天皇家に伝わる説話・系譜を中心にまとめたもので、天皇家の私的な歴史書。天地《てんち》開闢《かいびゃく》（天地のはじまり）から33代推古《すいこ》天皇の世までを記している。書名は、古いものごとの書物という意味の一般名で、正式名ではないとされる。通常は「コジキ」と音読するが、本来は「フルコトブミ」と訓読みする説もある。

『日本書紀』は、天皇家と朝廷の説話・歴史をつづった国家の公式記録（正史《せいし》という）。天地開闢から41代持統《じとう》天皇の世までを年次を追って記述している。書名は『日本書紀』でなく、もともと『日本紀《にほんぎ》』が正しいと考えられる。

『古事記』は古い出来事から順に記しているが、『日本書紀』のように年次を明記

「記紀」の役割と編纂の目的

古事記と日本書紀は、当初から異なる目的・手法で編纂がはじめられた。

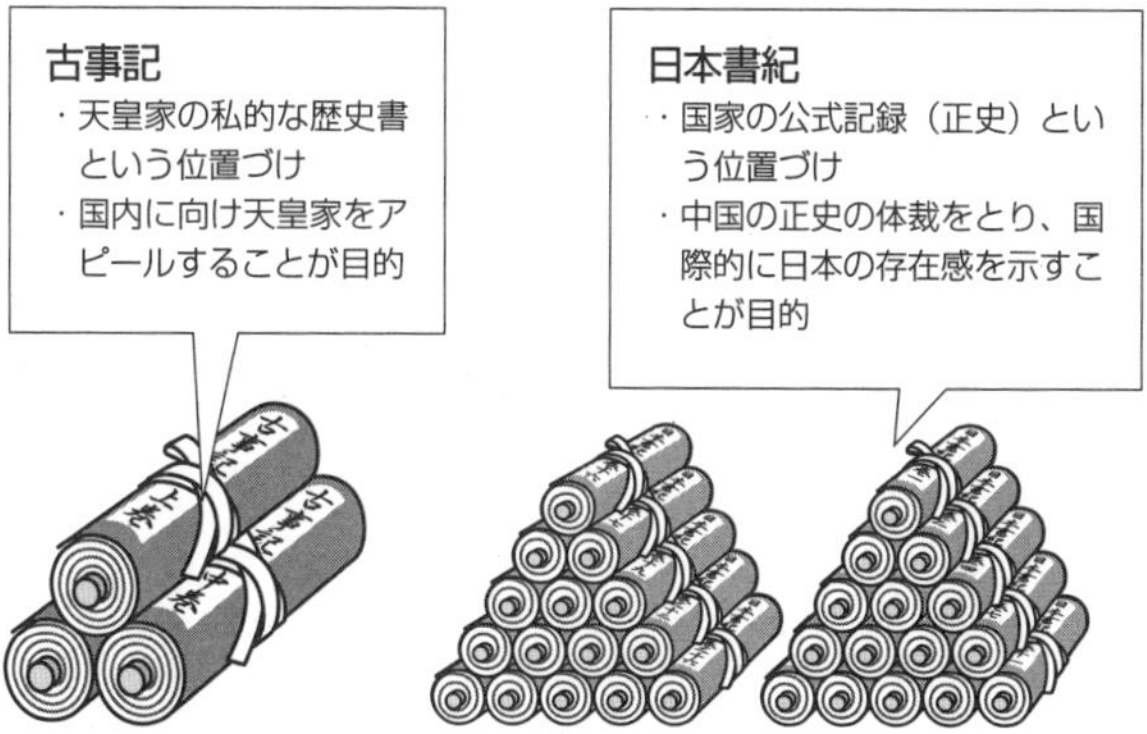
古事記
・天皇家の私的な歴史書という位置づけ
・国内に向け天皇家をアピールすることが目的
日本書紀
・国家の公式記録（正史）という位置づけ
・中国の正史の体裁をとり、国際的に日本の存在感を示すことが目的

して順に記録する「編年体《へんねんたい》」ではない。また、『古事記』の表記は漢文ながら、訓読みをとりいれた独特の和風スタイルなのに対し、『日本書紀』は漢文で書かれている。

　この違いは、『古事記』が国内にむけて天皇家の正統性をアピールするものであった一方で、『日本書紀』は中国の正史（国家によって公式に編纂された歴史書）にならった体裁をとっていることなどから、国際的に日本の存在感を示す意図があったとされる。ボリュームもかなり異なる。

　要するに、読者対象の違いによるものだと考えられる。

『古事記』の編纂と成立

日本最古の歴史書である『古事記』成立の経緯

40代天武《てんむ》天皇（?～686年）は673年に即位すると、それまで諸家に伝わっていた歴史伝承の誤りを正し、後世に残すべき歴史書を編纂《へんさん》することを思いたった。舎人《とねり》（主君の近くに仕える役）として側に仕えていた稗田阿礼《ひえだのあれ》に命じ、天皇家の系譜を記した「帝紀《※ていき》」、古い伝承をまとめた「旧辞《※きゅうじ》」を暗唱《あんしょう》させ編纂の準備をすすめたが、天武天皇の死去により、事業は中断した。

それを復活させたのが、天武天皇の姪《めい》にあたる43代元明《げんめい》天皇（661～721年）である。

711年、元明天皇から編纂の再開を命じられた太安万侶《おおのやすまろ》（?～723年）は、稗田阿礼の口述をもとに記録をまとめ、翌年1月、『古事記』として元明天皇に献上。天武天皇の没後、26年をへて完成した。

『古事記』の原本は現存しておらず、写本でもっとも古いものは、1372年完成の真福寺本《しんぷくじ》（国宝）である。

※「帝紀」「旧辞」は失われているので、『古事記』が日本最古の歴史書となる。

『古事記』の構成

『古事記』は、上巻・中巻・下巻の3部で構成されている。実際の『古事記』は上中下の3巻に分かれているだけで、内容に関する見出しはない。

●序～上巻

上巻の冒頭に置かれた「序」は、編者の太安万侶が献上するにあたり記したもの。神が治めていたという時代から允恭天皇までの伝承を簡潔に述べた段、天武天皇による歴史書編纂の推移を述べた段、元明天皇の勅命から『古事記』献上までの経緯をまとめた段の3段からなっている。

「序」に続いて、「上巻」は神代について記す。日本列島の生成から神々の誕生、国造りを伝え、神武天皇の誕生で終わる。天の岩屋・ヤマタノオロチ・因幡の白兎などの神話はこの巻に記されている。

●中巻～下巻

「中巻」は初代神武天皇から15代応神天皇までの記事で、神武東征・ヤマトタケルなどの説話が載る。

「下巻」は16代仁徳天皇から33代推古天皇までの事績を示す。 中巻と下巻は、半神半人の時代と人間の時代とで区分けされているという説がある。仁徳天皇以降の記載は人間性が豊かになるのも事実だ。

『日本書紀』の編纂と成立

史上初の「国史編纂」という国家的事業

天武《てんむ》天皇は681年、川島皇子《かわしまのみこ》（657〜691年）・忍壁皇子《おさかべのみこ》（?〜705年）の2人の皇子を中心とする12人の皇族・豪族・官吏に「帝紀《ていき》と上古《じょうこ》の諸事」を整理するよう命じた。『日本書紀』編纂《へんさん》の出発点とされる。

すでに『古事記』の編纂は開始されていたが、異なる編集方針の歴史書をまとめようとしたのだろう。『日本書紀』には、『古事記』のような「序」が伝わらないので、成立のいきさつはわからない。ただ、命《めい》を受けた12人は、初の国史を編むという国家的事業を担うのにふさわしい陣容であった。

720年5月、舎人親王《とねりしんのう》（676〜735年）が44代元正《げんしょう》天皇（680〜748年）に『日本書紀』を献上したと、『続日本紀《しょくにほんぎ》』（797年完成）に記述があるので、この年に完成したのは確かだ。

舎人親王（皇子）は天武天皇の皇子で、忍壁皇子とは異母兄弟である。忍壁皇子が亡くなる前後に、編纂事業の責任者を引き継いだのだろう。

『日本書紀』完成までの流れ

681年
天武天皇、川島皇子、忍壁皇子を中心とする12人の皇族、官吏に正史の編纂を命じる

▼

705年
天武天皇の皇子である舎人親王が、編纂の責任者となる

▼

712年　『古事記』完成

▼

720年
『日本書紀』完成。舎人親王が最終的に取りまとめ、44代元正天皇に献上

『日本書紀』とそれ以後の日本の「正史」

正史とよばれる史書は『日本書紀』以降、およそ200年の間に5書が編纂された。『日本書紀』とそれら5書をあわせた6書の正史は「六国史」とよばれている。

書名	成立	編者	内容
日本書紀	720年	舎人親王ら	天地開闢～持統天皇
続日本紀	797年	菅野真道ら	文武天皇～桓武天皇
日本後紀	840年	藤原緒嗣ら	桓武天皇～淳和天皇
続日本後紀	869年	藤原良房ら	仁明天皇
日本文徳天皇実録	878年	藤原基経ら	文徳天皇
日本三代実録	901年	藤原時平ら	清和天皇～光孝天皇

全30巻からなる『日本書紀』

海外へ向けて日本を紹介するものとして編纂された「正史」

●41代持統天皇までが列記される

『続日本紀《しょくにほんぎ》』の記録によれば、舎人親王《とねりしんのう》が元正《げんしょう》天皇に献上した『日本書紀』は、全30巻・系図1巻とある。だが、系図は現存せず、写本も伝わっていない。

全30巻のうち、巻1・巻2は神代《かみよ》の記述で、天地のはじまりから初代神武《じんむ》天皇の誕生までの神話を記している。それ以降は、基本的に1巻につき1人の天皇の代の記事が年代順に列記されている。30巻目は、天武《てんむ》天皇の皇后である41代持統《じとう》天皇だ。ただし、特筆すべき内容が少ない場合は、1巻に複数の天皇がまとめられている。天武天皇ひとりだけが2巻に書き分けられているのは、壬申《じんしん》の乱を含む激動の時代だったことを物語るといえる。

なお、『日本書紀』の原文は、天皇の名を和風《わふう》※諡号《しごう》で示す。漢風《かんぷう》諡号は後世に付け加えられたものだ。たとえば、漢風諡号である神武天皇の和風諡号は、神日本磐《かむやまといわ》

※諡号：死後に贈られる称号、おくり名のこと

『日本書紀』の原史料

1：天皇家に伝わる記録（「帝紀」「旧辞」など）
2：諸豪族に伝わる記録（「墓記」など）
3：地方に伝わる物語（「風土記」など）
4：政府の公式記録
5：個人の手記（「伊吉博徳書」など）
6：寺院の縁起（元興寺など）
7：外国人の記録（「百済記」「百済本記」など）

上記のほかに「三国志」、「漢書」、「後漢書」などの漢籍の形式や文体、逸話を模倣した例などもある。

余《れ》彦《ひこ》天皇である。奈良時代から平安時代にかけて漢風諡号が用いられるようになった。現代は一世一元制のもと、元号を贈ることになっている。

●『日本書紀』の原資料

「帝紀《ていき》」「旧辞《きゅうじ》」を基本史料としてまとめられた『古事記』に対し、『日本書紀』は、国家事業として行われる正史の編纂なので、できるだけ多くの史料（上記参照）を集め、記述に厚みをもたせた。

そのほか、「三国志《さんごくし》」「漢書《かんじょ》」「後漢書《ごかんじょ》」などの漢籍《かんせき》に形式や文体をまね、あるいは逸話《いつわ》を模倣《もほう》した例もある。

また、本文に添える注として、「一書

に曰く」「或本に云く」という形で、数多くの異説《いせつ》を紹介している。

書名を明記できない理由があったかもしれないが、すでに現存しない書物の内容を利用したという意見もある。

『日本書紀』の編纂には政治的意図が皆無《かいむ》ではないので、内容の検討には慎重さが必要だが、異説をあえて載せる編集方針は、当時、世界でも例を見ない公正な態度だといえる。

『日本書紀』全30巻の構成

巻第一	神代　上
巻第二	神代　下
巻第三	神武天皇
巻第四	綏靖天皇・安寧天皇・懿徳天皇・孝昭天皇・孝安天皇・孝霊天皇・孝元天皇・開化天皇
巻第五	崇神天皇
巻第六	垂仁天皇
巻第七	景行天皇・成務天皇
巻第八	仲哀天皇
巻第九	神功皇后
巻第十	応神天皇
巻第十一	仁徳天皇
巻第十二	履中天皇・反正天皇
巻第十三	允恭天皇・安康天皇
巻第十四	雄略天皇
巻第十五	清寧天皇・顕宗天皇・仁賢天皇
巻第十六	武烈天皇
巻第十七	継体天皇
巻第十八	安閑天皇・宣化天皇
巻第十九	欽明天皇
巻第二十	敏達天皇
巻第二十一	用明天皇・崇峻天皇
巻第二十二	推古天皇
巻第二十三	舒明天皇
巻第二十四	皇極天皇
巻第二十五	孝徳天皇
巻第二十六	斉明天皇
巻第二十七	天智天皇
巻第二十八	天武天皇　上
巻第二十九	天武天皇　下
巻第三十	持統天皇

『古事記』と『日本書紀』の違い

相違は文体や内容だけでなく、編纂の目的や読者対象も異なる

●「記紀」の人名表記の違い

これまで述べてきた項目から、「記紀」の基本的な相違をまとめよう。

編者も成立年代も異なる両書は、文章の表記も『古事記』が和風をとりいれた漢文であるのに対し、『日本書紀』は純漢文。構成内容にも違いがあり、『日本書紀』のほうが叙述《じょじゅつ》する天皇の治世が8代長い。編纂の目的は、『古事記』が国内向け、『日本書紀』が海外向けで、編集方針も『日本書紀』は異説を載せて重

『古事記』と『日本書紀』の違い

古事記		日本書紀
712年	成立年	720年
全3巻	巻数	全30巻+系図1巻
稗田阿礼の語り伝えた『帝紀』『旧辞』を、太安万侶が筆録	編者	川島皇子、忍壁皇子、広瀬王、竹田王、桑田王、三野王、上毛野三千、忌部連首、阿曇連稲敷、難波連大形、中臣連大島、平群臣子首らに加え、後に舎人皇子らが完成させる
天地開闢〜推古天皇	収録期間	天地開闢〜持統天皇
和風をとりいれた漢文	表記	漢文
国内向け	編纂の目的	海外向け
137	初代神武天皇の享年	127

層的である。

具体的に読み比べてみたい。いちばん戸惑うのは、神名・人名の表記が異なる点だ。たとえば、イザナキノミコト・イザナミノミコトは、『古事記』では伊邪那岐命・伊邪那美命、『日本書紀』では伊弉諾尊・伊弉冉尊。スサノヲノミコトは須佐之男命と素戔嗚尊、ヤマトタケルノミコトは倭建命と日本武尊という具合である。『古事記』のほうが、日本人に読みやすい漢字があてられていることがわかる。

●随所に見られる年次の調整の痕跡

注目したいのは、天皇の享年《きょうねん》（生存していた年数）に違いがあること。たとえば、初代神武《じんむ》天皇の享年を『古事記』は１３７、『日本書紀』は１２７とする。

神武天皇以降について、『日本書紀』は死去の年次と享年を明らかにするが、『古事記』は年次を記さず、一部の天皇について享年と死去した年の干支《えと》を示すのみだ。だが、これらを比較すると、『日本書紀』のほうが天皇の享年が長い傾向にある。

これは、神武天皇の即位年を紀元前６６０年としたことに合わせるためとされる。１２６０年ごと辛酉《しんゆう》の年に革命が起こるという、中国の予言思想に基づいて編纂するため、年次を調整したと考えるのだ。33代推古《すいこ》天皇が飛鳥《あすか》の地に都をおいた601年（辛酉）が起点になる。

●内容にも大きな違いがある

内容についてもさまざまな相違がある。なかでも重大なのは、『古事記』に記される有名な神話が『日本書紀』の本文から省かれている点だ。

たとえば、火の神カグツチを生んで死んだイザナミを迎えに、イザナキが黄泉《よみ》の国《くに》を訪れるという説話は、一書として紹介されているにすぎない。『日本書紀』本文では、イザナミは生きていて、アマテラスオオミカミ（天照大神）を生む。

死をイメージさせる暗い物語を削除したと考えられる。

また、朝廷にとって一時期、大きな脅威だった吉備《きび》（岡山県、広島県東部）についての記述は『日本書紀』にあるが、『古事記』ではまったく触れられていない。吉備の有力豪族に対する配慮がはたらいたのかどうか、興味はつきない。

「記紀」の記述にある相違を巧《たく》みに読み解くことが、古代史をひもとく大きなカギである。

邪馬台国・卑弥呼の謎

中国の史書『三国志』の魏書東夷伝《ぎしとういでん》、いわゆる「魏志倭人伝」に邪馬台国の女王である卑弥呼についての記述がある。そのほか『後漢書』『梁書』、朝鮮の史書『三国史記』も名を記す。だが、「記紀」には、邪馬台国、卑弥呼の名が見えない。「魏志倭人伝」などによれば、卑弥呼は倭国の乱の後、184年ごろに女王に共立されて倭を治め、239年には魏に使者を派遣し、〝親魏倭王〟の金印と銅鏡100枚を授けられたという。死去したのは248年前後。後は親族で13歳の少女台与(壱与)が女王になったとされる。

倭国を束ねたという邪馬台国はどこにあったのか、卑弥呼は誰か、という謎を解明するのが日本古代史の最大のテーマだ。江戸時代から研究者の意見が交わされてきたが、解決がつかない。邪馬台国の位置については、「九州説」と「畿内説」が主流で、学界内外での意見対立がいまなお続く。卑弥呼という人物の比定についても、諸説が唱えられてきた。天照大神、倭迹迹日百襲媛命(7代孝霊天皇皇女)、倭姫命(11代垂仁天皇皇女)、神功皇后(14代仲哀天皇の后)などだ。記紀には登場しない〝熊襲の女酋〟という説もあった。もっとも有力視されているのが倭迹迹日百襲媛命の人物像。卑弥呼が〝鬼道〟を使う巫女的存在だったのに似た倭迹迹日百襲媛命の巫女的イメージが『日本書紀』に描かれるからだ。

　考古学による近年の成果も倭迹迹日百襲媛命＝卑弥呼説を後押しする。それが、倭迹迹日百襲媛命の陵墓とされる箸墓古墳（奈良県桜井市）だ。墳丘長約２８０メートルの前方後円墳で、築造は３世紀半ば以降とされ、卑弥呼の没年代に合致する。また、後円部の直径は約60メートルで、「魏志倭人伝」が伝える〝家の径は百余歩〟にほぼ近い。

　箸墓古墳がある纒向遺跡は大規模遺跡群だ。発掘による大型建物跡などの研究が進む。年代は３世紀から４世紀初めにかけてで、邪馬台国の存在時期と一致することから、「畿内説」の有力候補地とされている。二つの謎が解明される日は近いかもしれない。

箸墓古墳（はしはかこふん）

箸墓古墳は3世紀後半の築造と指摘されてきたが、2009年には240～260年と特定する研究が公にされた。卑弥呼は248年ごろに死去したとされるので、年代は符合する。また、纒向遺跡群では、古墳時代初期の大規模集落纒向遺跡などの発掘が進められている。

『古事記』は偽書か？

●疑問点の多い『古事記』の内容

『古事記』は〝偽書〟ではないかと疑う指摘は、江戸時代からあった。たとえば、大著『古事記伝』を残した本居宣長の師である賀茂真淵《かものまぶち》も、序文と本文の文体の違いから、序文は太安万侶が書いたものではないと疑問視している。

偽書説には大きく分けて、賀茂真淵が述べるように序文だけを偽書とする説、それに対し、序文と本文ともに偽書とみなす説の二つがある。江戸時代から現代にいたるまで、さまざまな根拠が指摘されてきたが、主なものは次のとおりだ。

●指摘される偽書の根拠

①『日本書紀』『続日本紀』に『古事記』撰録の記載がないこと。『続日本紀』は697年（文武天皇元年）から791年（延暦10）までの歴史を扱う勅撰史書だが、712年（和銅5）、元明天皇に撰上されたはずの『古事記』に関する記載がない。

②〝一書に曰く〟と多くの伝承を記す『日本書紀』に『古事記』からの引用がない

のが不自然であること。『日本書紀』の成立は７２０年（養老４）だから、書紀の編纂者は『古事記』を参考にできたはず。

③太安万侶の名は他の書物で確認できるが（近年は墓誌も見つかった）、稗田阿礼の存在が証明できない。『日本書紀』『続日本紀』に名が記されていないので、実在が疑われる。

④序文と本文の文体や仮名遣いが違う。本文には上代の古い仮名遣いがされているが、序文には使われていない。それゆえ、序文は後世に付け加えられた可能性がある。

⑤『古事記』序文には、天武天皇が稗田阿礼に記憶させた〝帝皇日継および先代旧辞〟をもとに撰録するよう命じたとあるが、『日本書紀』では天武天皇が〝帝紀および上古の諸事〟の校訂をもとに書紀の編纂を命じたという。勅撰史書を同時に編纂させるのは疑問が残る。

⑥『古事記』だけに載る氏族は『新撰姓氏録』（８１５年成立）の氏族に近似しているが、『日本書紀』だけにみえる氏族は推古朝の時期より古い。『古事記』の編纂は『日本書紀』よりも新しいのではないか。

前頁に挙げた以外にも多くの問題点が出されているが、偽書と断定する明確な証拠はない。前述の矛盾を解決する論理として、「原古事記」とでもいうべき書物、あるいは伝承が存在しており、それを元にして『古事記』は平安時代にまとめられ、序文が付されたのではないかという推論もある。

『古事記』を偽作した張本人は〝多人長《おおのひとなが》〟という説もある。多人長は太安万侶の子孫で、平安時代初期の官吏。朝廷で『日本書紀』の講義を行なった知識人だ。多人長は『弘仁私記』（『日本書紀』の講義ノート）を残しているが、この書物は『古事記』の名が文献上に現れる初出である。

さて、真相はいかに。もちろん、学界の主流は『古事記』偽書説に否定的である。

古事記の編纂を行った太安万侶

第一章　日本の創世神話

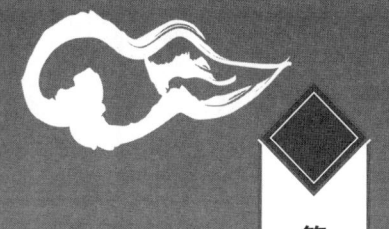

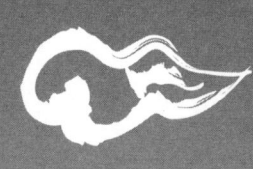

イザナキ・イザナミの結婚

「国生み」による大八島の誕生、「神生み」による24柱の誕生

●記紀それぞれにおいて神が生まれた

『古事記』は天地《てんち》開闢《かいびゃく》（天地のはじまり）を次のように記している。天地がはじめて2つに分かれたとき、最初に高天原《たかまのはら》に現れたのはアメノミナカヌシノカミ（天之御中主神〈記〉）を含む3柱《はしら》（神や霊を数える語）で、次いで2柱の神が現れた。だが、この別天《ことあま》つ神《かみ》といわれる5柱の神は、いつのまにか姿を消してしまう。

次に現れたのが神世《かみよ》七代《ななよ》という2柱の独神《ひとりかみ》と5組の男女神で、その最後に現れたのがイザナキノカミ（伊邪那岐神〈記〉）・イザナミノカミ（伊邪那美神〈記〉）である。

なお、『日本書紀』本文では、高天原が登場せず、天地が開けはじめたとき、最初に現れる神はクニトコタチノミコト（国常立尊〈紀〉・国之常立神〈記〉）である。神世七代の神々の名は「記紀」で微妙に異なり、『日本書紀』ではイザナキは伊弉諾尊、イザナミは伊弉冉尊と記される。

別天つ神と神世七代

別天つ神は、『古事記』のみに記されている、天と地が分かれて最初に生まれた5柱の神。『日本書紀』ではクニトコタチノミコトが最初の神とされる。神世七代の神々の名は「記紀」で異なる。

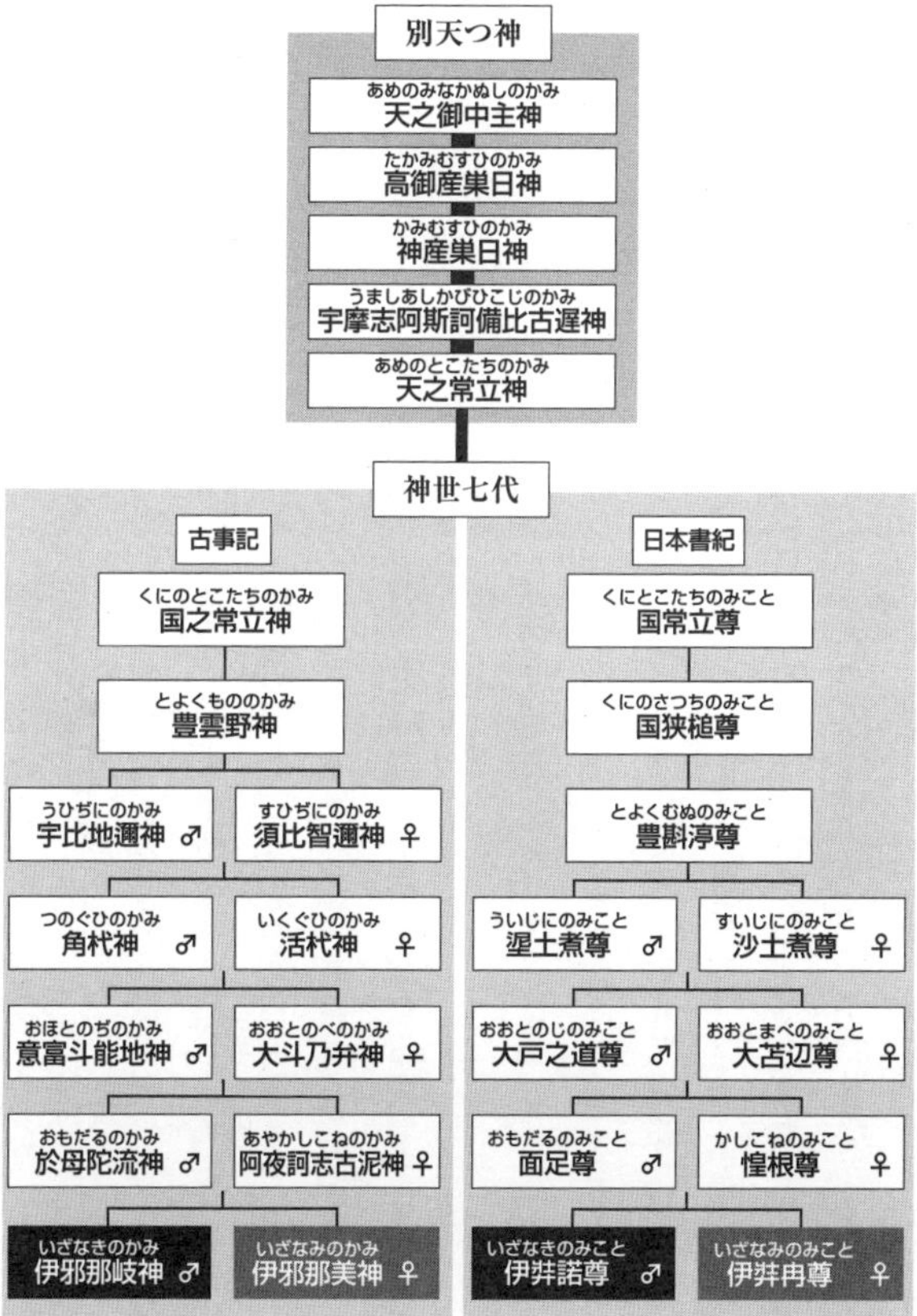

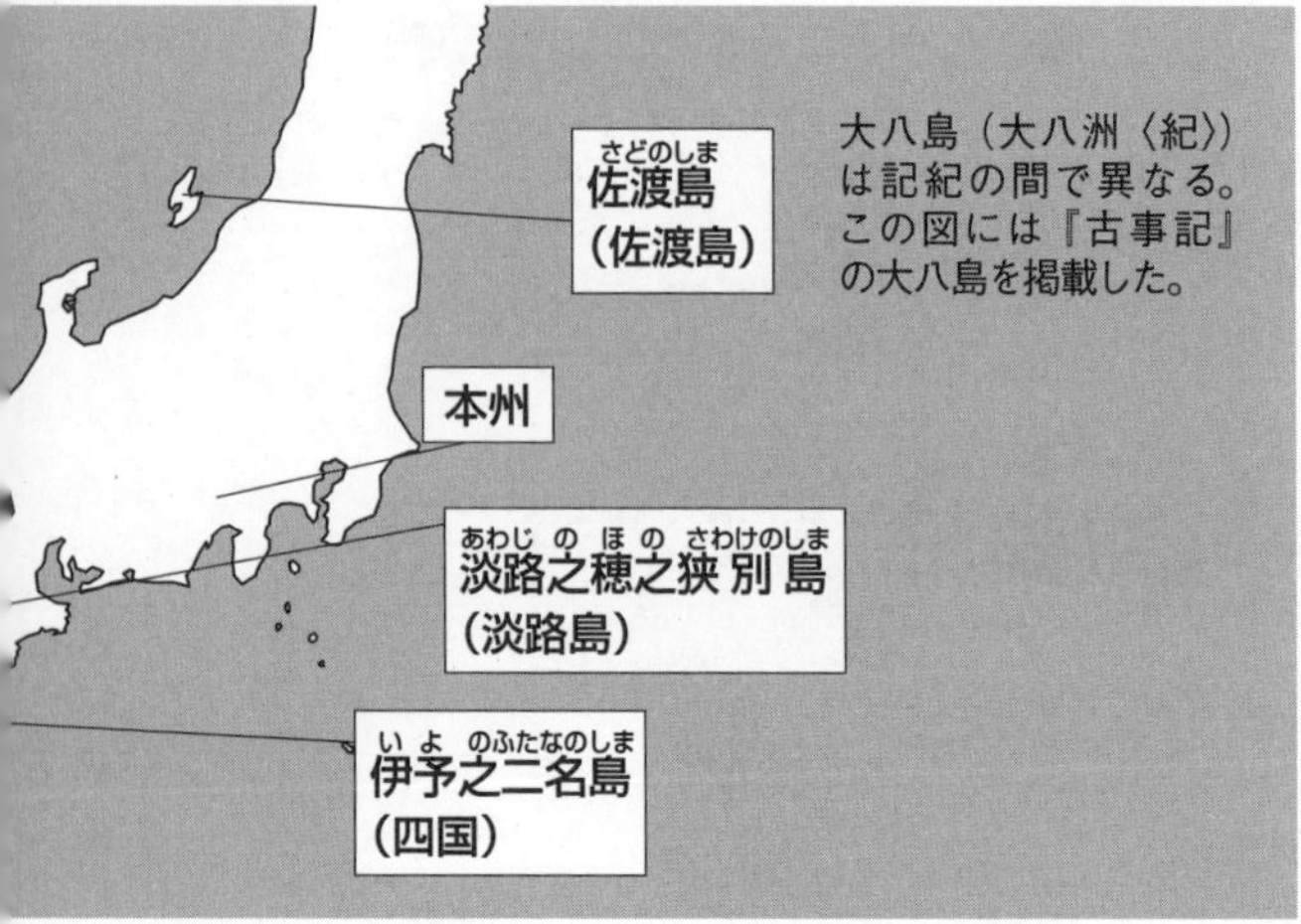

大八島（大八洲〈紀〉）は記紀の間で異なる。この図には『古事記』の大八島を掲載した。

●「国生み」で最初に誕生した オノゴロ島

イザナキ・イザナミは、天《あま》つ神々から下界に国土を造るよう命じられる。２神は天浮橋《あめのうきはし》という場所から天沼矛《あめのぬほこ》を混沌とした下界に降ろし、矛《ほこ》で海をかき混ぜ、引き上げた矛からしたたる潮でオノゴロ島を造った。

イザナキ・イザナミはその島に降り立ち、国を生むため夫婦の契《ちぎ》りを結んだ。だが、イザナミが「なんて素敵な男性でしょう」と先に声をかけ、イザナキが「なんて美しい女性でしょう」と返事をしたことが原因で、よい子ができなかった。

天つ神の教えに従い、イザナキから言

イザナキとイザナミが生んだ大八島

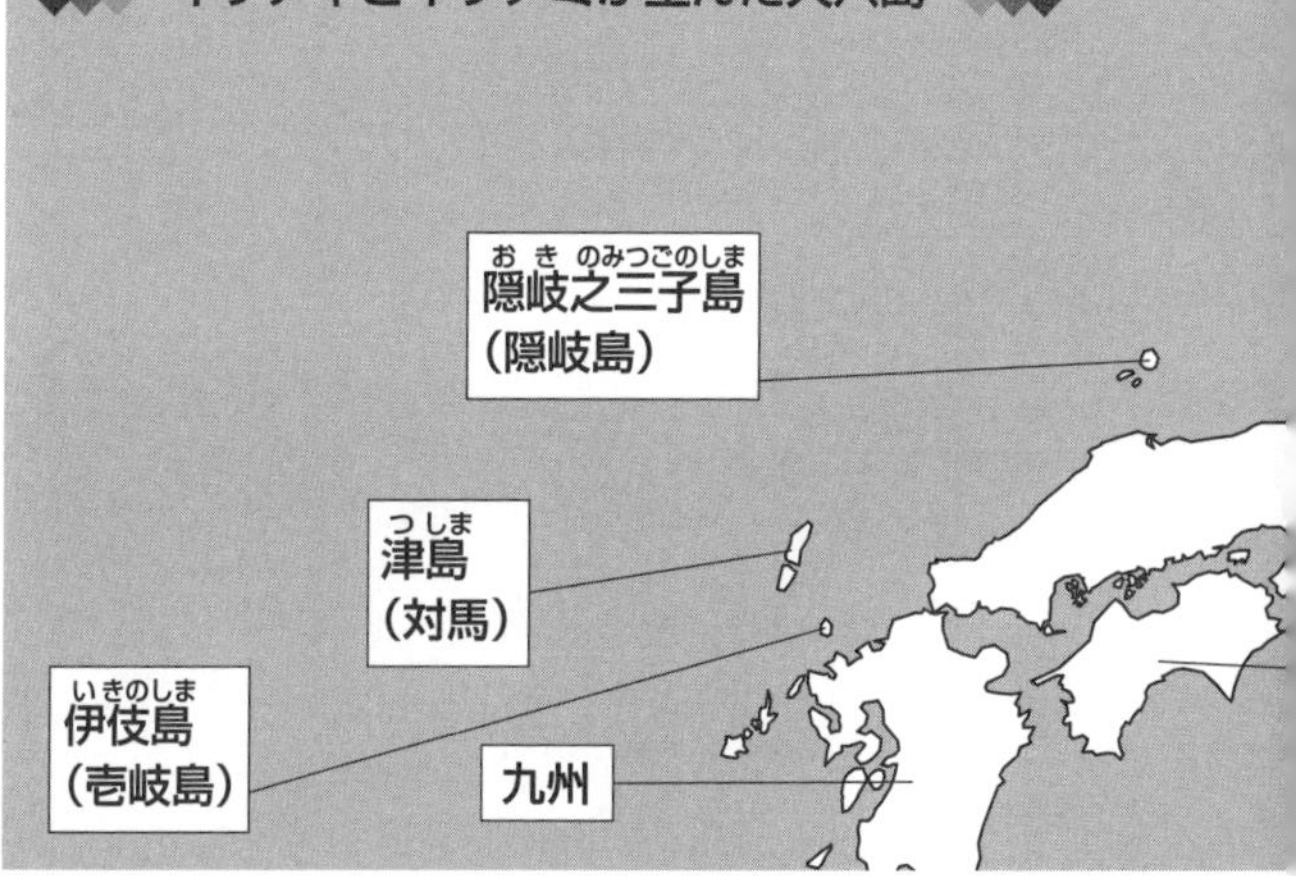

葉を発するよう儀式をやり直したところ、今度は無事に子が次々と誕生した。淡路《あわじ》島《しま》・四国《しこく》・隠岐島《おきのしま》・九州・壱岐島《いきのしま》・対《つ》馬《しま》・佐渡島《さどがしま》・本州で、これらを大八島《おおやしま》国という。

オノゴロ島の候補地とされる絵島。イザナキとイザナミが最初に生んだといわれる。瀬戸内海に浮かぶ周囲 400 メートルほどの小島。

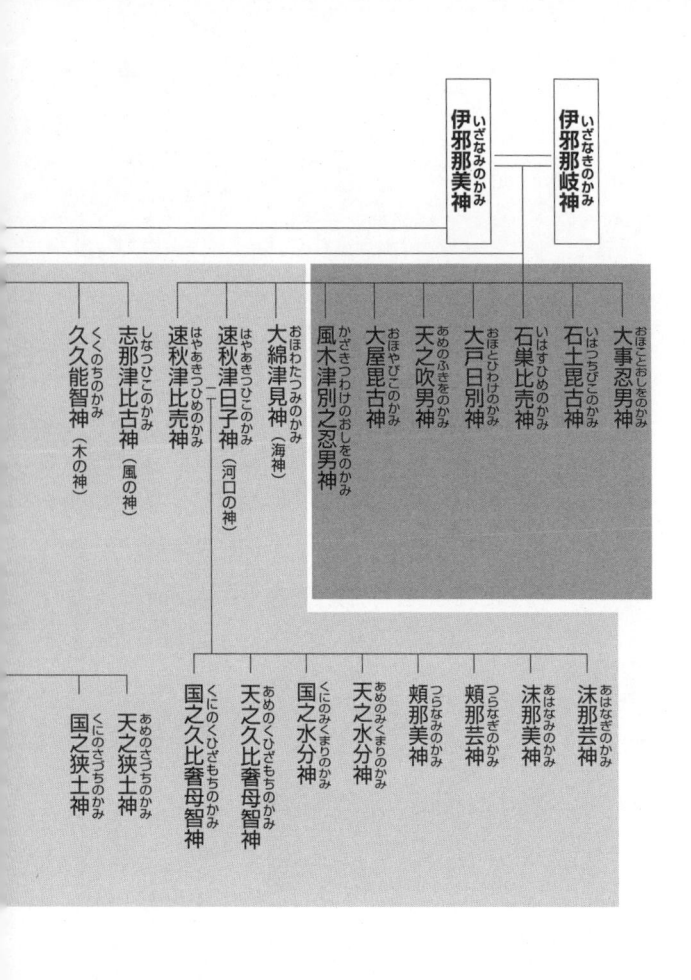

伊邪那岐神《いざなきのかみ》

伊邪那美神《いざなみのかみ》

大事忍男神《おほことおしをのかみ》

石土毘古神《いはつちびこのかみ》

石巣比売神《いはすひめのかみ》

大戸日別神《おほとひわけのかみ》

天之吹男神《あめのふきをのかみ》

大屋毘古神《おほやびこのかみ》

風木津別之忍男神《かざきつわけのおしをのかみ》

大綿津見神《おほわたつみのかみ》（海神）

速秋津日子神《はやあきつひこのかみ》（河口の神）

速秋津比売神《はやあきつひめのかみ》

志那津比古神《しなつひこのかみ》（風の神）

久久能智神《くくのちのかみ》（木の神）

沫那芸神《あはなぎのかみ》

沫那美神《あはなみのかみ》

頬那芸神《つらなぎのかみ》

頬那美神《つらなみのかみ》

天之水分神《あめのみくまりのかみ》

国之水分神《くにのみくまりのかみ》

天之久比奢母智神《あめのくひざもちのかみ》

国之久比奢母智神《くにのくひざもちのかみ》

天之狭土神《あめのさづちのかみ》

国之狭土神《くにのさづちのかみ》

イザナキとイザナミが生んだ神々

イザナキ・イザナミの子や孫である神々と、イザナキの涙、イザナミの嘔吐物などから生まれた神々。

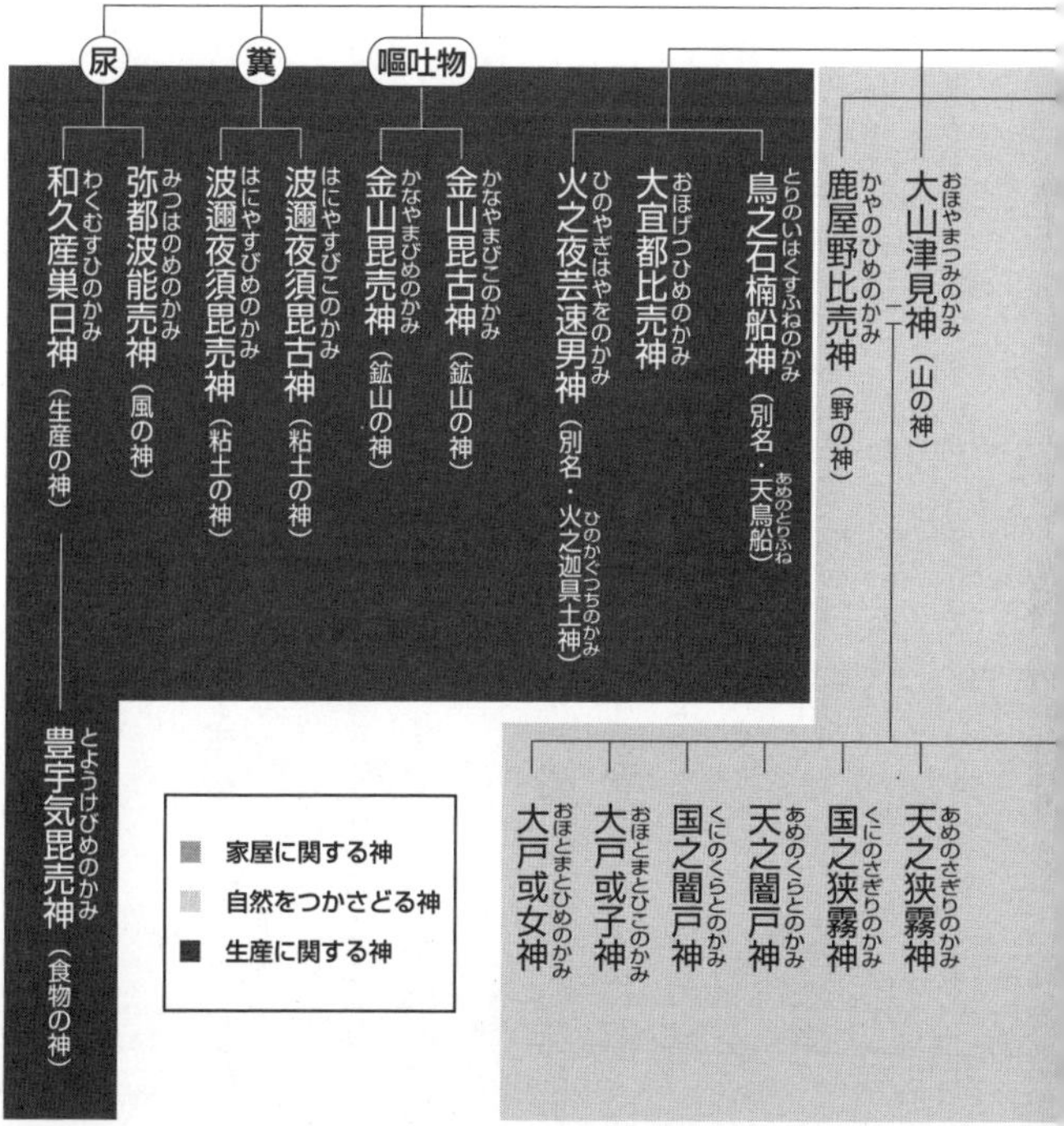

そのほかにも6島を生み、2神による「国生み」は終わる。

●人間の生活に深く関わる神々

国生みに続いて、イザナキ・イザナミはさまざまな神々を生んだ。それを「神生み」という。

『古事記』によれば、オホコトオシヲノカミ（大事忍男神〈記〉）にはじまり、最後に誕生した火の神カグツチノカミ（迦具土神〈記〉・軻遇突智〈紀〉）まで、2神が生んだ神は24柱を数える。また、孫にあたる神も17柱生まれた。

イザナキ・イザナミの神生みで登場する神々は、水や風、樹木や山野など自然をつかさどる神、また、家屋に関する神や、海の神、川の神など、多様だ。誕生したばかりのおぼろげな国土の安全を保ち、発展させる役割を担うのだろう。

注目したいのは、イザナミがカグツチを生んで病床に臥《ふ》せったとき、その嘔吐《おうと》物・糞《ふん》・尿から生まれたという神々である。鉱山の神、粘土の神、灌漑《かんがい》の神、生産の神、食物の神だが、古代人の生活に深く関わっている神といってよい。

あたかも国土が整えられて、人間の地平が広がったかのようだ。

亡きイザナミを訪ねて黄泉の国へ

イザナミの死と黄泉の国へ向かうイザナキ

●生の国と死の国　2神の別れ

多くの神々を生み続けたイザナミは、火の神カグツチを生むとき、燃えさかる子供の熱により陰部を大火傷《おおやけど》し、病床に伏せってしまった。そのときの嘔吐《おうと》物・尿・糞《ふん》から、鉱山の神などが誕生したことは前項で述べた。だが、それを最後に、イザナミは亡くなってしまう。

イザナミの遺体は、出雲国《いずものくに》（島根県）と伯伎国《ほうきのくに》（鳥取県西部）の境にある比婆山《ひばやま》に葬られた。『日本書紀』が伝えるところでは、埋葬地は熊野国《くまののくに》有馬《ありま》村（和歌山県東南部）という。一方、妻の死を嘆き悲しんだイザナキは、怒りに任せ、十拳剣《とつかのつるぎ》でカグツチを斬り殺してしまった。

『古事記』によれば、このとき、剣についたカグツチの血が聖なる岩々に飛び散り、そこから8柱の神が生まれた。また、カグツチの亡骸《なきがら》からも8神が生まれている。

イザナミの埋葬地

『古事記』では比婆山（出雲国と伯伎国の境）に、『日本書紀』では熊野に埋葬されたとなっている。

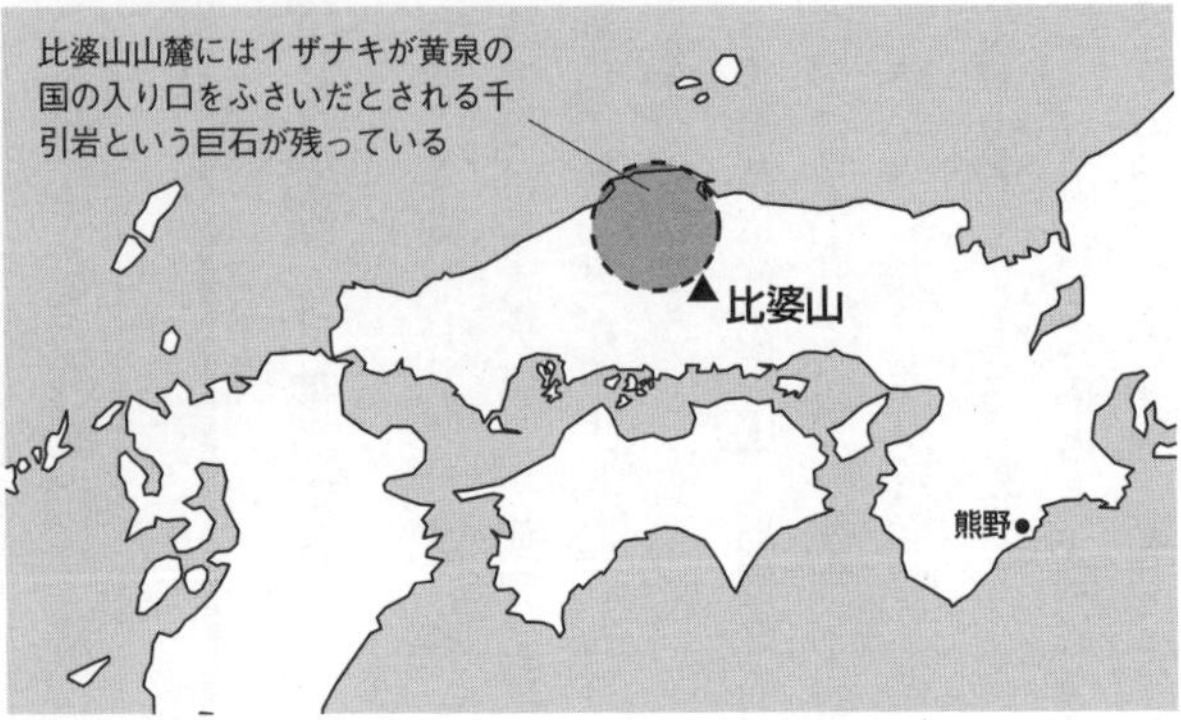
比婆山山麓にはイザナキが黄泉の国の入り口をふさいだとされる千引岩という巨石が残っている
比婆山
熊野

なお、『日本書紀』には同様の伝承があるが、血や遺骸《いがい》から生まれた神の名は違う。

悲しみが癒《い》えないイザナキは、亡き妻を取り戻すため、死者の国である黄泉《よみ》の国へ向かう。入り口でイザナミと会うが、妻は「黄泉の国の食べ物を口にしてしまったので、帰ることはできません」と返答する。

しかし、夫の願いに応えようとしたイザナミは、「ここに戻ってくるまで私の姿を見てはなりません」と言い残し、黄泉の国の神と相談するため、立ち去った。ところが、待ちわびたイザナキは約束を破り、変わり果てた妻の姿を見てしまう。

腐敗した体にはウジがわき、雷神《らいじん》が取りついていた。

驚いたイザナキは、慌てて逃げ出してしまう。イザナミは「わたしに恥をかかせた」と恨み、黄泉の国の醜女《しこめ》、８種の雷神に後を追わせたのだ。イザナキは髪飾りや櫛《くし》、桃を投げつけ、十拳剣を振るいながら、葦原中国《あしはらのなかつくに》と黄泉の国の境である黄《よ》泉津比良坂《もつひらさか》に着いたところで、どうにか追っ手を退散させたのだった。

最後にイザナミが追ってきた。イザナキは黄泉津比良坂に巨石をおき、黄泉の国の入り口をふさいでしまった。イザナミは「仕返しに、あなたの国の人びとを日に１０００人殺す」といい、イザナキは「それなら私は、日に１５００人の子供が生まれるようにしよう」と答える。

イザナミは黄泉津大神《よもつおおかみ》とよばれる死の国の神になったと記されている。対極にあるイザナキは生の国の神ということになろう。こうして２神は永遠の別れを告げた。

記紀ななめ読み

イザナキが黄泉の国を訪れる神話は、『日本書紀』本文にはないが、一書にほぼ同じ内容の説話がのっている。これらは人間が繰りかえす生死の起源を伝えるとともに、古代人の死生観をよく映し出しているといえるのだ。

高天原《たかまのはら》〜葦原中国《あしはらのなかつくに》〜黄泉《よみ》の国《くに》

高天原（神の国）と葦原中国（現世）、黄泉の国（死者の国）からなる神話世界。黄泉の国でイザナミに追われたイザナキは巨石を置いて、現世と死者の国の境をふさぐ。2神は「生」と「死」の対極の国の神となり、永遠に別れを告げる。

イザナキが生み落とした三貴子

記紀において強い印象を残したスサノヲの誕生

●みそぎで生まれた18神

黄泉の国から逃げ帰ったイザナキは、死の国の穢《けが》れを払うため、筑紫の日向《ひむか》にある阿波岐原《あわきはら》でみそぎを行う。

みそぎとは、心身についたさまざまな穢《けが》れを落とすため、川や海の水で洗い清める儀礼だ。

まず、身につけていた杖《つえ》や帯、衣服、袴《はかま》などを脱ぎ捨てると、それらから12神が誕生した。ツキタツフナトノカミ（衝立船戸神〈記〉）をはじめとする道の安全にかかわる神々である。

河口から川の中流に場所を移して身を清めると、ソコツワタツミノカミ（底津綿津見神〈記〉）をはじめとするワタツミ3神と、ソコツツノヲノミコト（底筒之男命〈記〉）をはじめとするツツノヲ3神などが生まれたのである。

ツツノヲ3神を祀った住吉大社

大阪市住吉区にある住吉大社では、ツツノヲ3神と神功皇后を祀っている。

●「神生み」の最後に誕生した三貴子

みそぎの最後に、イザナキは顔を洗った。そのとき、左の目からアマテラスオホミカミ（天照大御神〈記〉・天照大神〈紀〉）、右の目からツクヨミノミコト（月読命〈記〉・月読尊〈紀〉）、鼻からタケハヤスサノヲノミコト（建速須佐之男命〈記〉・素戔嗚尊〈紀〉）が生まれる。

それを知ったイザナキは、「神生みの最後に三貴子《さんきし》を得た」と喜び、アマテラスに高天原《たかまのはら》を、ツクヨミに夜の世界を、スサノヲに海原《うなばら》をそれぞれ治めるように命じた。

ところが、それに納得しないスサノヲは、命にしたがわず、泣いてばかりいる。

イザナキから生まれた神々

死の国から逃げ帰ったイザナキは、みそぎを行う。
穢れから神々が生まれた。

伊邪那岐神《イザナキノカミ》

左目：天照大御神《あまてらすおほみかみ》

鼻：建速須佐之男命《たけはやすさのをのみこと》

右目：月読命《つくよみのみこと》

衣：和豆良比能宇斯能神《わづらひのうしのかみ》

褌：道俣神《ちまたのかみ》

左手の腕輪：奥疎神《おきざかるのかみ》
奥津那芸佐毘古神《おきつなぎさびこのかみ》
奥津甲斐弁羅神《おきつかひべらのかみ》

首飾り：御倉板拳之神《みくらたなのかみ》

冠：飽咋之宇斯能神《あきぐひのうしのかみ》

帯：道之長乳歯神《みちのながちはのかみ》

杖：衝立船戸神《つきたつふなとのかみ》

嚢：時量師神《ときはかしのかみ》

右手の腕輪：辺疎神《へざかるのかみ》
辺津那芸佐毘古神《へつなぎさびこのかみ》
辺津甲斐弁羅神《へつかひべらのかみ》

身を水に沈めると生まれた

ワタツミ3神

底津綿津見神《そこつわたつみのかみ》
中津綿津見神《なかつわたつみのかみ》
上津綿津見神《うはつわたつみのかみ》

ツツノヲ3神

底筒之男命《そこつつのをのみこと》
中筒之男命《なかつつのをのみこと》
上筒之男命《うはつつのをのみこと》

イザナキが理由を問うと、亡き母がいる根《ね》の国《くに》（黄泉の国）に行きたいという。イザナキは怒り、スサノヲを勘当《かんどう》して、根の国に追放した。

スサノヲは根の国に向かう前に、姉アマテラスに挨拶を述べようと高天原に上る。だが、そのとき、大地が鳴動し、国土に激震《げきしん》が走ったのだ。

●古代の政治力学が表されている記紀

三貴子のうちアマテラスは、太陽神であり、天皇家の祖先とされている。ツクヨミは月の神だが、「記紀」ではこれ以降、ほとんど登場しない。それに比べ、荒ぶる神スサノヲの存在感は異常といってよい。

「建速須佐之男命」という表記のうち、「須佐」は現在の島根県出雲市にある地名だ。スサノヲはもともと出雲地方で信仰されていた神で、皇室神話の祖先神であるアマテラスと姉弟ではない。

また、左右の目から1組の神が生まれるという神話は世界に例があるが、鼻も加わるというのは異例だ。

天の岩屋に隠れたアマテラス

アマテラスが引きこもり世界は闇に包まれた

●追放されたスサノヲは高天原へ

亡き母に会いに行くと告げて父の怒りを買い、根の国に追放されたスサノヲは、事情を説明するため、姉アマテラスのもとに向かう。ところが、スサノヲが高天原《たかまのはら》に上ると、大地が鳴動《めいどう》し、その荒々しさに驚いたアマテラスは、スサノヲが高天原を征服しにきたと思いこみ、武装してスサノヲと会う。

アマテラスのものものしさに驚いたスサノヲは、お互いに子供をつくって疑惑を解くという誓約《せいやく》（賭け）を申し出る。それにより、アマテラスはスサノヲの十拳剣《とつかのつるぎ》から3柱の女神を生み、スサノヲはアマテラスが身につける珠《たま》から5柱の男神を生んだ。

この神話に関して「記紀」の相違は、スサノヲの潔白の証明を、『古事記』はスサノヲが女神を生むこととするのに対し、『日本書紀』は男神を生むこととしてい

◆◆◆ 誓約で生まれた神々 ◆◆◆

アマテラスとスサノヲは、互いに子供をつくって疑惑を解く誓約をする。

アマテラス ═ 珠

スサノヲ ═ 十拳剣

正勝吾勝勝速日天之忍穂耳命《まさかつあかつかちはやひあめのおしほみみのみこと》

天之菩卑能命《あめのほひのみこと》

天津日子根命《あまつひこねのみこと》

活津日子根命《いくつひこねのみこと》

熊野久須毘命《くまのくすびのみこと》

スサノヲがアマテラスの珠から生んだ5柱の男神

多紀理毘売命《たきりひめのみこと》

市寸島比売命《いちきしまひめのみこと》

多岐都比売命《たきつひめのみこと》

アマテラスがスサノヲの十拳剣から生んだ3柱の女神

る点だ。

理由はわからないが、とにかく誓約の勝利により、スサノヲは許され、高天原にとどまる。

●アマノウズメによって戻った世界

ところが、勝ち誇ったスサノヲは、アマテラスの田の畦《あぜ》や用水を壊し、神殿に汚物を散らして穢《けが》すなどの乱暴狼藉《らんぼうろうぜき》をはたらき、ついには機織女《はたおりめ》が死ぬという事件を起こす。それを見たアマテラスは、天《あま》の岩屋《いわや》に引きこもってしまった。

高天原《たかまのはら》も葦原中国《あしはらのなかつくに》も闇に包まれ、悪神が世にはびこるようになる。岩屋の前に集まった八百万《やおよろず》の神は、アマテラスを引き戻すため、祭儀《さいぎ》（神を祭る儀式）を催すことを決定。準備が整ったところで、アマノウズメノミコト（天宇受売命〈記〉・天鈿女命〈紀〉）が、胸をあらわに激しく踊りだす。その姿に神々は一斉に笑い、大歓声をあげた。

外の様子が気になったアマテラスは、岩戸を少し開け、身を乗りだす。それを待ちかまえていた神々がアマテラスを引き出し、岩屋を封印してしまった。こうして太陽が戻り、高天原も葦原中国も明るさを取り戻したのだった。

●高天原をも追放されたスサノヲ

なお、祭儀の準備に活躍したのは、中臣《なかとみ》氏の祖神アメノコヤネノミコト（天児屋命〈記紀〉）と忌部《いんべ》氏の祖神フトダマノミコト（太玉命〈記〉・布刀玉命〈紀〉）、猿女《さるめ》氏の祖神アマノウズメである。中臣氏と忌部氏は6世紀以降、宮廷祭祀をつかさどる氏族で、猿女氏も祭儀に際して神楽《かぐら》を舞うなど、朝廷との関わりが深い。

一連の騒動のあと、スサノヲは、神々によって、高天原を追放される。そのとき、たくさんの供え物を捧げさせられ、髪は抜かれ、手足の爪ももがれたのだった。

記紀ななめ読み

スサノヲの乱暴は農耕に関連するものなので、台風などの暴風雨を意味しているともいわれる。また、アマテラスが隠れたのは、日食がモチーフだとする説もある。

十拳剣《とつかのつるぎ》から生まれた神々が祀られている場所

スサノヲの十拳剣から生まれた女神たちは、玄界灘の沖ノ島に祀られている。玄界灘は、九州本土から朝鮮半島への航海の要所であった。

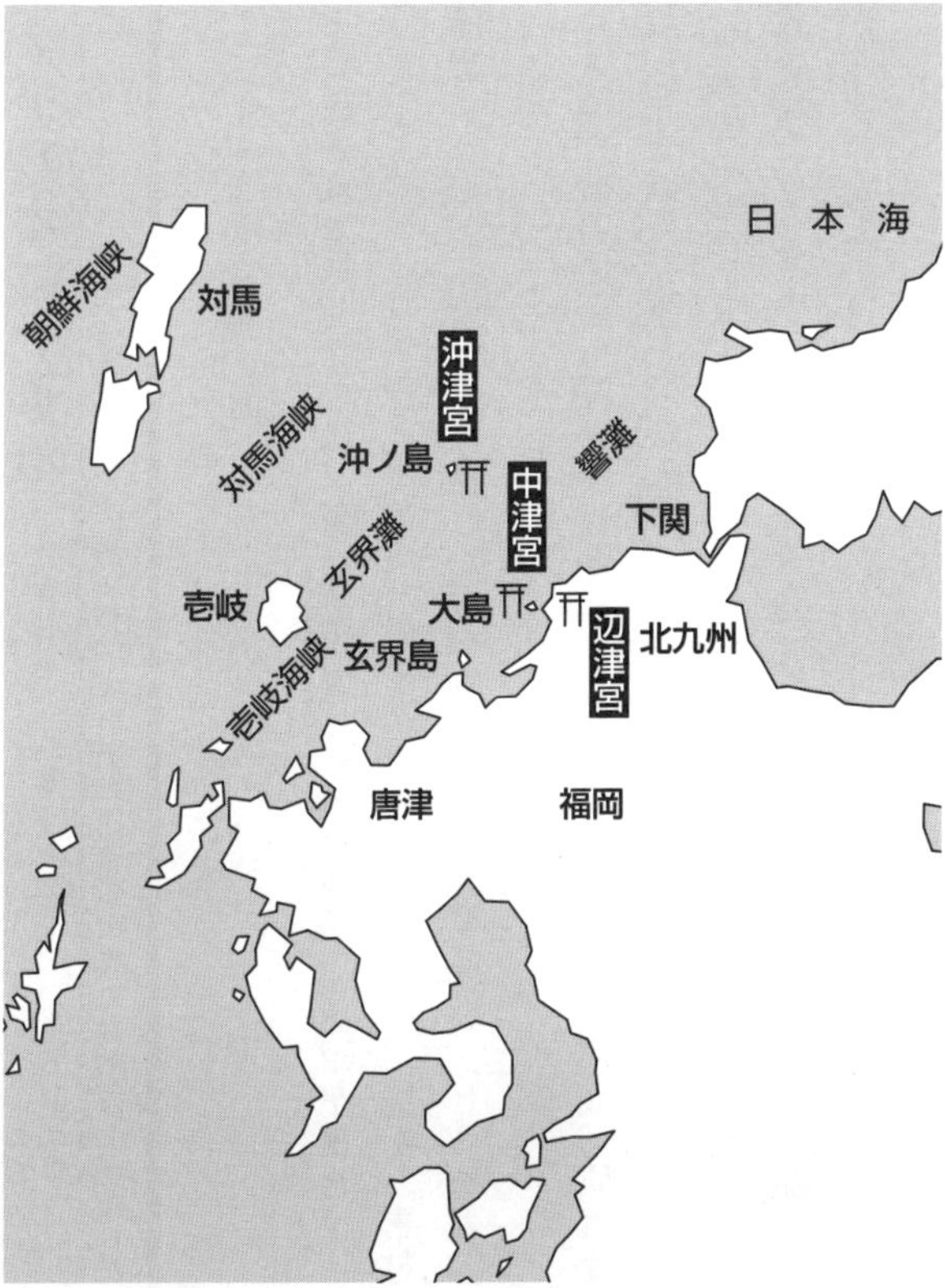

スサノヲのオロチ退治

ヤマタノオロチを退治し出雲に豊穣をもたらした

●食物をつかさどる女神の死

高天原《たかまのはら》を追放されたスサノヲは、葦原中国《あしはらのなかつくに》に向かう途中、オホゲツヒメノカミ（大気都比売神〈記〉）を訪ね、食べ物を求めた。オホゲツヒメは鼻や口、尻から素材を取り出して調理するが、スサノヲは穢《けが》れた食べ物を出すのだと疑い、ヒメを殺してしまう。

だが、ヒメの亡骸《なきがら》の頭から蚕《かいこ》が、目から稲、耳から粟《あわ》、鼻から小豆、陰部から麦、尻から大豆が生まれた。蚕と、いわゆる五穀の起源を物語る神話だ。

なお、『日本書紀』にも、食物の起源を伝える同じ内容の神話がある。それはツクヨミに殺されたウケモチノカミ（保食神〈紀〉）から、牛馬・蚕・粟・稗《ひえ》・稲・麦・大豆・小豆が生まれたというものだ。

ヤマタノオロチ退治が意味するもの

当時の人々の暮らし向きや社会情勢を反映するとともに、スサノヲのヤマタノオロチ退治は、出雲が大和に服従を誓ったことを物語っているともいえる。なお、ヤマタノオロチは洪水の化身と解釈される。

・娘を1人ずつ食べるのは、毎年のように斐伊川が氾濫し、流域の稲田に被害を与えることを象徴している。

・『日本書紀』はオロチを、眼はホオズキのように真っ赤で、背中に松や柏が生えており、8つの丘、8つの谷間にのびていたと表現する。

草薙剣《くさなぎのつるぎ》

スサノヲがオロチを斬り、尾から出てくる草薙剣は出雲の製鉄技術の高さと、大和への服従をあらわしている。

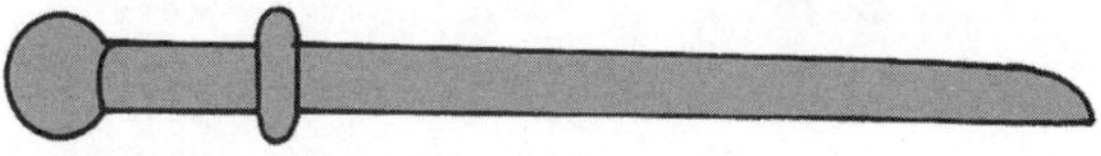

●オロチを退治し、結婚

さて、高天原を出たスサノヲは、出雲国を流れる肥《ひ》河《かわ》の上流、鳥髪《とりかみ》という場所に降り立った。その地で泣いている老夫婦に出会い、理由をたずねると、「ヤマタノオロチ（八俣大蛇〈記〉・八岐大蛇〈紀〉）が毎年、娘を1人ずつ食べてきました。8人のうち最後の1人をまもなく食べにやってきます」という。

スサノヲは老夫婦に命じて、8つの門をつくり、それぞれに濃い酒が入った桶《おけ》を置くよう準備させた。やってきたオロチが酒を飲んで寝たところ、スサノヲは十拳剣《とつかのつるぎ》で8つの頭をもつオロチを斬り刻んで、退治する。

救われた老夫婦の娘クシナダヒメ（櫛名田比売〈記〉・奇稲田姫〈紀〉）とスサノヲは結婚し、出雲の須賀《すが》の地に宮殿をつくる。その際、スサノヲが詠んだ歌「八雲立つ　出雲八重垣　妻ごみに　八重垣つくる　その八重垣を」は日本最初の歌とされている。

●オロチの尾から現れた草薙剣

ヤマタノオロチは、斐《ひ》伊《い》川《かわ》水系を象徴する蛇神《じゃしん》とされる。『古事記』によると、

斐伊川水系とヤマタノオロチ

砂鉄の産地として知られる斐伊川の水は鉄分を多く含んで、オロチの血で染まる赤っぽい水を連想させる。

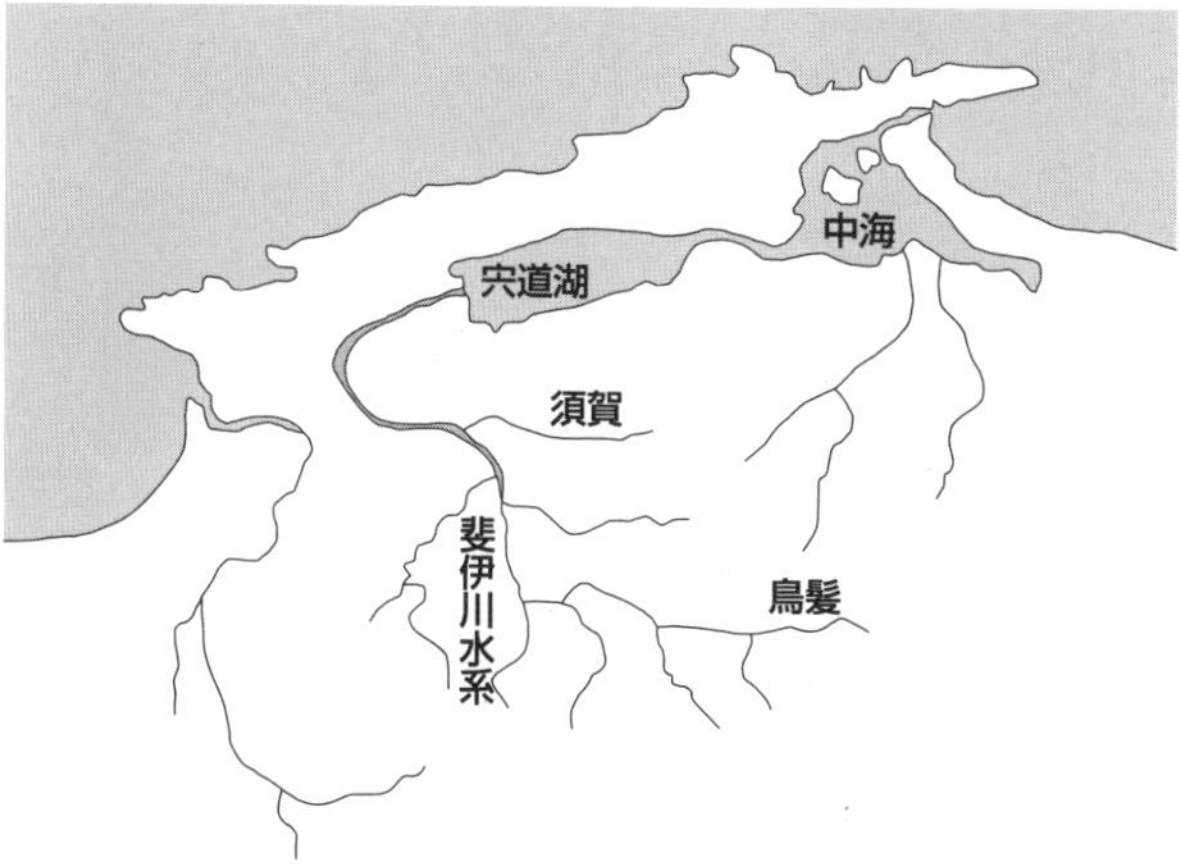

記紀 ななめ読み

ヤマタノオロチを退けたスサノヲの英雄譚《たん》は治水によって自然の猛威をしずめ、出雲に豊《ほう》穣《じょう》をもたらしたことを意味すると考えられる。この話は中国の『捜神記』の蛇が人身御供を求めたのに対し、娘が犬とともに剣を振って退治した説話と共通のモチーフがあり、アジア的な伝承にもつながる。

古来、この地域は砂鉄を産し、製鉄技術を伝える土地だった。オロチの腹が赤いのは鉄による赤さびた川を表し、製鉄に使用する木材の伐採によって山が荒れた結果、洪水が起きやすくなっていたともいう。尾から出てきたという草薙剣《くさなぎのつるぎ》（天叢雲剣《あめのむらくものつるぎ》）は、鉄剣にちがいない。

オロチの腹はいつも赤くただれており、斬られて流れ出たオロチの血が川を赤く染めたという。

斐伊川上流は古くから砂鉄《さてつ》の産地として知られるが、鉄分を含んで赤みをおびた水を連想させる。

スサノヲがオロチを斬ったとき、尾からみごとな大刀が出てくる。スサノヲはそれをアマテラスに献上した。皇室に伝わる三種の神器のひとつ草薙剣《くさなぎのつるぎ》の起源だ。

出雲の製鉄技術の高さを示すとともに、出雲が大和に服従を誓ったことの証拠とするものだろう。

『古事記』に現れる高天原の謎

『古事記』本文の冒頭は、「天地初めて発けしとき、高天原に成れる神の名は天之御中主神」ではじまる。天之御中主神に続き、数多くの神々が誕生し、高天原は〝天津神〟が住む聖地とされた。

イザナキ・イザナミの2神が〝国生み〟するとき、高天原から天浮橋に移り、天沼矛を下ろして島々を造りはじめるので、高天原は天界にあるイメージだ。また、アマテラスの孫ニニギが高天原から人間が住む下界に〝天孫降臨〟する神話も、高天原が天界にあったという印象を強める。

ちなみに、高天原は、〝たかまがはら〟と読むのが一般的だが、〝たかあまはら〟〝たかあまのはら〟〝たかまのはら〟とさまざまに読まれ、訓は必ずしも一定でない。また、『日本書紀』本文には神々が住む聖地として高天原の名前はなく、記紀の違いを際だたせる。

高天原の所在地について、古来、諸説が唱えられてきた。大きく分ければ、作為説、天上説、地上説の三つ。作為説は、高天原は架空の存在で、神話は創られたものとする考えに基づく。天皇家の祖先が神として天界から降りたとすることで、権威を誇張させた物語とする。

天上説は、神の存在を信じる立場の解釈だ。神を神聖にして侵すべからざる存在として崇め、高天原は汚れた人間界とは隔絶された天界、あるいはもっと上の宇宙にあるとする。記紀神話を絶対視した戦前の皇国史観は天上説に基づいた。

地上説は、神話は何らかの史実を反映すると考え、高天原は地上に実在したとみなす。高天原に比定される場所は日本各地にあり、神話にちなむ伝承地も知られる。学界の専門家に受け入れられないが、地上説にもとづく神話解釈は古代史をひもとく鍵ともされてきた。

高天原の伝承地として有名なのは、金剛山地の主峰である金剛山（標高１１２５メートル／奈良県御所市・大阪府千早赤阪村）だ。古くは高天原山と呼ばれ、朝廷では高天原と信じられていたという。もう一つは九州の高千穂（宮崎県高千穂町）。アマテラスが籠ったとされる天岩戸、天津神が集ったという天安河原などの伝承が、神話世界に人を誘う。

神話の世界構造

天に神々がすむ高天原があり、地下に死者がすむ黄泉の国（根の国とも）がある。天と地下の間にあるのが、人間がすむ葦原中国、つまり国土だ。神が天降る地が出雲と高千穂で、出雲には地下世界への入り口があるという。海上の彼方には、不老不死の理想郷である常世の国がある。これは海神がすむ海底の国にも通じる。

第二章　国造りから天孫降臨へ

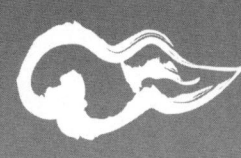

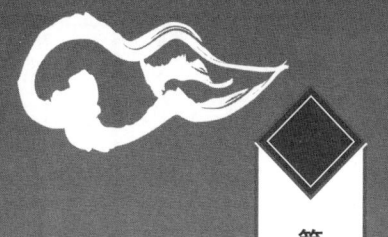

オホナムチが救った因幡の白兎

オホクニヌシの国造りを予言した因幡の白兎の逸話

●スサノヲの子　オホクニヌシの誕生

『古事記』によれば、スサノヲはクシナダヒメとの間に1子をもうけた。その子孫がオホクニヌシノカミ（大国主神〈記〉）である。スサノヲの6代目の子孫にあたる。オホクニヌシは、別名としてオホナムチノカミ（大穴牟遅神〈記〉）、アシハラシコヲノカミ（葦原色許男神〈記〉）、ヤチホコノカミ（八千矛神〈記〉）、ウツシクニタマノカミ（宇都志国玉神〈記〉）というように5つの名前をもつ。

『日本書紀』では、オホクニヌシはオホアナムチノカミ（大己貴神〈紀〉）として登場する。別名は記されていない。中にはスサノヲの子となっていたり、似たような別名が紹介されたりして、6代目、7代目の子孫と伝えるものもある。

なお、『日本書紀』には、スサノヲによるオロチ退治の次は、オホクニヌシの国造りの話になる。オホクニヌシによる因幡《いなば》の白兎《しろうさぎ》を救う神話の記載がないのだ。

白兎海岸周辺図

白兎海岸は、ワニに皮をはがされて泣いていた白兎を、オオナムチが見つけたとされる海岸。近くに白兎神社もある。

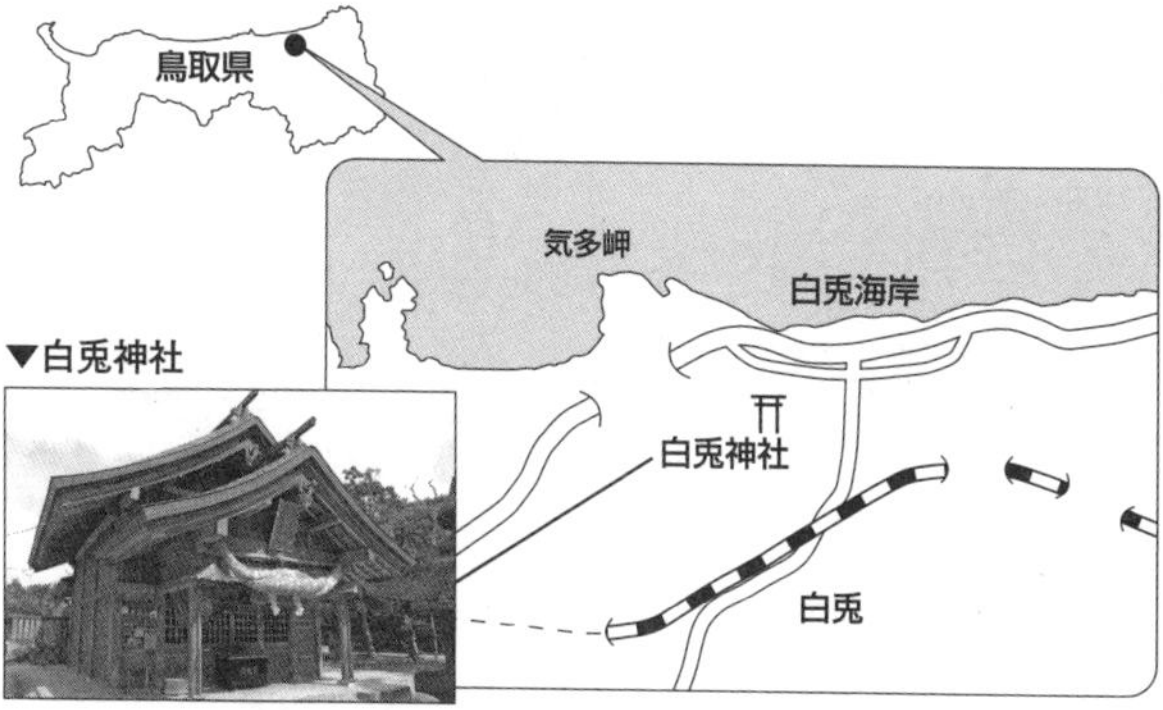

●皮をはがされ泣いていた兎との出会い

オホクニヌシには、多くの兄弟神がいた。八十神《やそがみ》という。オホクニヌシがまだオホナムチとよばれていた頃のある日、八十神たちはヤガミヒメ（八上比売〈記〉）のもとに向かい、結婚を申し込もうとする。八十神に邪魔者扱いされているオホナムチは荷物を入れた袋を背負わされ、最後尾からついていった。

すると、気多岬《けたみさき》に、丸裸になって痛みに苦しみ、泣き伏す兎がいた。オホナムチが理由を聞くと、「隠岐島《おきのしま》からこの地まで、ワニ（サメの古名）をだまして並ばせ背中伝いに渡ってきましたが、だまされたことを知ったワニが怒り、皮をはいだのです」と話す。

続けて、「潮水を浴びて風にあたれば治る、と八十神たちが言うので、それにしたがったところ、皮膚が乾いてひび割れ、かえって痛みがひどくなりました」と嘆くのだった。

●オホナムチが使った最古の記録の薬

それを聞いたオホナムチは、河口に行って水で体を洗い、生えている蒲《がま》の花粉を体につければよいと教える。兎がそのとおりにすると、体はたちまち元どおりになった。

河口は汽水域《きすいいき》で、淡水と海水が混じりあった塩分の少ない水は、体への負担が少ない。また、蒲の花粉は蒲黄《ほおう》という漢方薬で、傷薬《きずぐすり》として知られる。

オホナムチに感謝しながら、兎は「悪心に満ちた八十神たちはヤガミヒメを娶《めと》ることはできません。あなたが結婚することになるでしょう」と予言する。その予言は的中し、ヤガミヒメは、慈愛にとんだオホナムチを選ぶことになった。

スサノヲからオホクニヌシまでの系譜

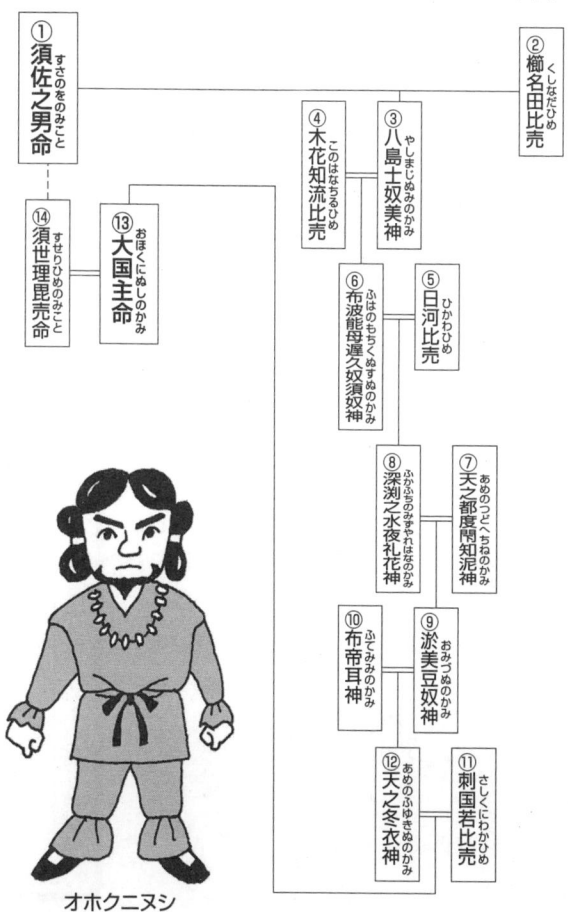

①須佐之男命《すさのをのみこと》

②櫛名田比売《くしなだひめ》

③八島士奴美神《やしまじぬみのかみ》

④木花知流比売《このはなちるひめ》

⑤日河比売《ひかわひめ》

⑥布波能母遅久奴須奴神《ふはのもちくぬすぬのかみ》

⑦天之都度閇知泥神《あめのつどへちねのかみ》

⑧深渕之水夜礼花神《ふかふちのみずやれはなのかみ》

⑨淤美豆奴神《おみづぬのかみ》

⑩布帝耳神《ふてみみのかみ》

⑪刺国若比売《さしくにわかひめ》

⑫天之冬衣神《あめのふゆきぬのかみ》

⑬大国主命《おほくにぬしのかみ》

⑭須世理毘売命《すせりひめのみこと》

オホクニヌシ

スサノヲが与えた試練

葦原中国の王になるためオホナムチが受けた試練

●スサノヲのもとへ向かうオホナムチ

因幡《いなば》のヤガミヒメは八十神《やそがみ》たちの求婚を断り、オホナムチに嫁ぐと告げた。怒った八十神たちは、オホナムチを殺害しようと山に連れ出す。「赤いいのししを追い出すから、お前は山のふもとで待ちかまえて捕まえろ」といい、灼熱《しゃくねつ》の大石を転がし落として、オホナムチを焼き殺してしまう。

それを知ったオホナムチの母神《ぼしん》は、高天原《たかまのはら》にいるカムムスヒノカミ（神産巣日神〈記〉）に対処法を聞き、オホナムチを蘇生《そせい》させる。八十神たちは大木を利用して再びオホナムチを殺害するが、今度も母神が復活させた。

オホナムチは母神の勧《すす》めで、木の国（紀伊国）のオホヤヒコノカミ（大屋毘古神〈記〉）のもとに向かうが、八十神たちはそこへも押しかけてきた。オホヤヒコが「スサノヲがおられる根の国に行きなさい」と言うと、オホナムチは忠告にしたがい、八十

オホクニヌシを祀った神社

葦原中国の王となったオホクニヌシを祀った神社は広く分布している。

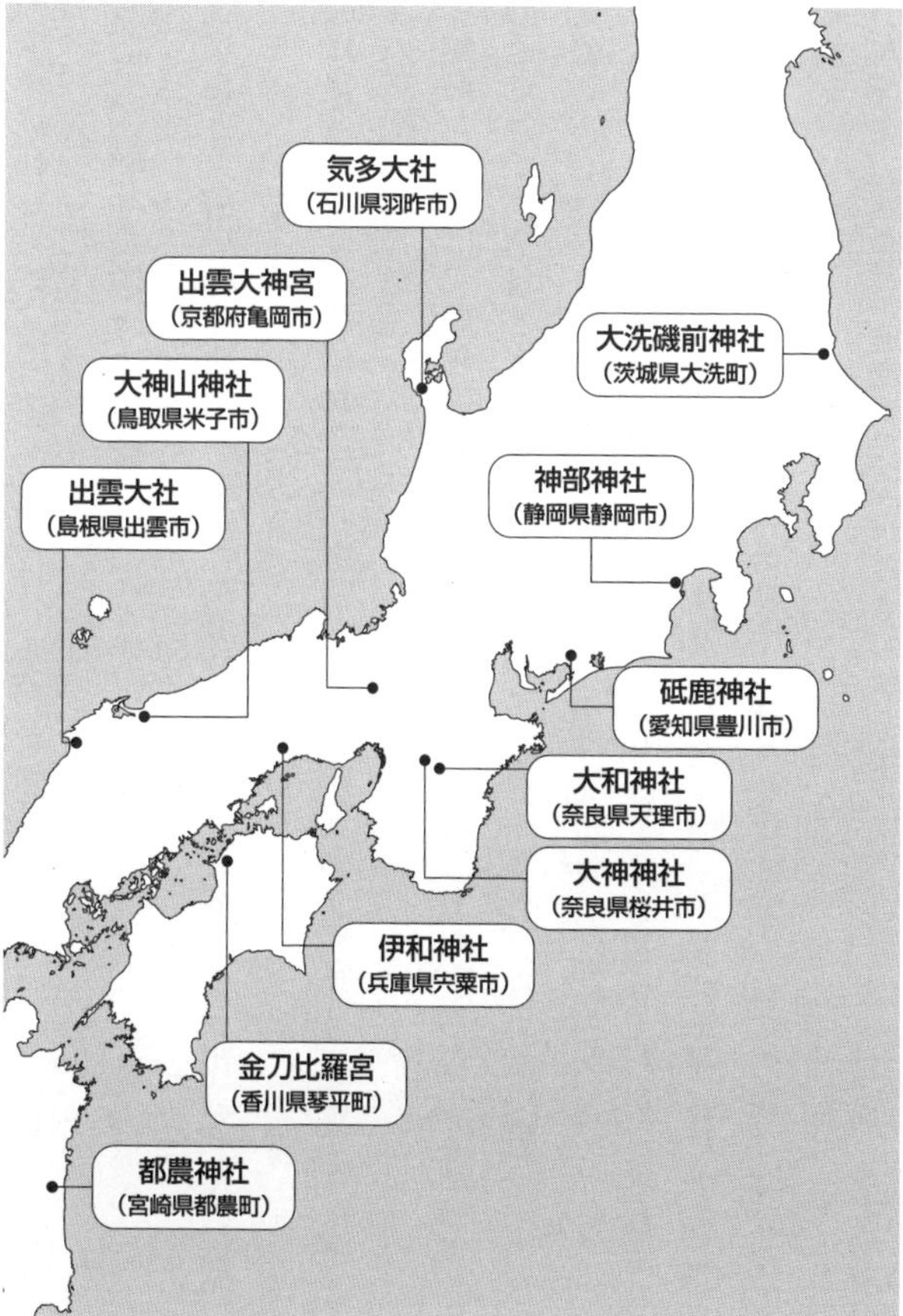

神たちの手を逃れる。

●スサノヲが課した数々の試練

根の国にたどり着いたオホナムチは、スサノヲのもとに向かう。出迎えたのは娘のスセリヒメ（須勢理見売〈記〉）。

ふたりは出会うなり、結ばれた。しかし、スセリヒメの父スサノヲは、オホナムチに数々の試練を課した。

初日は蛇がいる室《むろ》に、翌日はムカデと蜂がいる室に寝るよう命じられたが、スセリヒメの手助けで、2日とも無事に朝を迎えることができた。次は広い野原で火に囲まれたものの、ネズミが避難場所を教えてくれて助かった。

それでも納得しないスサノヲは、頭にいる虱《しらみ》をとるよう命じる。だが、それはムカデだった。オホナムチはスセリヒメの機転にしたがい、ムカデを殺したかのように見せかける。スサノヲは、オホナムチのその様子を見て安心したのか、寝入ってしまった。

オホナムチはこの機を狙って、スサノヲの髪を柱に縛りつけ、生《いく》大刀《たち》・生《いく》弓矢《ゆみや》・

オホクニヌシの試練

1 蛇が床一面にはう部屋に入れられたが、スセリヒメから蛇をよける領巾(ひれ)を渡され、無事に朝を迎えることができた。

2 中にムカデや蜂がいる部屋に入れられたが、スセリヒメからムカデと蜂を払う領巾を渡され、この日も無事に朝を迎えることができた。

3 スサノヲが放った矢を取りにいくよう命じられるが、そこへスサノヲが火を放ち、辺りは炎一面に。するとネズミが現れ、避難場所を教えてくれた。

4 スサノヲは頭の虱を取るよう命じる。しかし、スサノヲの頭に巣食っていたのはムカデであった。スセリヒメは機転をきかせ、オホナムチにいちじくの実を与えてそれをかみつぶさせ、まるでムカデをかみ殺しているように見えるよう仕向けた。

↓

スサノヲが寝入ってしまった隙に、オホナムチはスサノヲを柱に縛りつけ、生大刀、生弓矢、天の詔琴の宝物を奪って、スセリヒメと逃走。これによりオホナムチは、スサノヲよりオホクニヌシ、ウツシクニタマの名を与えられた。

天《あま》の詔琴《のりごと》の宝物を奪って、スセリヒメとともに逃げ出す。逃亡に気づいたスサノヲは黄泉津比良坂《よもつひらさか》まで追ってきたが、2人はすでにはるか先にいた。

●祭祀者の資格を得たオホナムチ

スサノヲはオホナムチに大声で呼びかけた。

「生大刀・生弓矢で八十神を追い払い、オホクニヌシノカミとなり、ウツシクニタマノカミとなって、国を治めよ。スセリヒメを妻とし、出雲に立派な宮殿を建てるのだ」。

こうしてオホナムチことオホクニヌシは、葦原中国《あしはらのなかつくに》の王となった。

オホクニヌシによる国造り

国造りをはじめたオホクニヌシのもとに現れたスクナヒコナ

●オホクニヌシとスクナヒコナ

八十神《やそがみ》を従えて、葦原中国《あしはらのなかつくに》を治めることになったオホクニヌシ（オホナムチ）は、国造りをはじめる。この国造りとは、土地を開拓し、農業ほかの産業の振興をはかること。オホクニヌシの片腕になったのがスクナヒコナノカミ（少名毘古那神〈記〉・少彦名命〈紀〉）である。

スクナヒコナは、オホクニヌシが出雲の美保《みほ》岬（美保関）に出かけたおり、ガガイモの実の莢《さや》を船にして、海の彼方からやってきた小人神。高天原《たかまのはら》にいるカムムスヒノカミの子で、母神から「オホクニヌシと兄弟となって国造りをしなさい」といわれて出雲にやってきたのだ。

オホクニヌシが力強く大きな神であるのに対し、スクナヒコナは知恵がある小さな神だった。2神は協力して国力を高めていくが、やがてスクナヒコナは常世《とこよ》の国へ行ってしまう。常世の国とは、海の彼方《かなた》にあるという不老不死の世界をいう。

●三輪山の神とオホクニヌシ

残されたオホクニヌシが「この先、どうしたらよいか」と嘆いていると、明るい光に包まれて海を渡る神が現れた。その神は「わたしの御魂《みたま》を大和の三輪山《みわやま》に祀《まつ》れば、国造りに協力しよう」と告げる。オホクニヌシはそれに従って、国造りを再開した。

『日本書紀』によると、この神は自分の正体をオホクニヌシの幸魂《さきみたま》・奇魂《くしみたま》である

三輪山周辺の遺跡と神社

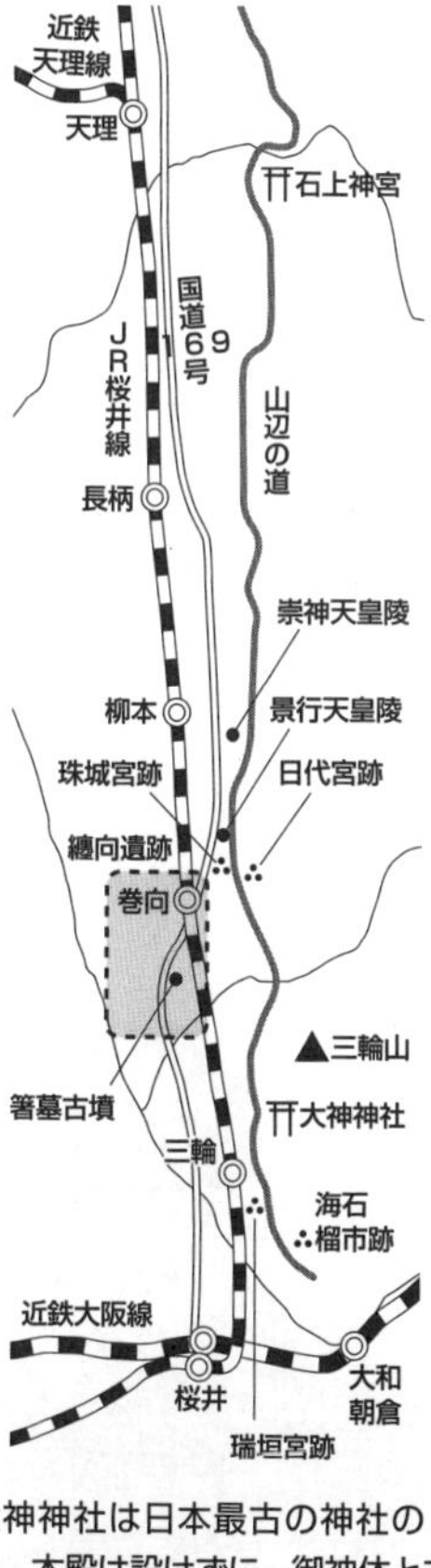

大神神社は日本最古の神社の1つ。本殿は設けずに、御神体とする三輪山を拝する。

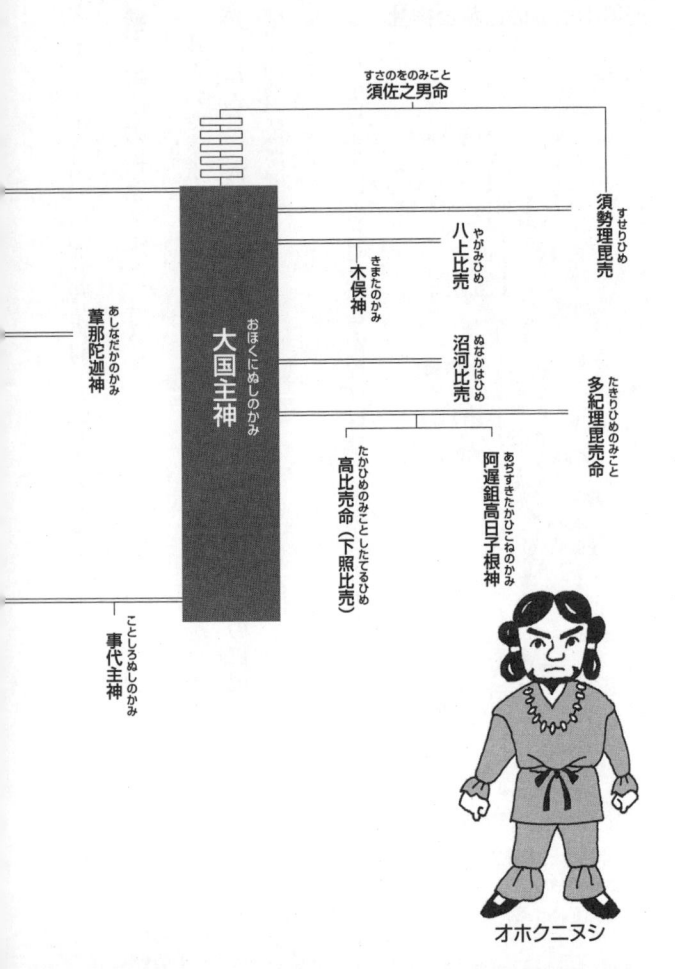

須佐之男命《すさのをのみこと》

須勢理毘売《すせりひめ》

多紀理毘売命《たきりひめのみこと》

八上比売《やがみひめ》

沼河比売《ぬなかはひめ》

阿遅鉏高日子根神《あぢすきたかひこねのかみ》

木俣神《きまたのかみ》

高比売命《たかひめのみこと》（下照比売《したてるひめ》）

大国主神《おほくにぬしのかみ》

葦那陀迦神《あしなだかのかみ》

事代主神《ことしろぬしのかみ》

オホクニヌシ

オホクニヌシの系譜

（『古事記』をもとに表記）

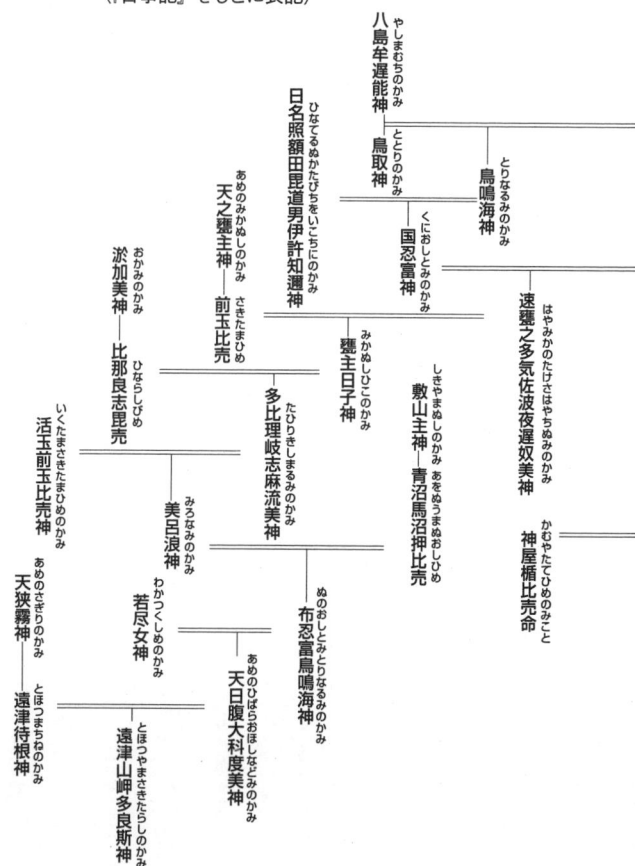

八島牟遅能神《やしまむちのかみ》

鳥取神《ととりのかみ》

鳥鳴海神《とりなるみのかみ》

日名照額田毘道男伊許知邇神《ひなてるぬかたびちをいこちにのかみ》

国忍富神《くにおしとみのかみ》

速甕之多気佐波夜遅奴美神《はやみかのたけさはやちぬみのかみ》

天之甕主神《あめのみかぬしのかみ》─前玉比売《さきたまひめ》

甕主日子神《みかぬしひこのかみ》

淤加美神《おかみのかみ》─比那良志毘売《ひならしびめ》

多比理岐志麻流美神《たひりきしまるみのかみ》

敷山主神《しきやまぬしのかみ》─青沼馬沼押比売《あをぬうまぬおしひめ》

神屋楯比売命《かむやたてひめのみこと》

活玉前玉比売神《いくたまさきたまひめのかみ》

美呂浪神《みろなみのかみ》

布忍富鳥鳴海神《ぬのおしとみとりなるみのかみ》

若尽女神《わかつくしめのかみ》

天日腹大科度美神《あめのひばらおほしなどみのかみ》

天狭霧神《あめのさぎりのかみ》─遠津待根神《とほつまちねのかみ》

遠津山岬多良斯神《とほつやまさきたらしのかみ》

と答えている。幸魂とは幸いをもたらす魂、奇魂は思わぬ力を発揮させる魂の意味だ。このことから、オホクニヌシと三輪山の神は同じ神とされている。

●浮気の多い夫に対して詠んだ歌

『古事記』によると、オホクニヌシは、根の国から連れてきたスセリヒメを本妻の座につけた。国造りをはじめるきっかけをもたらしたヤガミヒメは、嫉妬深い本妻に対して遠慮がちで、生まれた子を故郷の因幡《いなば》に帰している。

国造りの一方で、オホクニヌシは多くの女性と浮気したようだ。有名な相手は、越《こし》の国（新潟県）のヌナカワヒメ（沼河比売〈記〉）。領土拡張のために出かけた越の国で、オホクニヌシはヌナカワヒメと出会い、互いに歌を交わして結ばれた。

嫉妬したスセリヒメは、オホクニヌシが大和へ向かうとき、なまめかしい歌を詠む。「あなたが出かけるそれぞれの土地に女がいることでしょう。でも、わたしはあなた以外に男はいません。どうかわたしを抱いてください」。官能的な歌の背景には、領土拡張をはかる政治性もひそんでいるのだ。この後も、王子が遠征した際に各地の豪族の娘と結ばれる話が少なくない。

国譲りを迫る高天原

豊かな葦原中国にアマテラスの使者たちが向かう

●葦原中国を統治したいアマテラス

『古事記』は、オオクニヌシが治める葦原中国《あしはらのなかつくに》を「豊葦原《とよあしはら》の千秋長五百秋《ちあきながいほあき》の水《みず》穂国《ほのくに》」と言い表している。幾千年にわたって稲が豊かにみのる国という意味だ。その繁栄ぶりを高天原から眺めたアマテラスは、わが子アメノオシホミミノミコト（天忍穂耳命〈記〉・天忍穂耳尊〈紀〉）が支配するべきだとして、地上に降り立つよう命じた。

アメノオシホミミは下界に向かうが、天浮橋《あめのうきはし》から様子をうかがい、葦原中国が騒乱状態にあるのを知ると、高天原《たかまのはら》に戻ってしまう。荒ぶる国《くに》つ神《かみ》（葦原中国にいる神々）が大勢おり、統制がとれていなかったのだ。

アマテラスはタカミムスヒノカミ（高御産巣日神〈記〉）とともに八百万《やおよろず》の神を集めて相談し、今度はアメノホヒノカミ（天菩比神〈記〉・天穂日命〈紀〉）を派遣することにする。だが、アメノホヒはオオクニヌシにおもねり、3年たっても音沙汰なしだった。

喪山の推定地

死者に間違えられたシタテルヒメの兄が、怒って蹴り飛ばした喪屋が喪山になったといわれている。

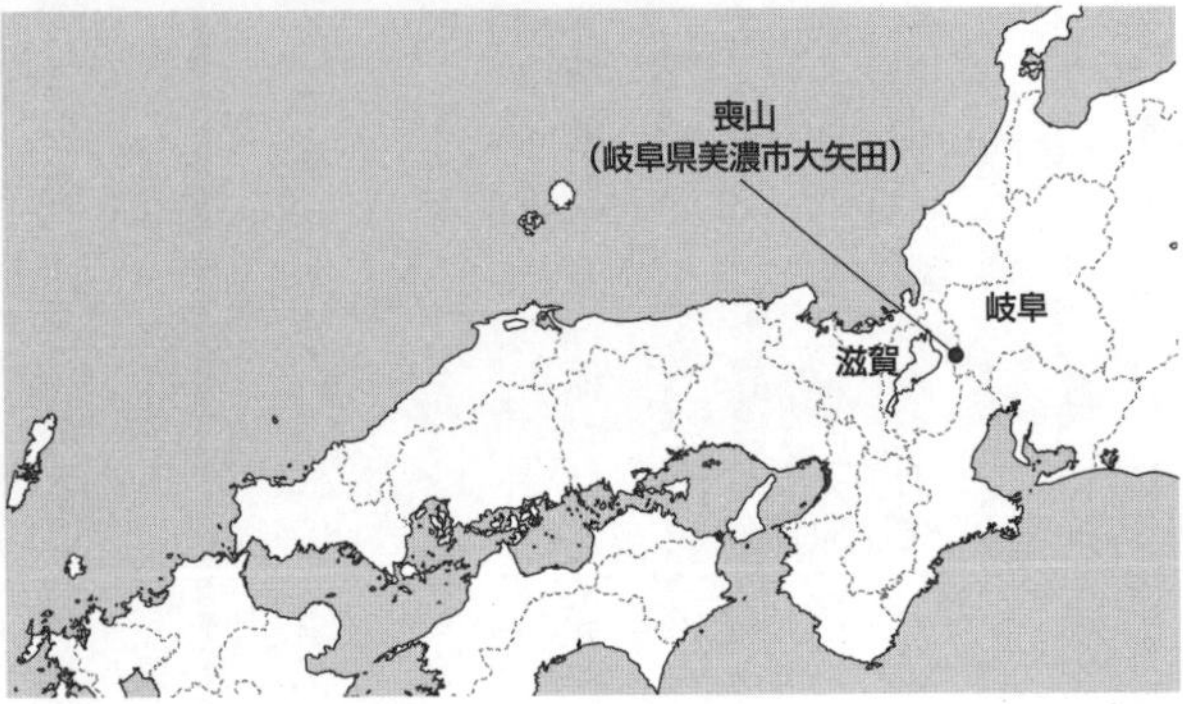

●アメノワカヒコに命中した矢

次に派遣したアメノワカヒコ（天若日子〈記〉・天稚彦〈紀〉）は、オホクニヌシの娘シタテルヒメ（下照比売〈記〉・下照姫〈紀〉）と結婚。この国をわが物にしようとの邪心がはたらき、8年たっても復命しない。

そこで、アマテラスは雉《きじ》を遣《つか》わして注意を促すが、アメノワカヒコはアマテラスからもらった弓矢で、伝言を知らせた雉を射殺してしまう。雉を射抜いた矢は高天原まで飛び、アメノワカヒコの反逆は八百万の神々の知るところとなった。タカミムスヒが矢を射返すと、アメノワカヒコに命中して死んでしまった。

アメノワカヒコの葬儀に、高天原からも参列者があった。このとき、アメノワカヒコの家族は、妻シタテルヒメの兄がアメノワカヒコにそっくりだったため、驚きの声をあげる。穢《けが》れた死者に見間違えられたことに怒った兄は、喪屋《もや》を蹴り飛ばして壊してしまった。これが美濃国《みののくに》（岐阜県）に飛んで、喪山《もやま》になったという。

●神話に描かれた大和の勢力

この神話は、『日本書紀』が伝える内容もほぼ同じだ。大きく違うのは、『古事記』が高天原の最高神をアマテラスとするのに対し、『日本書紀』ではタカミムスヒを上位においている点だ。

また、葦原中国を治めるべき者をアメノオシホミミでなく、その子供であるニニギノミコト（瓊瓊杵尊〈紀〉）に定めている。

高天原から見て、荒ぶる国つ神が多いというのは、葦原中国を征服するための理由づけとして記されたものだ。

記紀ななめ読み

葦原中国は具体的には出雲地方を指しているから、この神話の背景には、大和の勢力が出雲に進出していく過程が示されているといえるだろう。

アメノオシホミミ、アメノホヒ、シタテルヒメの系図

アメノオシホミミ、アメノホヒは、アマテラスの子。シタテルヒメはスサノヲの7代目の子孫とされる。

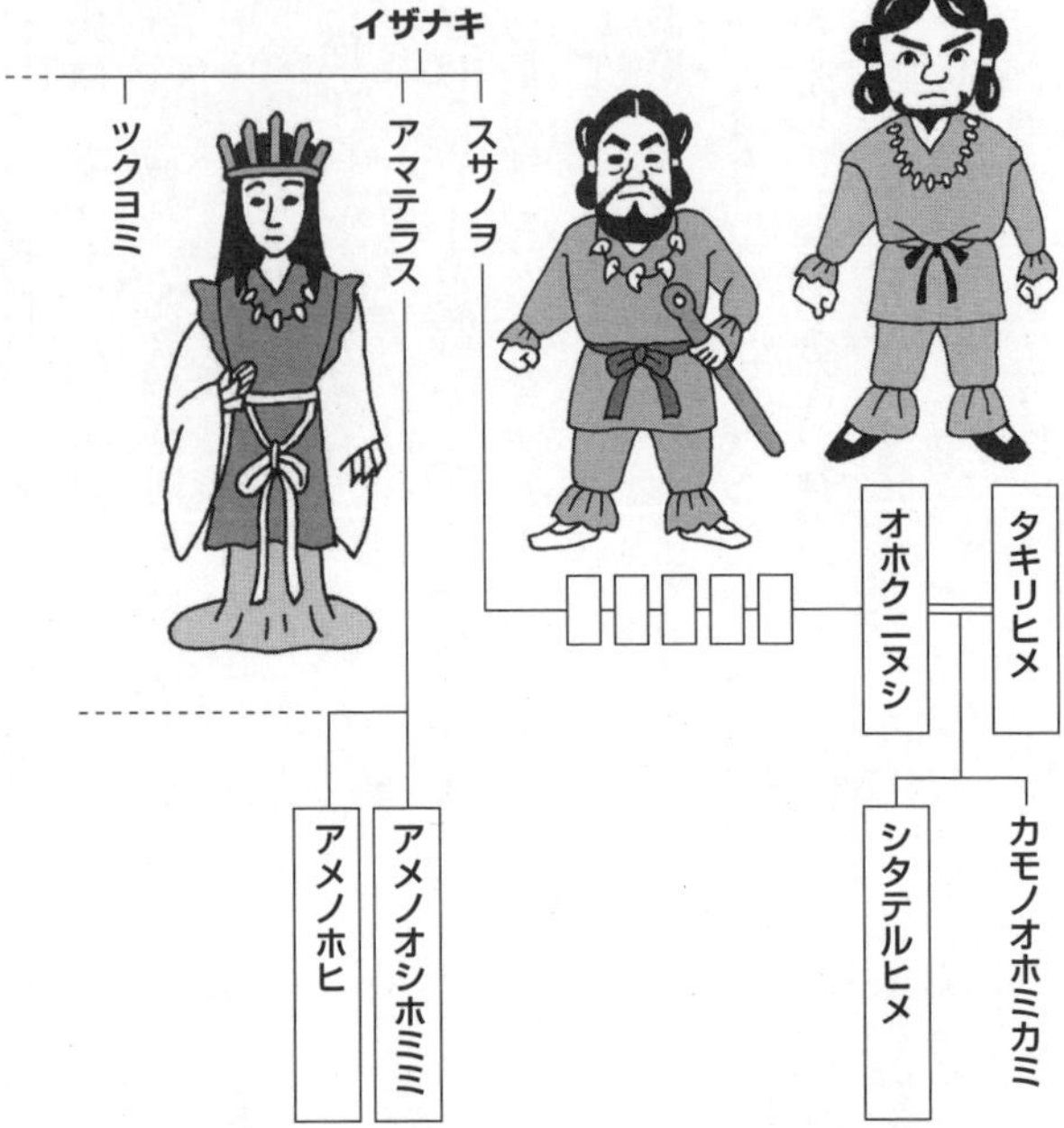

豊かな稲のみのりを表現

葦原中国を稲のみのりが豊かな国と表現し、高天原から差し向ける神の名はアメノオシホ（穂）ノミミ・アメノホ（穂）ヒというように稲穂にちなむ。このことから、古代人の豊かさの基準が「米」にあると考えられたことがわかる。

最強の刺客タケミカヅチを出雲へ

失敗が続く国譲りに送った最強の新たなる使者

●国譲りに向かう第3の使者

アメノホヒに続き、アメノワカヒコを国譲《くにゆず》りの使者として送りこんだが成功しなかったので、アマテラスは第3の使者を八百万《やおよろず》の神に相談した。名前があがったのは、天《あめ》の安川《やすかわ》の上流にある天の岩屋に住むイツノヲハバリノカミ（伊都之尾羽張神〈記〉）と、その息子のタケミカヅチノカミ（建御雷神〈記〉・武甕槌神〈紀〉）である。

イツノヲハバリは天の安川の流れをせき止めて、道をふさいでいるという。そこで、鹿のように難路《なんろ》をいとわないアメノカクノカミ（天迦久神〈記〉）を交渉役にたてた。アメノカクから用件を聞いたイツノヲハバリが、息子のタケミカヅチを推薦したので、タケミカヅチの派遣が決定する。

タケミカヅチに同行するよう命じられたのはアメノトリフネノカミ（天鳥船神〈記〉）。鳥のように天をかける船を意味する神で、タケミカヅチを出雲に導いた。

稲佐浜・美保岬

タケミカヅチとアメノトリフネが降り立ったとされる稲佐浜と、コトシロヌシが狩りや釣りをしていたといわれる美保岬。

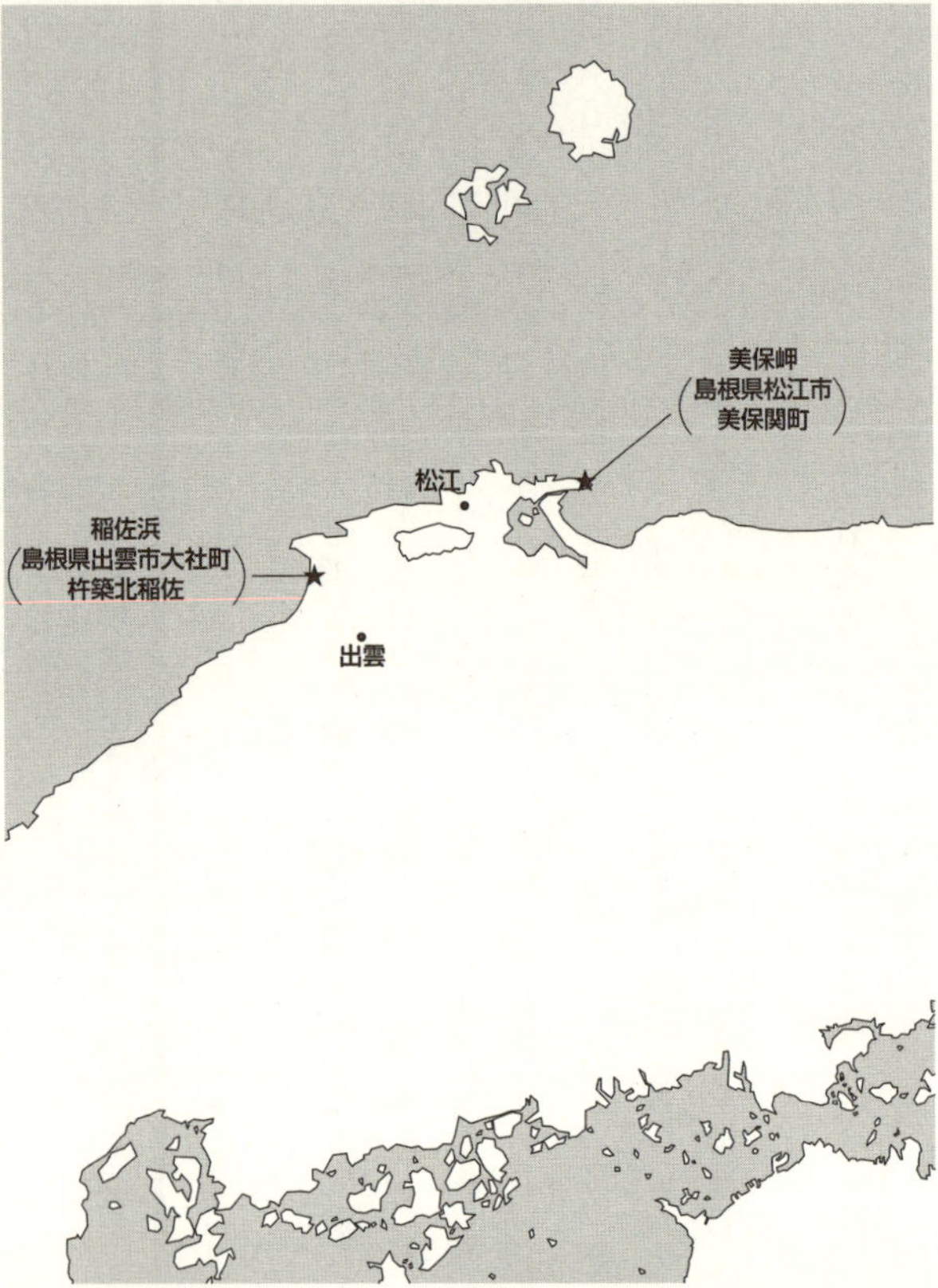

なお、『日本書紀』では、アメノトリフネは登場せず、フツヌシノカミ（経津主神〈紀〉）が同行している。

●了解の返事をしたコトシロヌシ

2柱の神が降り立ったのは、出雲の伊耶佐《いなさ》浜（稲佐浜）である。タケミカヅチは十拳剣《とつかのつるぎ》の柄《つか》を波頭に突き立て、その切っ先にあぐらをかいて坐し、オオクニヌシに葦原中国《あしはらのなかつくに》を譲るよう要求した。オオクニヌシは答えを避け、息子のコトシロヌシノカミ（言代主神〈記紀〉）に返事を託す。

このときコトシロヌシは美保岬（美保関）へ出かけ、鳥狩りや魚釣りを楽しんでいた。

アメノトリフネを遣わして、コトシロヌシをよび出して意向を尋ねると、コトシロヌシは国譲りを了解し、青柴垣《あおふしがき》（神霊が宿る場所）にこもってしまった。

●神話の背景にある大和王権の勢力

イツノヲハバリという名は、イザナキが火の神カグツチを斬った十拳剣の別名として、すでに『古事記』に登場している。

また、国譲りの使者タケミカヅチは十拳剣についたカグツチの血からできた神で、勇ましい雷の神であり、剣の神霊を意味する。剣の切っ先にあぐらをかくという姿が象徴的だ。

つまり、この神話は、アマテラスが武力を背景に国譲りを迫ったことを物語っている。タケミカヅチは鹿島神宮（茨城県）の祭神で、中臣《なかとみ》（藤原）氏の氏神《うじがみ》として、春日神社にも祀られる神だ。

さて、コトシロヌシは国譲りを認めたが、『古事記』によれば、オオクニヌシのもう一人の息子タケミナカタノカミ（建御名方神〈記〉）が登場し、タケミカヅチに反抗することになる。

釣り好きのコトシロヌシは七福神の恵比寿さま？

コトシロヌシの「コトシロ」とは、「言葉を知る」という意味で、託宣をつかさどる神だ。もともとは大和の神とされ、オオクニヌシに代わって返答する役目を負うため、出雲の神として登場したと考えられている。なお、コトシロヌシは釣り好きとされ、七福神の一員で漁業の神である恵比寿と同一視されることが多い。

コトシロヌシを祀る神社

人々に「神の言葉」を伝える神とされるコトシロヌシは、いくつもの神社で祀られている。

オホクニヌシの国譲り

国譲りの条件に出雲に神殿の建立を要求

●圧倒的な力を見せつけたタケミカヅチ

オホクニヌシの息子コトシロヌシは、国譲《くにゆず》りに反対しなかった。だが、もう一人の息子タケミナカタノカミ（建御名方神〈記〉）は反発し、タケミカヅチに力比べを挑む。まず、タケミナカタがタケミカヅチの手を握ると、その手は氷柱《つらら》になり、また剣の刃に変化したので、タケミナカタは恐れをなして引き下がった。

今度はタケミカヅチがタケミナカタの手を握った。力の差は歴然で、タケミナカタの手は握りつぶされ、引きちぎられ、放り投げられてしまう。タケミナカタは、その場から逃げるしかなかった。

出雲から信濃国《しなののくに》（長野県）の諏訪湖《すわこ》へ逃げたタケミナカタは、ついに追いつめられて、タケミカヅチに命乞いをする。「わたしは諏訪の地から離れません。オホクニヌシとコトシロヌシの言葉に従います」と誓い、国譲りを認めたのだった。

タケミカタの逃走経路

追い詰められたタケミナカタは、タケミカヅチに命乞いをする。

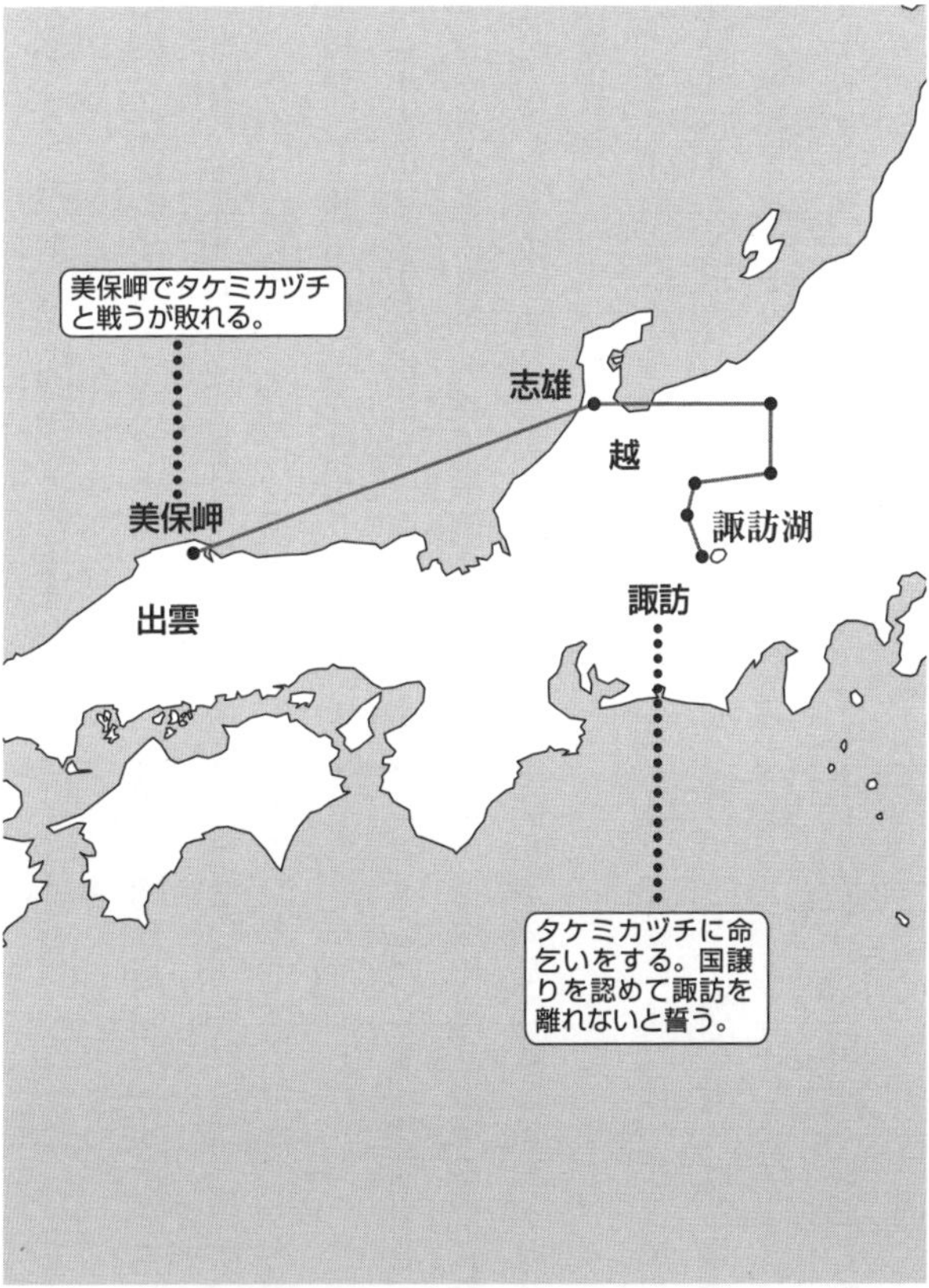
美保岬でタケミカヅチと戦うが敗れる。
志雄
越
美保岬
諏訪湖
出雲
諏訪
タケミカヅチに命乞いをする。国譲りを認めて諏訪を離れないと誓う。

●オホクニヌシが出した国譲りの条件

出雲に戻ったタケミカヅチは、オホクニヌシに最終判断を迫った。オホクニヌシは葦原中国《あしはらのなかつくに》を高天原《たかまのはら》の神々に献上することを決断するが、条件として「天《あま》つ神《かみ》の皇位をつぐ者が住む宮殿のように、屋根の両端から木を交差させ、たかだかと掲げる立派な神殿」を建てることを要求した。

神殿は、出雲の多芸志《たぎし》の浜に建立《こんりゅう》された。オホクニヌシはここを隠居所《いんきょじょ》とし、コトシロヌシがその他の多くの神を統制することになる。落成の儀式が華やかに行われたのを見たタケミカヅチは高天原に帰り、葦原中国を治めたことをアマテラスらの神々に報告した。

オホクニヌシが要求した神殿は、出雲大社《いずもたいしゃ》とされる。記録によれば、古代の出雲大社の神殿は48メートルもの高さを誇っていたという。その伝承《でんしょう》を裏付ける鎌倉初期の巨大な3本1組の柱も境内遺跡で発見されている。

タケミナカタに関わる物語は『日本書紀』に登場しない。『古事記』に記されるオホクニヌシの系譜にもタケミナカタの名はみえない。

出雲大社の本殿

オホクニヌシが祀られている出雲大社。本殿は高さ24メートルある。

タケミナカタの物語は後に加えられたものとみなされている。

タケミナカタは、諏訪大社の祭神として知られる。諏訪大社には相撲《すもう》によって吉凶を占う神事が伝わっており、タケミナカタとタケミカヅチの力比べの物語はその相撲神事にルーツがあるとの説がある。

なお、記紀の国譲り神話に登場するタケミカヅチ・フツヌシ（〈記〉には記載なし）・タケミナカタ（〈紀〉には記載なし）の3神は、それぞれ鹿島神宮《かしまじんぐう》（茨城県）・香取神宮《かとりじんぐう》（千葉県）・諏訪大社《すわたいしゃ》（長野県）の祭神で、3軍神とされる。

ニニギノミコトの天降り

アマテラスの孫、ニニギノミコトが天から降りる

●ニニギに命じた天降り、三種の神器を授ける

葦原中国《あしはらのなかつくに》の国《くに》つ神《かみ》を平定したと、タケミカヅチが高天原《たかまのはら》に帰って報告したので、アマテラスは子のアメノオシホミミノミコト（天忍穂耳命〈記〉）を天から降らせようとした。アメノオシホミミは、アマテラスの髪に巻いた珠《たま》からできた神だ。

ところがアメノオシホミミは、タカミムスヒノカミ（高御産巣日神〈記〉・高皇産霊尊〈紀〉）の娘との間に生まれたばかりのニニギノミコト（邇邇芸命〈記〉・瓊瓊杵尊〈紀〉）に行かせたいと願う。そこでアマテラスは、自らの孫（天孫《てんそん》）であるニニギに天降《あまくだ》りを命じた。

なお、『日本書紀』は『古事記』と違い、最初からニニギの天降りを決めている。

ニニギは真床追衾《まとこおうふすま》（玉座を覆う寝具）にくるまれて天降りするが、これは天皇が即位するとき行われる大嘗祭《だいじょうさい》の「真床追衾の儀」にならったものと思われる。

『日本書紀』はニニギ1柱が天降ったとするが、『古事記』と『日本書紀』は、五《いつ》

伴緒《とものお》（五部〈紀〉）がお供についたと記している。五伴緒は中臣《なかとみ》（藤原）氏はじめ宮廷に仕えた豪族の祖神で、天《あま》の岩屋《いわや》神話の段に登場した神々である。

　また、アマテラスは天降るニニギに、八咫鏡《やたのかがみ》・八坂瓊曲玉《やさかにのまがたま》・草薙剣《くさなぎのつるぎ》（天叢《あめのむら》雲剣《くものつるぎ》とも）を授ける。これらはアマテラスの神代（御霊の代り）で、皇位を象徴する「三種の神器《じんぎ》」だ。

　ニニギをくるんだ真床追衾と同じく、天皇の即位儀礼を意識して記したエピソードだろう。

　八咫鏡・八坂瓊曲玉は、天の岩屋に隠れたアマテラスを呼び戻す祭祀のために作られたものだ。

　草薙剣は、スサノヲが大蛇ヤマタノオロチを退治したとき、その尾から出てきた剣だ。

●「天孫降臨」とサルタヒコ

　さて、高天原から地上に向かうニニギ一行は、出迎えに現れた国つ神のサルタヒコノカミ（猿田毘古尊神〈記〉・猿田彦神〈紀〉）を先導役として、筑紫の日向《ひむか》の高千穂《たかちほ》の峰に降

三種の神器

八咫鏡（やたのかがみ）
天の岩屋に隠れたアマテラスを誘い出す際に用いられた。アマテラスはこの鏡を自分の御霊として祀るように命じた。

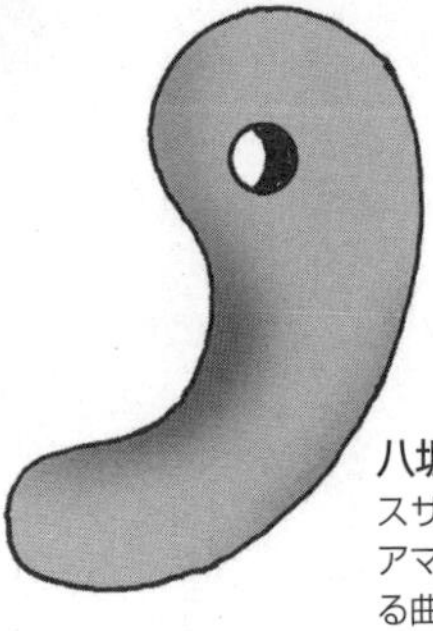

八坂瓊曲玉（やさかにのまがたま）
スサノヲとの誓約の際に、アマテラスが生んだとされる曲玉。その時スサノヲは剣を生んだ。八咫鏡とともに作られたという説もある。

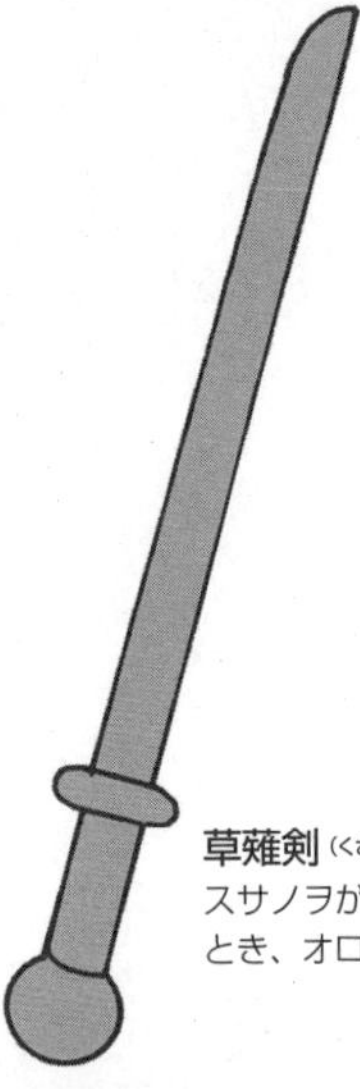

草薙剣（くさなぎのつるぎ）
スサノヲがヤマタノオロチを倒したとき、オロチの尾から出てきた剣。

※1握は、にぎった拳の小指から人さし指までの幅

り立った。

これを「天孫降臨《てんそんこうりん》」という。天孫降臨の伝承地としては、宮崎・鹿児島県境にそびえる高千穂峰、宮崎県西臼杵《うすき》郡高千穂町の2か所が名高い。

なお、神が天から地にある山頂や高い樹木に降臨するという神話は、朝鮮・満州の民族神話にも見られるので、大陸の北方民族の影響を受けていると思われる。

『日本書紀』によると、サルタヒコは鼻の長さ7握《※つか》、身長7尺で、目はホオズキのように赤く輝いているという。天孫降臨後、サルタヒコは故郷の伊勢に戻るが、これはアマテラスが伊勢神宮に祀られているのと無関係ではない。

高千穂の候補地

高千穂の候補地とされる場所はいくつかあるが、なかでも宮崎・鹿児島県境の高千穂峰と宮崎県西臼杵郡高千穂町が有力とされる。

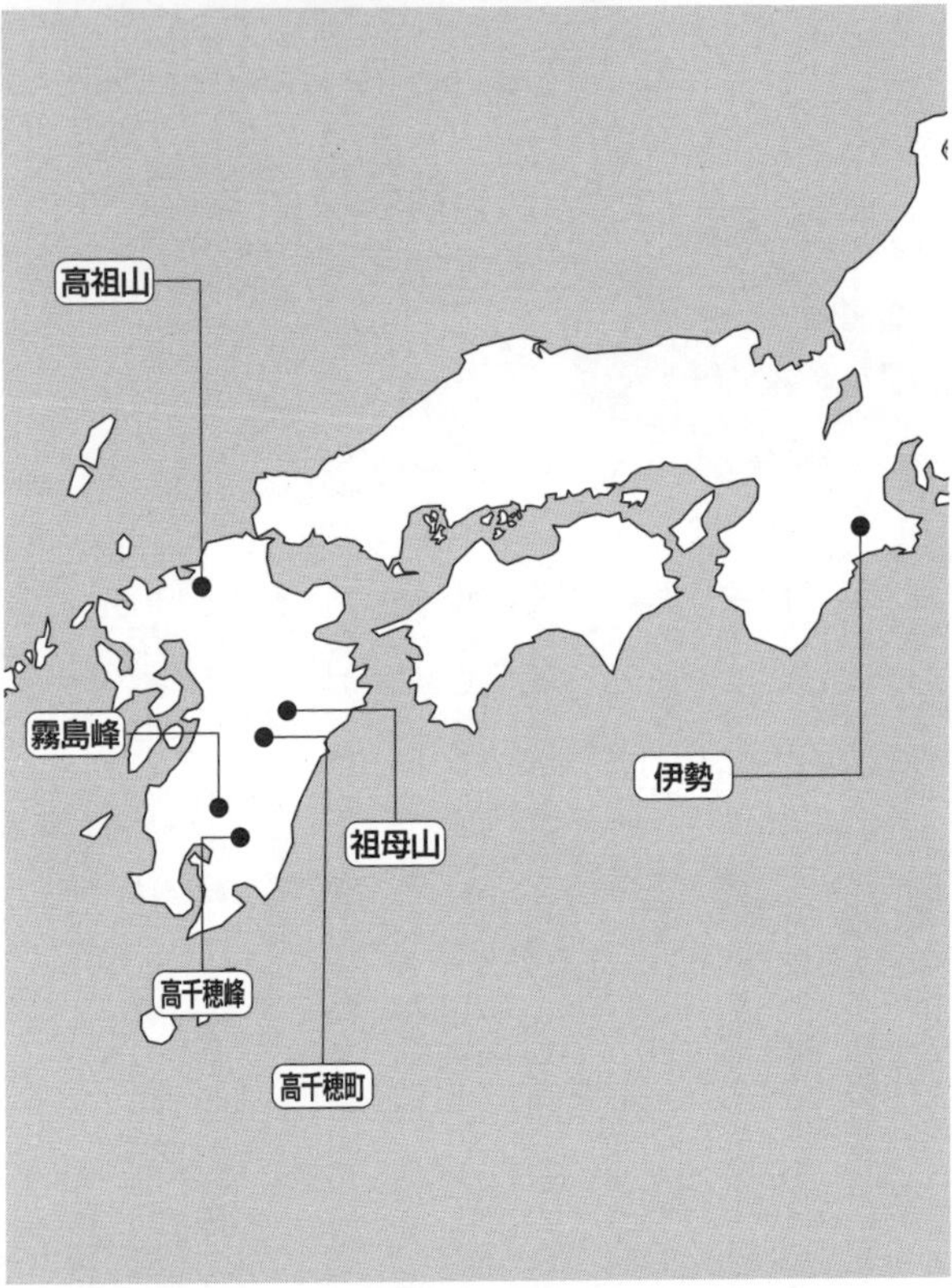

巨大だった出雲大社

〝国譲り〟を迫った天つ神のアマテラスに対し、オオクニヌシは承諾する代償として巨大な宮殿を建ててほしいと要求する。それを受け入れて造営されたのが、オオクニヌシを祀る出雲大社だという。

現在の出雲大社本殿は、1744年（延享1）に建造されたものだ。高さは約24メートル（8丈）。これでも神社の本殿としては日本最大級だが、社伝によれば、古代の本殿は約96メートル（32丈）、中世の本殿も48メートル（16丈）の高さを誇っていたという。

源為憲が著した子ども向けの教養書である『口遊』（970年成立）に、「雲太、和二、京三」（出雲太郎、大和二郎、京三郎）という数え歌がある。〝雲〟は出雲大社本殿、〝和〟は東大寺大仏殿、〝京〟は京都御所大極殿を指すとみられ、出雲大社本殿がいちばん高いと教えるのだ（高さを競うのではないという説もある）。

伝承による古代の本殿の姿は異様で、何本もの高い柱の上に社殿が建つ高層建築だったという。空に向かって聳えるようで、

古代の本殿復元図

天つ神が住む高天原を意識しての設計だったのかもしれない。社殿へとつづく階段は長く、天に昇るような思いがしたことであろう。壮大で神々しい姿に人びとは畏怖したに違いない。

衝撃的だったのは、2000年（平成12）、建築工事にともなう事前調査により、かつての本殿を支えたとみられる柱跡が発掘されたことだ。径約130センチメートルの柱を3本束ね、柱としたらしい。文献から〝田〟の字状の9つの交点に3本束ねの柱を立てて土台にし、その上に社殿を建てたと見られる。

創建時の遺構かと注目されたが、詳しい調査の結果、1248年（宝治2）造営の社殿跡とされた。結果たして高さ48メートルにおよぶ木造高層建築の造営が可能かということが研究され、不可能ではないと結論された。高さ48メートルといえば、15階建てのビルに匹敵する。建造は可能でも耐久性は危うかったようで、中世の文献には本殿が「傾いた」「鳴動した」「転倒した」などの記録がたびたび見られる。

心《しんの》御《み》柱《はしら》跡

2000年の境内の発掘調査で見つかった心御柱跡。

第三章　天皇家誕生の説話

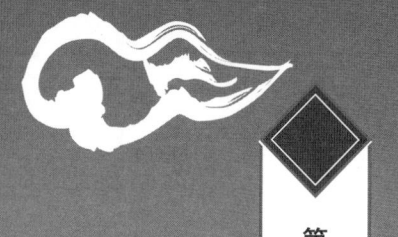

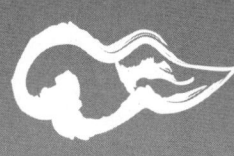

ニニギノミコトの結婚

ニニギの結婚がもたらしたもの　ふたりの娘で決まった寿命

●高千穂峰に降り立ったニニギ

三種の神器《じんぎ》を携えて、高天原《たかまのはら》から高千穂《たかちほ》峰に天降《あまくだ》ったニニギノミコトは、よい国を探すため、荒れた丘を次々に越えて進んだ。そして、笠沙《かささ》岬（鹿児島県川辺郡笠沙町にある野間《のま》岬をいう）にたどり着く。

ニニギは言った。「この場所は朝鮮半島と海の道がつながっており、朝日がさし、夕日が照るよいところだ」と。

そして、太い宮柱《みやばしら》を深く掘り立て、空高く屋根をそびえさせた宮殿を建て、そこに住むことになった。

記紀ななめ読み

ここで興味深いのは、ニニギが朝鮮半島を意識に入れて、よい土地の選択を行っていることだ。先に高千穂峰に天孫降臨《てんそんこうりん》する神話が大陸北方系の影響を受けていることを紹介したが、それを裏づける説話といってよい。

笠沙岬の位置

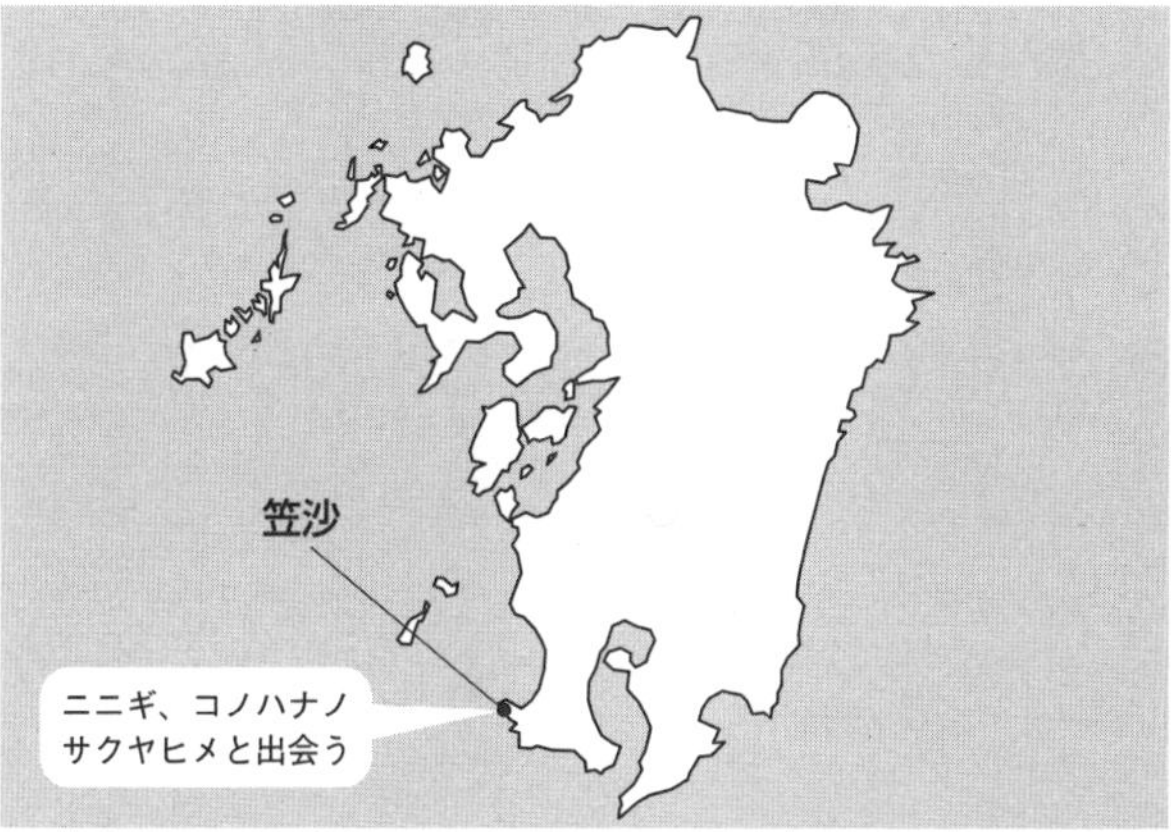
笠沙
ニニギ、コノハナノサクヤヒメと出会う

●結婚によって定められた限りある命

さて、ある日、ニニギは、笠沙岬で美しい娘に出会う。山の神オホヤマツミノカミ（大山津見神〈記〉・大山祇神〈紀〉）の娘で、コノハナノサクヤヒメ（木花之佐久夜毘売〈記〉・木花開耶姫〈紀〉）といった。ニニギはオホヤマツミに、コノハナノサクヤヒメとの結婚を申し入れる。

喜んだオホヤマツミは、姉のイワナガヒメ（石長比売〈記〉・磐長姫〈紀〉）も一緒に嫁《とつ》がせた。ところがニニギは、美しいコノハナノサクヤヒメとだけ契《ちぎ》り、醜《みにく》かったイワナガヒメを送り返してしまう。イワナガヒメが恨んだのはいうまでもない。

恥をかかされたオホヤマツミは、ニニギに怒って言った。「イワナガヒメをそえたのは、天孫《てんそん》の命が岩のように永遠不変になるという願いを込めてのことだったのに」。

これによって、天皇の命は限りあるものになったという。

●隼人の女神との結婚が示すもの

コノハナノサクヤヒメは、またの名をカムアタツヒメ〈神阿多都比売〈記〉・神吾田津姫〈紀〉〉という。

アタとは、鹿児島県南さつま市付近にあった薩摩国《さつまのくに》の地名で、隼人《はやと》とよばれた人々の本拠地だった。つまり、コノハナノサクヤヒメは薩摩の女神なのだ。

なお、姉のイワナガヒメは、不老不死の神として知られる。富士山信仰にもとづく全国の浅間《せんげん》神社で、コノハナノサクヤヒメとともに祀《まつ》られることが多い。

静岡県伊豆地方では、コノハナノサクヤヒメの化身である富士山の美しさを褒《ほ》めすぎると、イワナガヒメが嫉妬して不吉なことが起こるという俗信がある。

隼人の女神と結婚

隼人の女神であるコノハナノサクヤヒメと結婚をするのは、大和と隼人との緊密な関係を強調するものと考えられている。

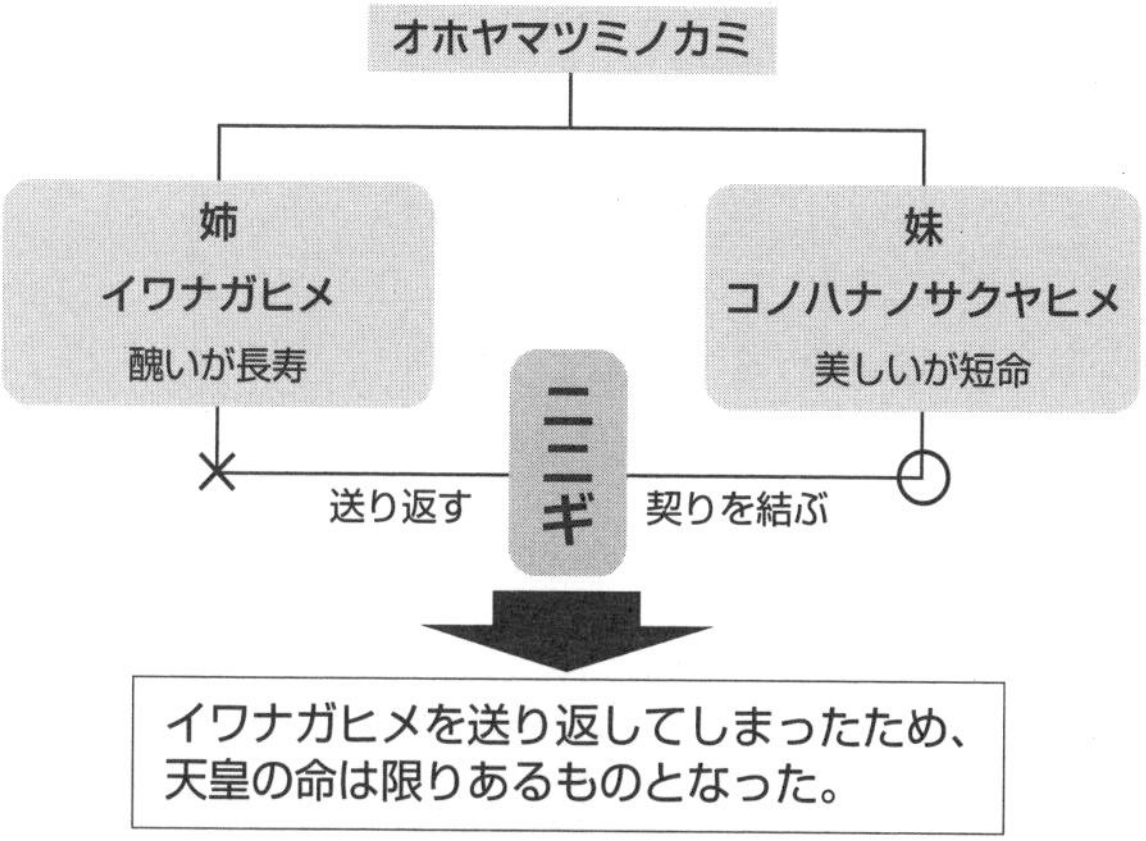

コノハナノサクヤヒメを祀る富士山本宮浅間大社

静岡県富士宮市にある富士山本宮浅間大社は、噴火を繰り返していた富士山をしずめるという願いが込められていた。
同大社には、山の神オホヤマツミの娘であり、火中で出産をしたとされるコノハナノサクヤヒメが祀られる。

コノハナノサクヤヒメの出産

火中で出産し潔白を証明したのは皇統の正統性を表していた

●炎の中での出産と証明

ニニギに嫁いだコノハナノサクヤヒメは、一夜にして身ごもった。ところが、ニニギは「わたしの子どもではあるまい。国《くに》つ神《かみ》の子ではないのか」と疑う。コノハナノサクヤヒメはニニギに対し、「もし、国つ神の子ならば無事に生まれないでしょう。しかし、天《あま》つ神《かみ》の子ならば無事に生まれます」と、誓約した。

そして、産屋《うぶや》を建てて中にこもり、土で塗り固めて出入りできないようにしたうえで、出産まぎわに火を放ったのである。

燃えさかる火の中で、コノハナノサクヤヒメは3柱の子神を無事に生んだ。ニニギの子であることが証明されたことになる。

なお、『古事記』によれば、誕生した3神は順に、ホデリノミコト（火照命〈記〉）、ホスセリノミコト（火須勢理命〈記〉）、ホヲリノミコト（火遠理命〈記〉）である。

◆◆◆ ニニギの3柱の子神 ◆◆◆

コノハナノサクヤヒメは、身の潔白を証明するために火中で3柱の神を出産した。その3神は『古事記』と『日本書紀』とでは名と生まれた順番が異なっている。

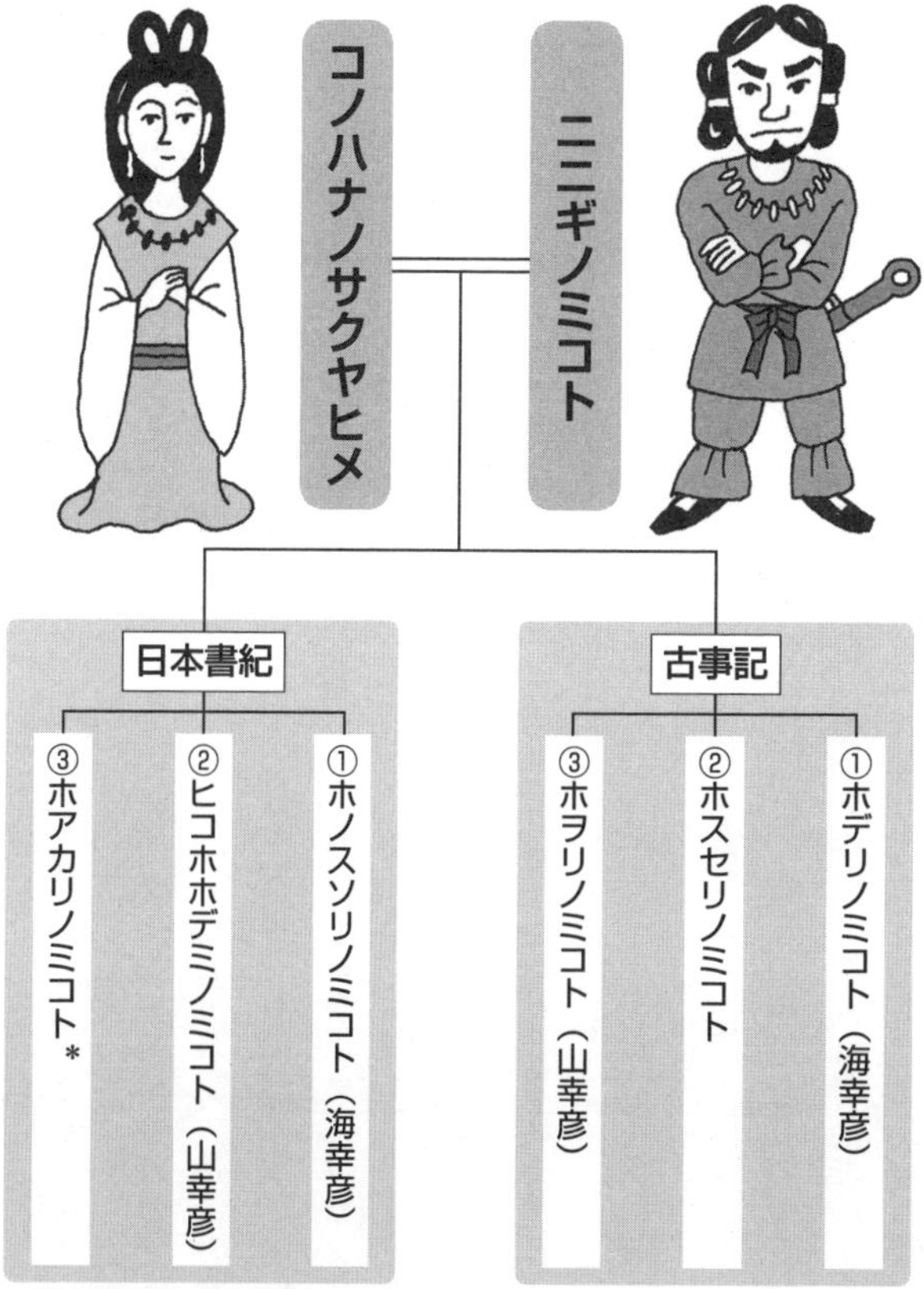

＊『古事記』ではニニギの兄として登場する

●記紀で異なる3神の名前

ホデリノミコトは「海幸彦《うみさちひこ》」の名で知られ、隼人《はやと》の祖であるという。ホヲリノミコトは「山幸彦《やまさちひこ》」の名で知られる。なお、ホスセリノミコトは『古事記』のこの誕生説話に名前が出るだけで、その後は登場しない。『日本書紀』も同様の説話を伝えるが、生まれる3神は、順序も名前の表記も違っている。最初がホノスソリノミコト（火闌降命）で海幸彦。次はヒコホホデミノミコト（彦火火出見尊）で山幸彦。最後はホアカリノミコト（火明命）で、※尾張連《おわりむらじ》の一族の祖という。

なお、ホアカリノミコトは『古事記』ではニニギの子として登場しているが、『日本書紀』では天孫降臨の段で、ニニギの兄として名が出てくる。

●東南アジアに残る習俗と神話

コノハナノサクヤヒメが火中で出産するという物語は、自らの潔白を証明するために苦しみに耐えるという、いわば宗教儀式だ。熱湯の中に手を入れて是非・正邪を判断する盟神探湯《くがたち》に通じるといってよい。正しいものは火傷《やけど》せず、邪《よこしま》なものは火

※「連」とは姓で王権から授かった称号

東南アジアの神話との共通点

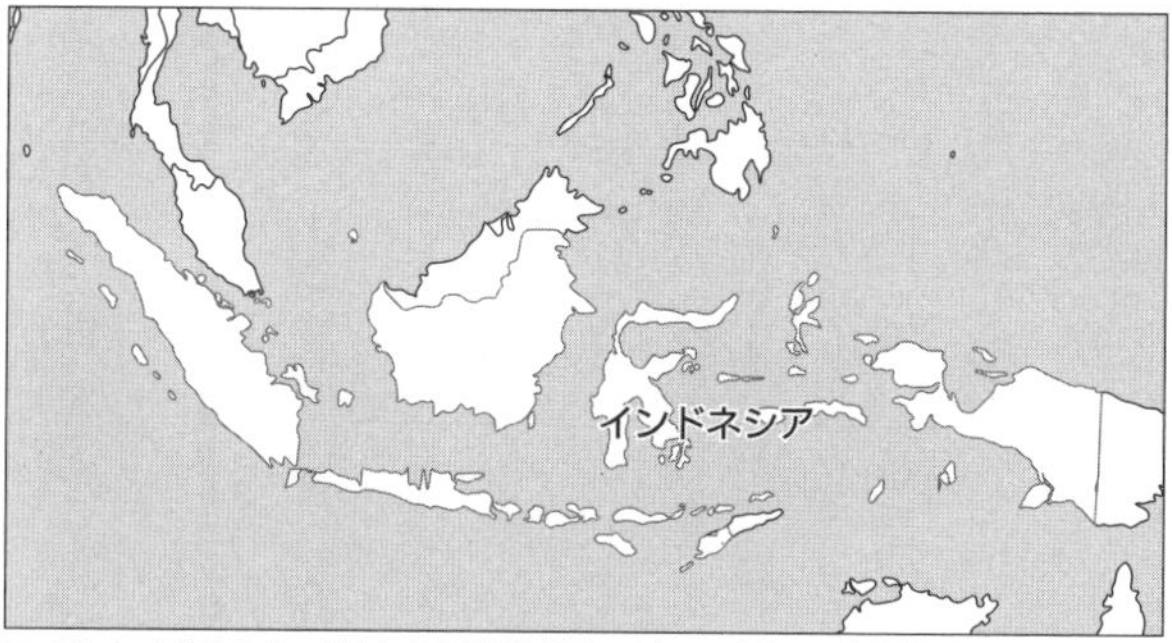

コノハナノサクヤヒメが火中で出産するエピソードは、宗教儀式に通じるものがある。その他、火で出産の穢れを浄化するという習慣や、選んだ結婚相手により命に限りがあることになるといった説話も東南アジアで広く見られる「バナナ型神話」に共通するといわれる。

傷をするとされた。

ニニギから初代神武《じんむ》天皇にいたる皇統の神秘性・正統性を強調する意図でつくられた物語だろう。

なお、東南アジアには、出産後、産婦の近くで火を起こし、出産の穢《けが》れを浄化するという習俗がある。南九州に住んだ隼人は、インドネシア系の文化の影響を受けていると考えられる。

記紀ななめ読み

コノハナノサクヤヒメとイワナガヒメの説話も、東南アジアにみられる「バナナ型神話」に共通する。創造主が人間にバナナと石を与えたところ、バナナを選んだので命がはかなくなったというものだ。

海幸彦と山幸彦の兄弟ゲンカ

道具に宿る霊力　山幸彦がなくした釣り針

●海幸彦と山幸彦の道具交換

ニニギノミコトとコノハナノサクヤヒメとの間に生まれた3神のうち、兄のホデリノミコトは海幸彦《うみさちひこ》（海佐知毘古〈記〉）として、大小さまざまな魚をとる漁師をしていた。一方、弟のホヲリノミコトは山幸彦《やまさちひこ》（山佐知毘古〈記〉）として、大小さまざまな獣をとる狩人になっていた。

あるとき、山幸彦は海幸彦に、「お互いの道具を交換して、私は漁をするので、お兄さんは狩りをしてみませんか」と提案する。はじめは山幸彦が3度頼んでも海幸彦は承知しなかったが、ついに根負けして道具を取り替えることになった。

山幸彦は魚釣りに挑んだが、ついに1匹も得られなかった。また、海幸彦も獣を捕まえられなかった。そこで、後悔した海幸彦は「自分の道具でなくては収穫が得られない。お前の弓矢を返すから、わたしの釣り道具を返しておくれ」と告げる。

海幸彦・山幸彦の神話伝承地

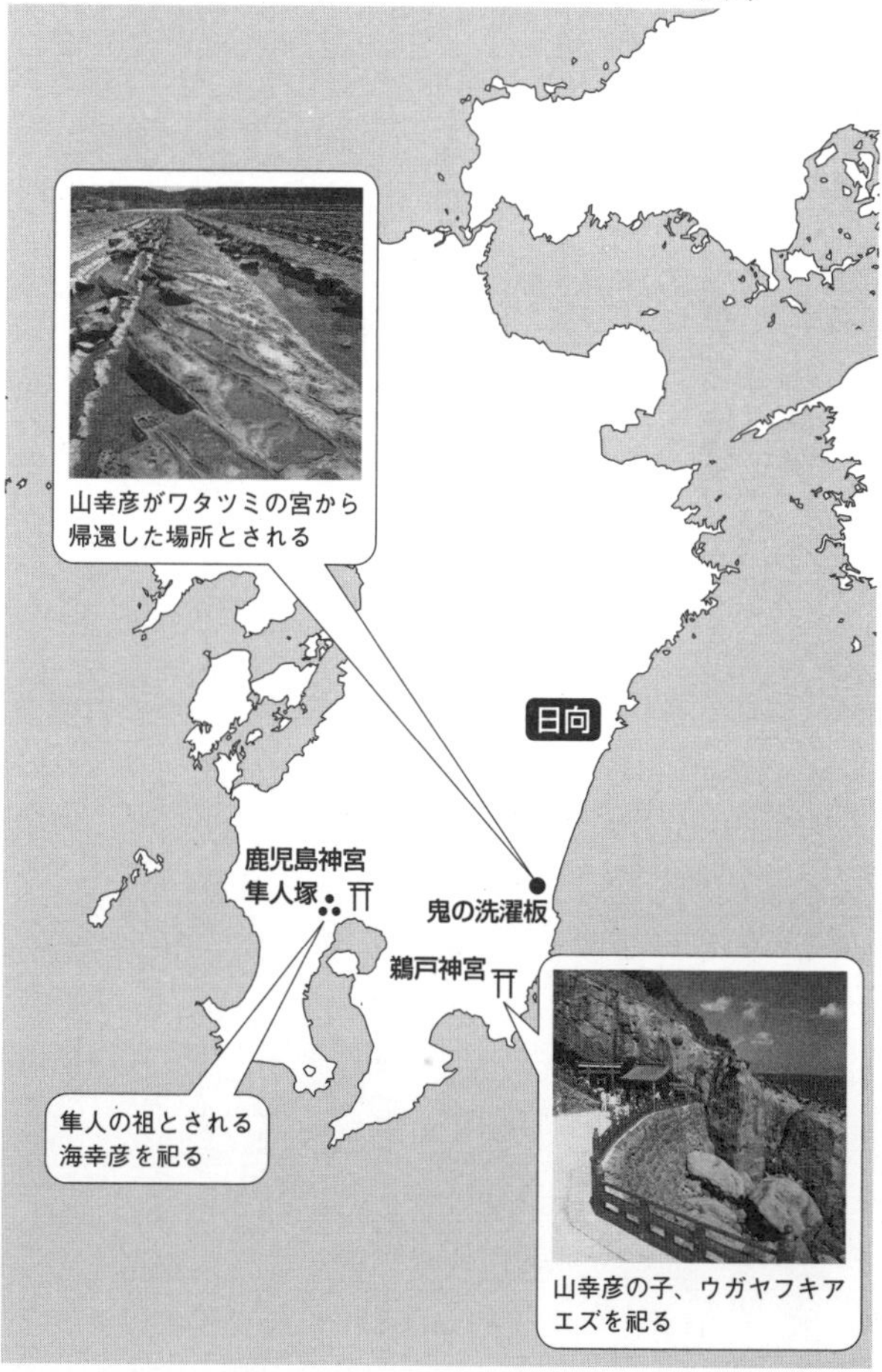
山幸彦がワタツミの宮から
帰還した場所とされる
日向
鹿児島神宮
隼人塚
鬼の洗濯板
鵜戸神宮
隼人の祖とされる
海幸彦を祀る
山幸彦の子、ウガヤフキア
エズを祀る

ところが、山幸彦は、漁のさなかに、海幸彦の大事な釣り針を海に落としてしまった。探す手だてもなく、返すべき釣り針を失くしてしまったのだ。

失くしたことをいくら詫《わ》びても、海幸彦は許してくれない。山幸彦は自分の※十拳剣《とつかのつるぎ》を砕き、500本の釣り針をつくって贈ったが、兄は受け取らなかった。次には1000本の釣り針をつくって償《つぐな》おうとしたが、「数があればよいというものではない。もとの私の釣り針を返してくれ」の一点張りだった。

困りはてた山幸彦が海辺で嘆き悲しんでいると、老神がやってきて涙のわけを尋ねた。山幸彦が事情を話すと、老神は「わたしによい考えがあります」といい、竹で編んだ小舟をつくり、そこに山幸彦を乗せた。そして、「わたしが舟を押したら、潮が導くままに進みなさい」と告げた。

老神の名はシホツチノカミ（塩椎神〈記〉・塩土老翁〈紀〉）、潮流をつかさどる神だった。

●「さち」の言葉に宿った霊力

『古事記』では、山幸彦が海幸彦にお互いの道具を交換しようと告げた言葉を、「各《おのおの》さちを相易《あひか》へて用《もち》ゐむ」と記している。

※日本の神話に出てくる刀剣。十握剣、十束剣などの表記も見られる

山幸彦とトヨタマヒメを祀る鹿児島神宮

山幸彦とトヨタマヒメを祀るとともに、仲哀・応神天皇、神功皇后も祀っている。木造建築の本殿は、日本でも最大級。

道具は、古代では「さち」と呼ばれていた。一方、「さち」は捕まえた獲物のことをさす。つまり、「さち」は幸いを招く霊力ある言葉にほかならない。狩猟なら弓矢、漁労《ぎょろう》なら竿《さお》・糸・針が基本の道具だが、古代人はそれらに霊力が宿っているからこそ、獲物が捕れると信じていた。それは古代にかぎらず、狩りや漁をいとなむ者に今も共通する信仰にほかならない。

海幸彦が自分の釣り針にこだわるのも無理はない。わが身の分身でもある聖なる道具を交換しようと提案した山幸彦にこそ非があると思うのだが、物語は逆に展開していく。

山幸彦が訪ねた海神の宮

釣り針を探しに出た山幸彦　ワタツミの宮殿で3年を過ごす

●トヨタマヒメとの出会いと結婚

海幸彦の釣り針を失くして途方に暮れる山幸彦に、潮流をつかさどる老神シホツチノカミは言った。「わたしが作ったこの舟に乗って、潮にまかせて進めば、ワタツミノカミ 綿津見神〈記〉・海神〈紀〉 の宮殿へ導かれます。そうすればそこで、ワタツミの娘が力を貸してくれることでしょう」。

言葉どおりに舟が宮殿の門前に着くと、ワタツミの娘トヨタマヒメ 豊玉毘売〈記〉・豊玉姫〈紀〉 が出てきた。山幸彦に一目惚れしたトヨタマヒメが父ワタツミに紹介すると、ワタツミは天孫ニニギの息子ホヲリであることを見抜き、宮殿に招き入れる。

ワタツミも山幸彦を気に入り、毎日、ご馳走を用意してもてなした。やがて、山幸彦とトヨタマヒメは結婚、幸せな日々を送る。こうして、あっという間に3年が過ぎたのだった。

類似神話が多いワタツミへの訪問

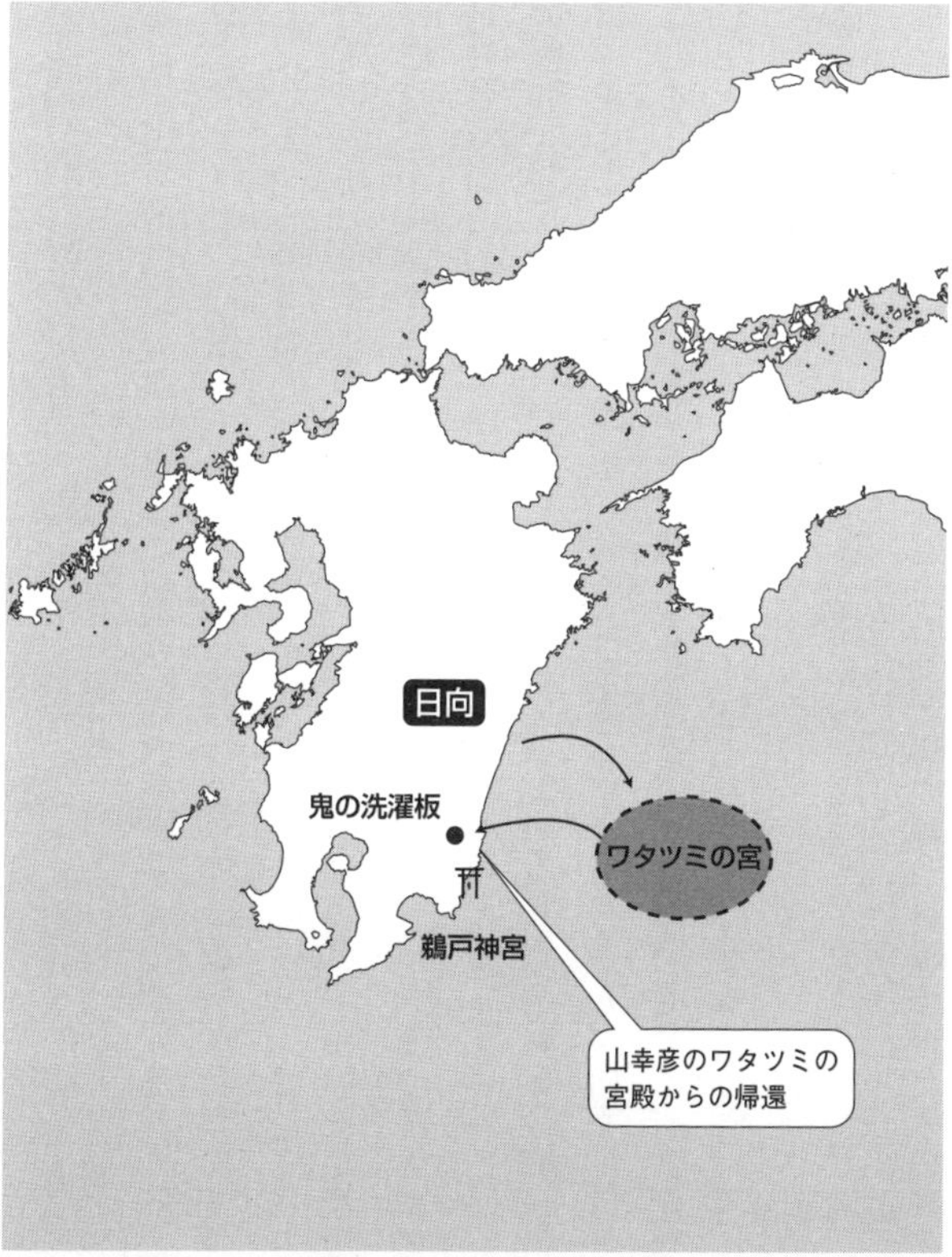

山幸彦がワタツミの宮殿を訪れる話は、浦島太郎が「竜宮城」を訪れる伝説のモデルとなったといわれているが、浦島太郎にみられる、古代中国の神仙思想（不老不死）への憧憬は見出せない。

●海幸彦の釣り針の行方

ある日、山幸彦は深いため息をついた。これまでそんな様子を見たことがなかったトヨタマヒメは、心配して父に相談する。ワタツミは山幸彦をよんで理由を聞き、なくしてしまった釣り針を探しにきたことを知る。

ただちに大小の魚を集めて尋ねたところ、ノドになにかが刺さって苦しんでいる鯛《たい》がいることが判明した。調べてみると、はたしてノドに刺さっていたのは、海幸彦の釣り針だったのだ。

この部分、『日本書紀』の記述は、少し違っている。山幸彦を宮殿に招いたワタツミは、すぐ来訪の理由を聞き、釣り針を探し出す。しかし、山幸彦はそのまま宮殿にとどまり、トヨタマヒメと結婚、3年を過ごすのだ。そして、夫がため息をつく姿をみたトヨタマヒメが、帰国の手助けをすることになる。

●山幸彦の結婚がもたらす五穀豊穣

山幸彦とトヨタマヒメの結婚は、山の神と海の神、穀物の神と水の神の結合を物

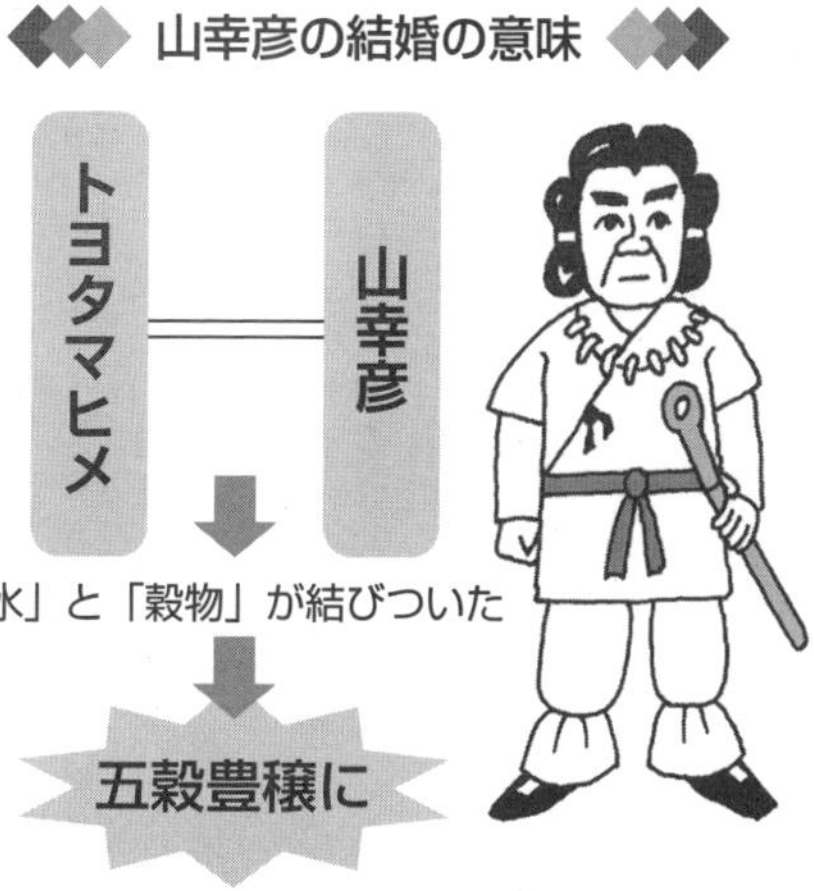

語ると思われる。穀物の生育には水が欠かせないので、両者が交わることによって五穀豊穣《ごこくほうじょう》がもたらされるという信仰にもとづくものだろう。

なお、浦島太郎が竜宮城を訪れる伝説との類似も興味深い。いわゆる「浦島伝説」は、『丹後国《たんごのくに》風土記《ふどき》』にある話が原型とされる。『日本書紀』雄略天皇紀、『万葉集』にも記述が見られるが、『丹後国風土記』がもっとも詳しい。

ただ、「浦島伝説」は古代中国の神仙《しんせん》思想（永遠の命や神人・仙人を求めた思想）の影響を強く受けていて、不老不死の竜宮城に対する憧れが描かれるが、山幸彦の説話にはそれがない。

山幸彦の勝利

釣り針を返す際の呪文が争いの勝利を決定付けた

●釣り針を持って帰国する山幸彦

海をつかさどるワタツミは、葦原中国《あしはらのなかつくに》に帰ろうとする山幸彦に、釣り針と※潮満《しおみ》つ珠《たま》と潮干《しおひ》る珠《たま》を手渡しながら、次のように述べた。

見つかった釣り針を兄の海幸彦に返すとき、「この針は憂鬱《ゆううつ》になる針、いらいらする針、貧しくなる針、愚かになる針」と呪文を唱えなさい。そうすれば、兄は不漁に苦しむでしょう。

また、兄が高いところに田をつくったら、あなたは低いところに、兄が低いところに田をつくったら、あなたは高いところにつくりなさい。水を支配して

隼人は、大和王権に属さない九州南部のいくつかの部族の名称といわれる。山幸彦に敗れた海幸彦ことホデリは隼人の祖神とされ、その子孫は、6世紀以後、隼人として宮廷に仕えるようになった。大和と九州南部の関係が示されている。

※海の満ち引きをつかさどる力をもった2つの珠

隼人と朝廷の歴史を物語る海幸彦・山幸彦の神話

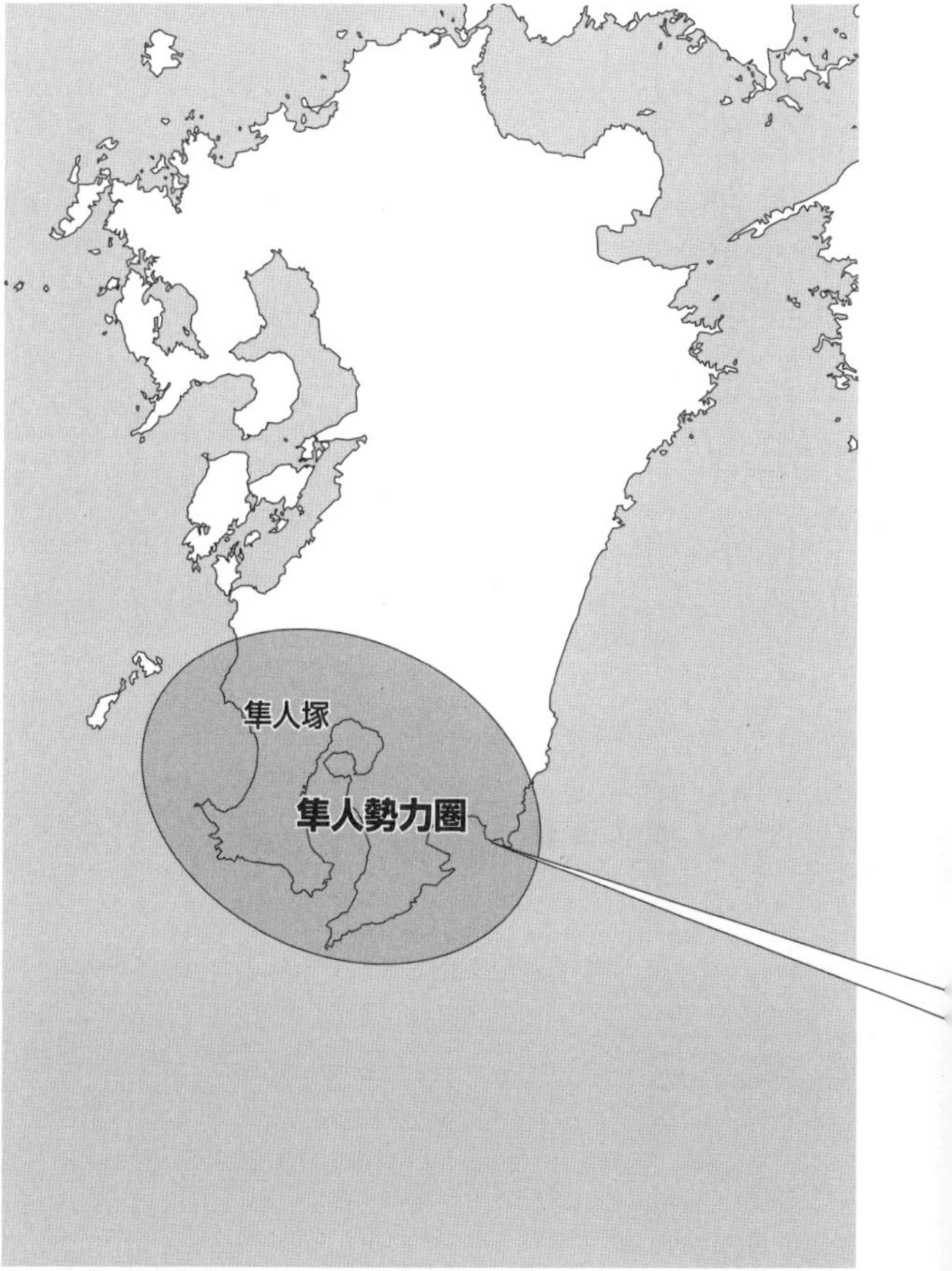
隼人塚
隼人勢力圏

いるわたしが、兄の田を不作にします。

さらに、困窮《こんきゅう》した兄が攻撃してきたら、潮満つ珠を水につけ、潮を満たしておぼれさせ、許しを求めてきたら、潮干る珠を水につけて潮を引かせ、命を助けてあげなさい。

ワタツミはそのように教えると、ワニ（サメ）に山幸彦を送らせた。

●兄弟間争いの末、山幸彦の勝利

帰国した山幸彦は、さっそく海幸彦に釣り針を返した。こっそり呪文を唱えたのはいうまでもない。

そうすると、兄は不漁がつづき、田も不作ばかりで、貧しさに苦しんだ末、山幸彦を襲うようになった。

山幸彦はワタツミの教えどおり、兄が攻めてくると潮満つ珠でおぼれさせ、助けをこえば潮干る珠で命を救った。

これをくり返すうち、ついに海幸彦は屈服した。

そして、山幸彦の守護人になって仕えると申し出たのである。

安閑・宣化期と欽明期の両朝並立期があった⁉

『日本書紀』本文によれば、26代継体天皇の後は、継体の3人の皇子が順に即位した。目子媛との間に生まれた27代安閑天皇、28代宣化天皇、ついで手白香皇女との間に生まれた29代欽明天皇である。継体の崩御は531年、安閑の即位は534年、宣化は536年、欽明は540年という。

ところが、『古事記』や『日本書紀』の或本など他の史料は、違った年次を伝える。たとえば『元興寺縁起《がんごうじえんぎ》』は欽明の即位を531年と記す。ということは、継体没後すぐに、欽明が即位したことになる。530年代は、いくつかの疑問点をはらむ。

謎の解明に挑んだのが、歴史学者の喜田貞吉《きたさだきち》（1871〜1939）だ。喜田は〝2朝並立〟の考えを示した。目子媛系の安閑・宣化朝と、手白香皇女系の欽明朝が、530年代に並立したという説だ。

手白香皇女は24代仁賢天皇の皇女であり、25代武烈天皇を兄（弟）にもつ。一方、目子媛は東海地方の豪族尾張氏の娘にすぎない。血筋を重んじるなら、継体の後を欽明が継ぐのが順当だろう。

当時、日本の政情は混乱していた。大和王権の伸張にともない、九州で磐井の反乱（527年）が起こるなど、地方での不満がつのる。また、仏教公伝（538年か）

にともなう王権内の対立も起きた。有力豪族間の主導権争いも絶えない。
欽明朝を支持する蘇我氏、安閑・宣化朝を擁する大伴氏の対立が〝2朝並立〟の背景にあると解釈する研究者もいる。また、越前から大和王権を簒奪した継体を支持する地方豪族が新参の安閑・宣化朝に与したのに対し、中央豪族が正統の欽明朝に味方したという説もある。

もちろん、学界の主流は〝2朝並立〟を認めない立場をとる。だが、『日本書紀』本文は、継体の死から安閑の即位まで4年の空位期間があったと記す。これは異常だ。王権に何らかの異変があったことがうかがえる。

両朝並立期系譜

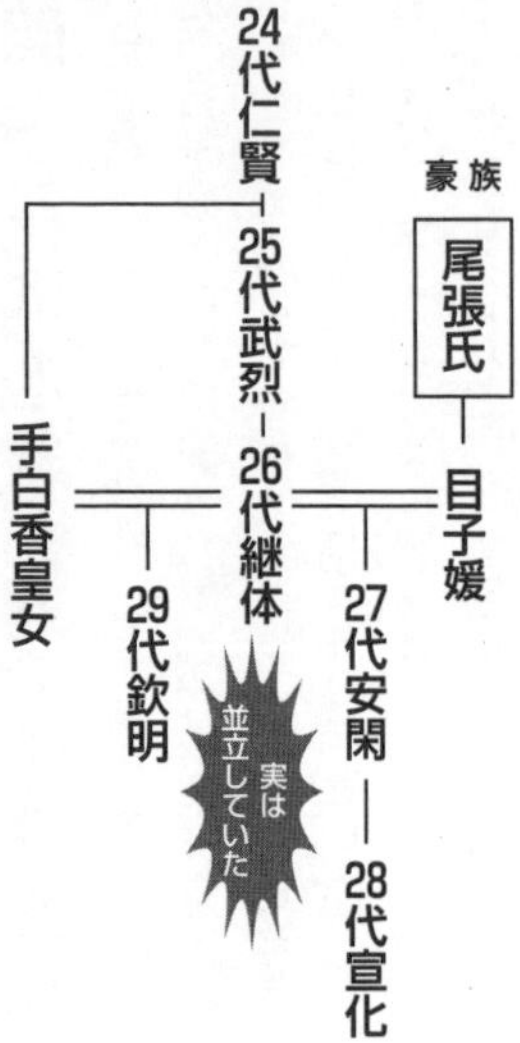

〝2朝並立〟はあった。だが、『日本書紀』の編纂者は皇統の継続性を示すため、並立の事実を隠蔽したのではないか。そもそも継体天皇が即位した事情が怪しい。継体の皇子の時代にも対立があったとしても不思議ではない。

トヨタマヒメの出産

生まれた4柱の男神　初代神武天皇の誕生

●トヨタマヒメの本当の姿

海神の宮殿で山幸彦と結婚し、子を身ごもったトヨタマヒメは、天孫の血を受け継ぐ子は海原《うなばら》で産むべきでないと考え、山幸彦のもとを訪れた。そして、海辺に鵜《う》の羽を葺《ふ》き草にして産屋《うぶや》を造り、出産に備え始めた。

ところが、産屋の屋根が葺き終わらないうちに産気づいたトヨタマヒメは、「わたしは異郷の者です。本来の姿に戻って出産するので、わたしの姿を見ないでください」と告げた。しかし、その言葉が気になった山幸彦は、ひそかにのぞいてしまう。なんと産屋のなかにいたのは、巨大なワニ（サメ）だった。

出産後、トヨタマヒメは山幸彦を責めた。「ときには、あなたと子どもに会いに来ようと思っていましたが、恥ずかしい思いをしましたので、もう来ることはありません」と言い残し、海神の宮殿に帰ってしまった。

神の世界から人間界へ
日向３代の神話

高千穂に降り立ったニニギから、海幸彦・山幸彦の神話を中心とする日向で展開するさまざまな物語を経て、ウガヤフキアエズに至る「日向３代」の神話では、高天原の神々の世界や、海の世界との行き来が遠ざけられていく。
やがて、神武天皇に始まる皇統譜へとつながっていくが、これは、物語の中心が神の世界（神話）から、次第に人間の世界（歴史）に入っていく過程が描かれているといえる。

●初代天皇の誕生と日向3代

子の名は、鵜の羽で屋根を葺き終わらないうちに生まれたことから、ウガヤフキアエズノミコト（鵜葺草葺不合命〈記〉・鸕鷀葺不合尊〈紀〉）という。

トヨタマヒメは子を案じるあまり、妹のタマヨリヒメ（玉依毘売〈記〉・玉依姫〈紀〉）を送って養育させた。タマヨリヒメは成長したウガヤフキアエズと結婚、4柱の男神を産む。

この4柱の男神のうち最後に誕生したのが、カムヤマトイハレビコノミコト（神倭伊波礼毘古命〈記〉・神日本磐余彦尊〈紀〉）、のちの初代天皇である神武《じんむ》天皇だ。

日向3代の系図

ニニギノミコト、山幸彦ことホヲリノミコト、そしてウガヤフキアエズノミコトを日向3代とよぶ。

ニニギ

ウガヤフキアエズ

山幸彦

天照大神《あまてらすおおみかみ》
―天忍穂耳尊《あめのおしほみみのみこと》
―瓊瓊杵尊《ににぎのみこと》＝木花開耶姫《このはなのさくやひめ》

瓊瓊杵尊と木花開耶姫の子：
- 火明命《ほあかりのみこと》（火須勢理命）
- 彦火火出見尊《ひこほほでみのみこと》（火遠理命→山幸彦）
- 火闌降命《ほのすそりのみこと》（火照命→海幸彦）

彦火火出見尊＝豊玉姫《とよたまひめ》
―鵜葺草葺不合命《うがやふきあえずのみこと》＝玉依姫《たまよりひめ》
―神武《じんむ》天皇

▒＝日向3代

天下を治める神武東遷

イハレヒコの一行、日向を旅立ち東方へ進む

●イハレヒコの東方進軍

後に神武《じんむ》天皇となるカムヤマトイハレヒコノミコトは、「天孫《てんそん》の威光《いこう》が遠い国へは届いていない」として、新しい都の地を求め、日向《ひむか》の高千穂宮《たかちほのみや》から東方を目指して進軍した。

『日本書紀』によると、天孫降臨から179万2470余年後で、イハレヒコ45歳のときという。

豊前《ぶぜん》（大分県）の宇佐《うさ》をへて、筑紫《つくし》（福岡県）の岡田宮に1年滞在し、ついで安《あ》芸《き》（広島県）の多祁理《たけり》宮で7年過ごす。さらに吉備《きび》（岡山県）の高島《たかしま》宮に8年とどまり、ここで兵器や食糧を準備した後、難波《なにわ》に進撃した。

難波から大和《やまと》に入ろうとしたとき、一行の前に立ちふさがったのがナガスネヒコ（那賀須泥毘古〈記〉・長髄彦〈紀〉）である。

神武東遷の道のり

イハレヒコノミコト（のちの神武天皇）が45歳のときに、新しい都を求め、日向の高千穂から大和に向けて東進した。途中、各地の豪族との戦いを繰り広げながら、15年以上の長い月日をかける遠征となった。

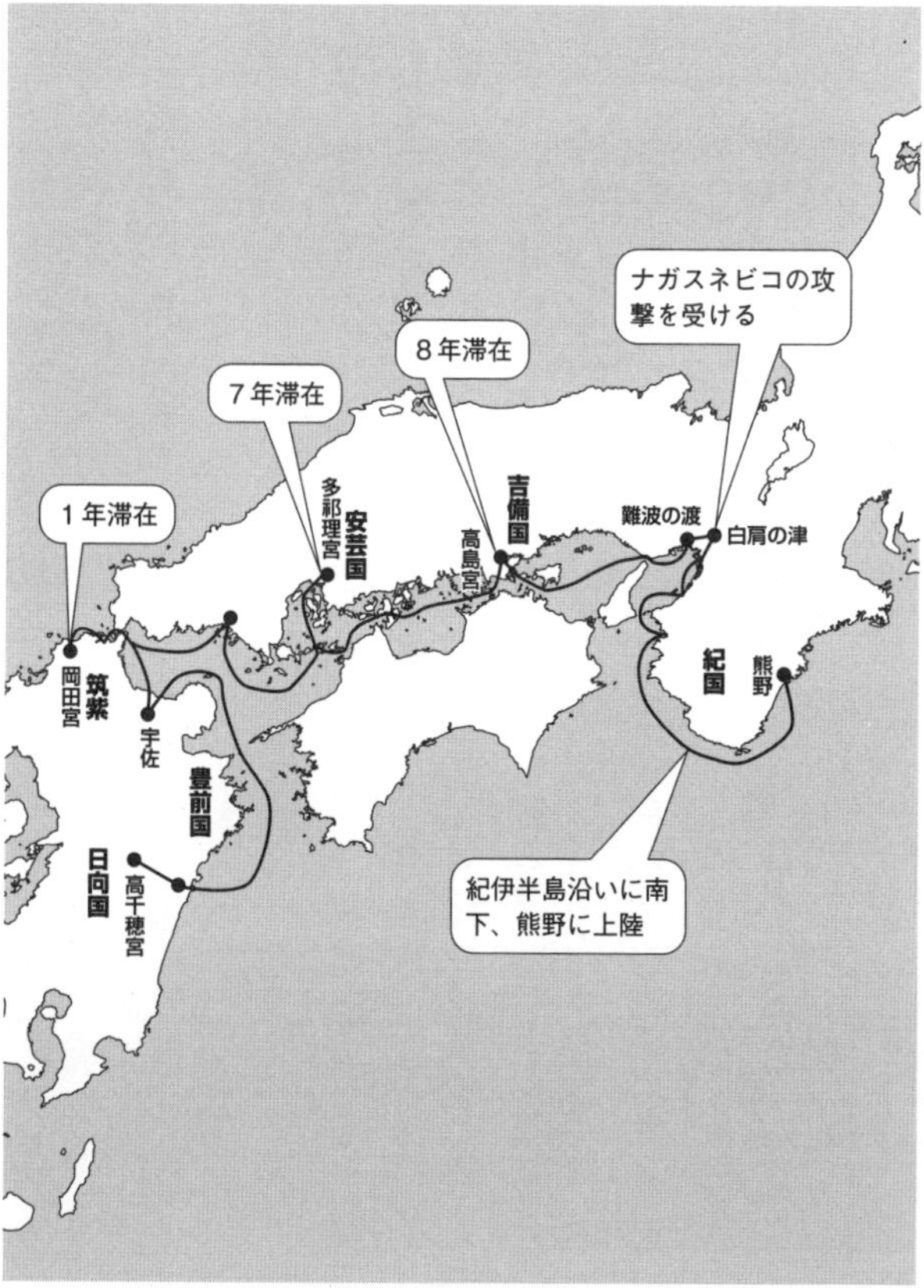

ナガスネヒコは大和地方の豪族で、高天原《たかまのはら》から天降ったニギハヤヒノミコト〈邇芸速日命〈記〉・饒速日命〈紀〉〉を奉っていた。

彼にとって、新たな天《あま》つ神《かみ》は邪魔だったのだ。

●イツセの死と神剣の助け

ナガスネヒコの抵抗は激しく、イハレヒコの兄イツセノミコト〈五瀬命〈記紀〉〉は流れ矢にあたって負傷、その傷がもとで後に命を落としてしまう。

イハレヒコは「日神《ひのかみ》（アマテラス）の子孫であるわたしが、日に向かって戦ったのが間違いだった。日を背にして、日神の威光《いこう》をかりて戦おう」といい、退却を決定。紀伊半島沿いに南下して、熊野に上陸した。

しかし、一行はいきなり荒ぶる神の毒気にあてられ、みな気を失ってしまう。そこに現れたのが地元のタカクラジ〈高倉下〈記紀〉〉で、タケミカヅチが葦原中国《あしはらのなかつくに》を平定したとき使った神剣フツノミタマを献上すると、全員が目覚めたのだった。タカクラジによれば、イハレヒコを案じるアマテラスとタカミムスヒが夢枕に現れ、神剣フツノミタマを天から届けるのでイハレヒコに渡すよう告げたという。

熊野三山と八咫烏

全国にある熊野神社の総本山である
熊野三山のひとつ熊野本宮大社。

イハレヒコの一行は、熊野地方から大和に向かった。八咫烏は、和歌山県熊野地方にある熊野三山の神の使いとされている。

●八咫烏は大和国への道案内役

こうしてイハレヒコ一行は、神剣の力を得て、大和への反攻を開始したが、熊野の山中はけわしくなる一方で、まもなく進退きわまってしまう。その窮地《きゅうち》を救ったのが、アマテラスが道案内役として、天から遣わした八咫烏《やたがらす》である。

八咫烏の先導により、一行は峰を越え、道を踏み分けて大和に向かった。途中で会ったその土地に住む人々は反攻することなく、順調に進軍を続け、ついに大和国（奈良県）に入り、吉野をへて、宇陀《うだ》に到着したのである。

神武天皇の即位

大和にたどり着いたイハレヒコ　橿原にて神武天皇が誕生する

●エウカシのしかけたワナ

イハレヒコ一行は八《や》咫《た》烏《がらす》の先導により、熊野から無事に大和に入り、宇陀《うだ》に着く。この地にはエウカシ（兄宇迦斯〈記〉・兄猾〈紀〉）とオトウカシ（弟宇迦斯〈記〉・弟猾〈紀〉）という土着の豪族の兄弟がいた。

エウカシは宮殿を建て、イハレヒコを招こうとする。しかし、それがワナだとオトウカシから通告をうけたイハレヒコは、大伴連《おおとものむらじ》の祖先ミチノオミノミコト（道臣命〈記紀〉）を派遣してエウカシを討伐した。

先に進んで忍坂《おしさか》の地にいたると、土雲《つちぐも》のヤソタケル（八十建〈記〉・八十梟帥〈紀〉）が待ちかまえていた。

土雲のヤソタケルとは、数多くの土着豪族を意味する。イハレヒコは彼らを酒宴に招くと、酔いが回ったころを見はからって、一網《いちもう》打尽《だじん》に斬り捨てた。

大和に着いたイハレヒコ（神武天皇）の足跡

八咫烏に導かれ紀伊半島を南下したイハレヒコの一行は、熊野に上陸し再び大和に向かう。大和を治めていたニギハヤヒが自らの支配地をイハレヒコに差し出すことで、イハレヒコは大和を治めることに成功した。

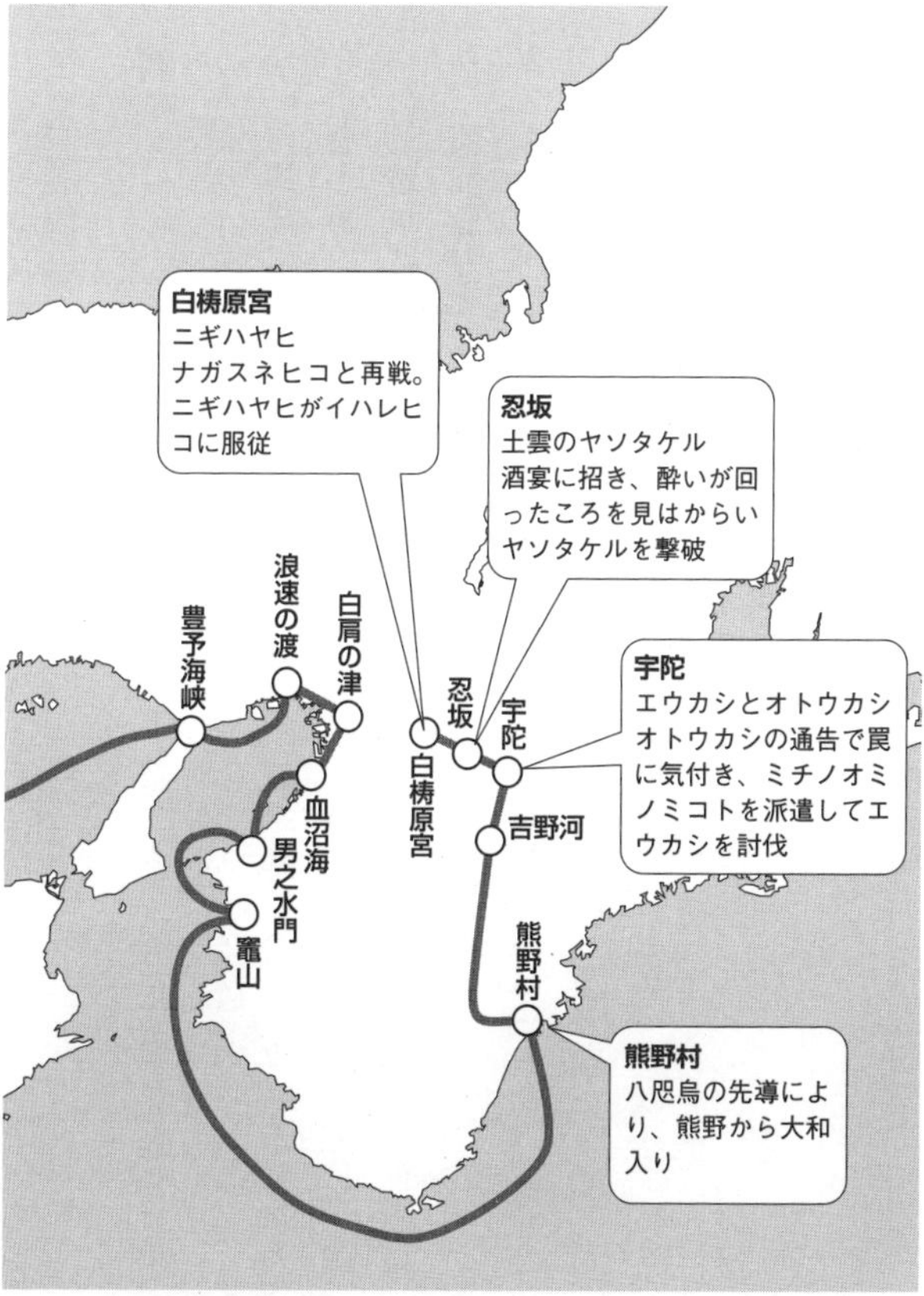
白梼原宮
ニギハヤヒ
ナガスネヒコと再戦。
ニギハヤヒがイハレヒコに服従
忍坂
土雲のヤソタケル
酒宴に招き、酔いが回ったころを見はからいヤソタケルを撃破
宇陀
エウカシとオトウカシ
オトウカシの通告で罠に気付き、ミチノオミノミコトを派遣してエウカシを討伐
熊野村
八咫烏の先導により、熊野から大和入り
豊予海峡
浪速の渡
白肩の津
血沼海
男之水門
竈山
白梼原宮
忍坂
宇陀
吉野河
熊野村

●ナガスネヒコの討伐

次の敵は、磯城《しき》エシキ（兄師木〈記〉・兄磯城〈紀〉）・オトシキ（弟師木〈記〉・弟磯城〈紀〉）兄弟だった。オトシキは従ったが、抵抗をやめないエシキは討伐された。

こうして、ついに最後に残ったナガスネヒコとの再戦を迎える。ナガスネヒコの軍は強力で、なかなか勝てなかった。ある時、イハレヒコが手にする弓の先に、金色の鵄《とび》がとまった。鵄が雷光のように光り輝いたかと思うと、ナガスネヒコ軍の兵士の目がくらみ、戦闘能力を失ってしまう。

ここで、ナガスネヒコが仕えるニギハヤヒが、イハレヒコの前に現れた。ニギハヤヒは自分のほうが大和を治めるのにふさわしいと考えて抵抗してきたが、イハレヒコのほうが正統であることを認め、服属することを誓う。しかし、ナガスネヒコは戦いをやめようとせず、ニギハヤヒに殺害されてしまった。

●初代神武天皇の誕生

大和を平定したイハレヒコは、畝傍山《うねびやま》の東南の地にある橿原《かしはら》に宮殿を建て、ここ

神武天皇を祀る橿原神宮

奈良県橿原市にある神社。初代天皇とされる神武天皇を祀っている。

を中心にして国を治めることにした。そして、『日本書紀』によれば、辛酉《しんゆう》の年１月１日、橿原宮で即位、初代神武《じんむ》天皇となった。

皇后は、オホモノヌシの子であるヒメタタライスケヨリヒメ（比売多多良伊須気余理比売〈記〉・媛蹈鞴五十鈴媛〈紀〉）。

ヒコヤイノミコト（日子八井命〈記〉）、カムヤイミミノミコト（神八井耳命〈記〉）、カムヌナカハミミノミコト（神沼河耳命〈記〉）の３柱を産んだ。

神武天皇の享年は、『古事記』は１３７、『日本書紀』は１２７。畝傍山の東北の墓所に葬られた。

神武天皇は実在したのか？

神武天皇を祀る橿原《かしはら》神宮

写真提供：社団法人橿原市観光協会

●実在する証拠がない

初代天皇とされる神武は、『日本書紀』によれば、辛酉年の元日に即位したという。明治政府は西暦に換算し、即位日を紀元前660年2月11日と特定、日本建国の記念日〝紀元節〟として国の祝日とした。現在の〝建国記念日〟である。

紀元前660年といえば縄文時代が終わりに向かいはじめる時期だ。当然、日本に文字はなく、神武天皇の実在を証明する文献はない。日本に関するもっとも古い史料は『漢書』（地理志）で、紀元前後、「倭人は百余国に分かれる」とのみ記される。『古事記』『日本書紀』は8世紀に編纂されたものだ。紀元前7世紀の古い記憶をどのようにとどめていたのであろうか。しかも、神武天皇の享年を『古事記』は137、『日本書紀』は1

２７と記す。常識で考えれば、神武天皇の実在に疑問が生じるのは当然であろう。

　明治期に入ると、文献や史料を精査し、考古学や民俗学などの成果も取り入れて、実証的に歴史を解明すべきという近代的な歴史学が導入された。すると、日本古代史は大きな壁にぶち当たる。初代天皇である神武の存在、また事績を疑問視せざるをえないのだ。

　だが、明治から昭和初期にかけ、記紀の記述を批判することはタブーだった。〝皇国史観〟に風穴を開けたのが早稲田大学教授の津田左右吉である。津田は神武天皇の実在を否定し、皇室の正統性を脚色する神話であると断じた。

　神武だけでなく、記紀の内容を批判的に論じたことを津田は追及され、１９４０年（昭

神武天皇陵

和15）、〝不敬罪〟に問われる。著作は発禁処分になり、禁固刑（執行猶予付き）を下された。津田の研究が受け入れられるのは太平洋戦争後のことである。

●未だ謎が解けない神武天皇

皇国史観の呪縛から解かれた戦後の歴史学界は、津田の研究姿勢を受けつぎ、古代史をひもといていく。現在までさまざまな論考が発表されてきたが、〝神武天皇は実在しない〟という見解が主流で、神武の後の〝欠史八代〟も虚構とされる。

現在の歴史学界が実在を認める最初の天皇は、10代崇神だ。神武から欠史八代の天皇は、神代と史実をつなぎ、天皇家の正統性を脚色するフィクションと見る。とはいえ、神武天皇のモデルを想定しようとする見解もある。

たとえば、記紀の記述は必ずしも史実どおりではないものの、大和王権のもとが地方から大和へ遷ったことに変わりはなく、1人または何人かの指導者が時間をかけてなし遂げたと見なし、その苦難の経緯を伝説化するため神武天皇という英雄を創り上げたというのだ。つまり、神武天皇のモデルは存在したとする。

まったくの創作か、それとも何らかの伝承をもとにしているのか、神武天皇の実像をめぐる謎は容易には解けない。ただ、現代の歴史学界の大勢は、見解に相違はあるが、神武天皇の実在に否定的である。

第四章　王権を拡大した英雄

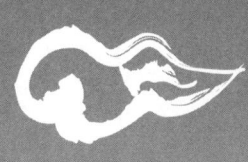

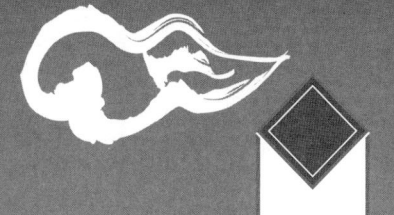

記されない歴史～「欠史八代」

記紀に詳細な記述のない8代の天皇史があった

●末弟カムヌナカハミミの即位

神武《じんむ》天皇が死去した後、側妻の子であるタギシミミノミコト（当芸志美美命〈記〉・手研耳命〈紀〉）は、神武天皇の皇后ヒメタタライスケヨリヒメ（義理の母神）と結婚。皇后が生んだ3人の腹違いの皇子の殺害をはかり、皇位を継承しようとした。

しかし、イスケヨリヒメから企みを知らされた3皇子は、先手をとり、タギシミミを襲撃する。

このとき、2人の兄が殺《あや》めることをためらったため、末弟のカムヌナカハミミノミコト（神沼河耳命〈記〉・神渟名川耳命〈紀〉）が矢を放ったのである。こうしてカムヌナカハミミが即位し、2代綏靖《すいぜい》天皇となった。

この物語を『日本書紀』は綏靖天皇紀に記しているが、『古事記』は神武天皇段の末尾につづっている。

欠史八代の名前と陵墓

天皇名	名前	陵墓
第2代綏靖	神渟名川耳（カムヌナカハミミ）	桃花鳥田丘上陵
第3代安寧	磯城津彦玉手看（シキツヒコタマテミ）	畝傍山南御陰井上陵
第4代懿徳	大日本彦耜友（オホヤマトヒコスキトモ）	畝傍山南纖沙谿上陵
第5代孝昭	観松彦香殖稲（ミマツヒコカヱシネ）	掖上博多山上陵
第6代孝安	日本足彦国押人（ヤマトタラシヒコクニオシヒト）	玉手丘上陵
第7代孝霊	大日本根子彦太瓊（オホヤマトネコヒコフトニ）	片丘馬坂陵
第8代孝元	大日本根子彦国牽（オホヤマトネコヒコクニクル）	劒池嶋上陵
第9代開化	稚日本根子彦大日日（ワカヤマトネコヒコオホビビ）	春日率川坂上陵

上記の天皇は記紀に詳細な記述がないため、実在しなかったと見られている。

●ねつ造された？　8代の天皇

綏靖天皇の後、3代安寧《あんねい》天皇、4代懿《い》徳《とく》天皇、5代孝昭《こうしょう》天皇、6代孝安《こうあん》天皇、7代孝霊《こうれい》天皇、8代孝元《こうげん》天皇、9代開化《かいか》天皇とつづく。

『古事記』はこの8代について、皇妃および皇子・皇女の名を列記する系譜や、皇居・御陵《ごりょう》の所在地、享年を記すだけで、事績や物語にいっさいふれていない。『日本書紀』も綏靖天皇をのぞいて同じだ。

そのため、この8代は「欠史八代《けっしはちだい》」とよばれる。天皇の国押人や国牽という名前には、物語が込められているとの説もある。

崇神天皇の事績

祭祀を整え地方を平定し、初めて国を治めた天皇

●最初の天皇とされる崇神天皇の事績

10代崇神《すじん》天皇は、祭祀《さいし》を整えたことで知られる。有名なのは、三輪山《みわやま》をめぐる説話だ。国内に疫病《えきびょう》が大流行して、多くの人々が命を落とした。神託《しんたく》によって、三輪山にオホモノヌシノカミ（大物主神〈紀〉）を祀ると、疫病は終息したという。同時に、天《あま》つ神《かみ》・国《くに》つ神《かみ》に限らず、あまねく八百万《やおよろず》の神々をも祀っている。

また、大和王権の威光《いこう》を周囲に広めた。オホヒコノミコト（大毘古命〈記〉・大彦命〈紀〉）を北陸に、タケヌナカハノワケ（武渟川別〈紀〉）を東海に、キビツヒコ（吉備津彦〈紀〉）を西海に、タニハノミチヌシノミコト（丹波道主命〈紀〉）を丹波に将軍として派遣し、従わない者を討伐させた。いわゆる「四道将軍《しどうしょうぐん》」の派遣である。

『古事記』によると孝元《こうげん》天皇の皇子であるタケハニヤスヒコの謀反《むほん》も鎮圧《ちんあつ》したという。

大和王権と四道将軍の進軍路

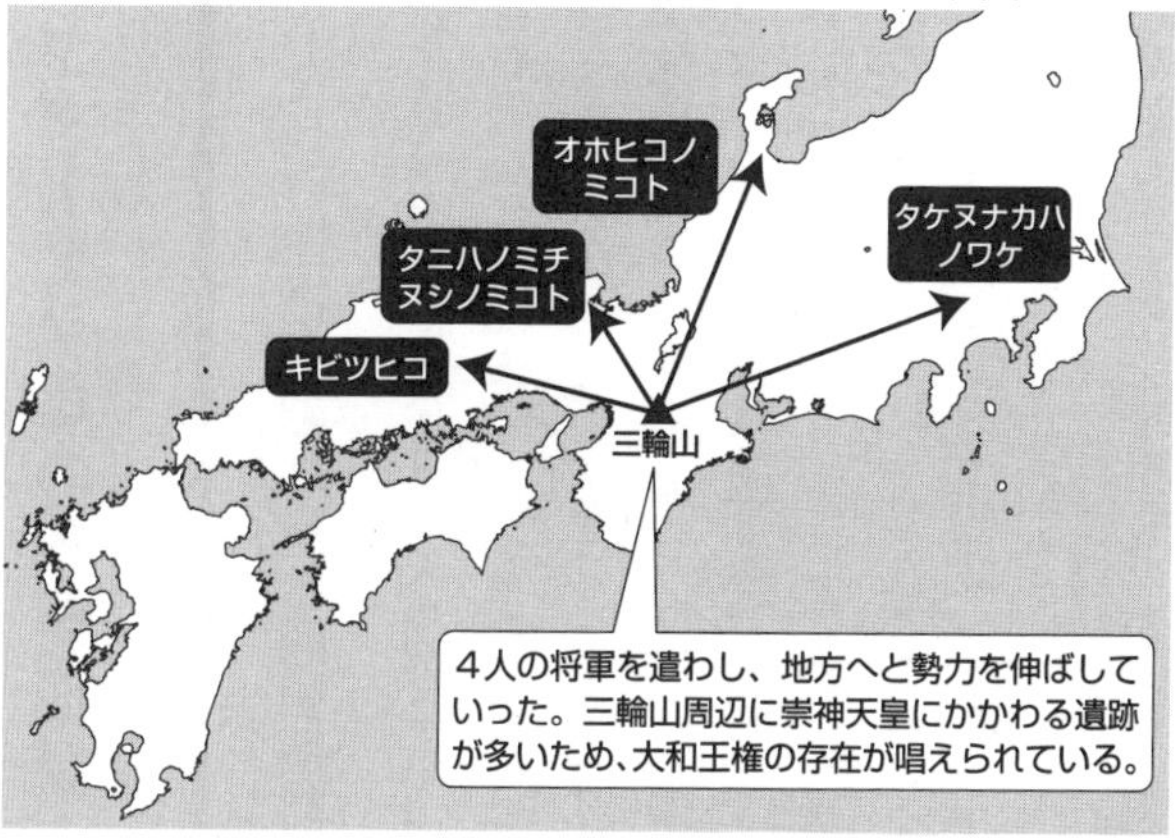
オオヒコノミコト
タニハノミチヌシノミコト
タケヌナカハノワケ
キビツヒコ
三輪山
4人の将軍を遣わし、地方へと勢力を伸ばしていった。三輪山周辺に崇神天皇にかかわる遺跡が多いため、大和王権の存在が唱えられている。

祭祀を整え、地方を平定したことにより、国内は安泰《あんたい》となり、人々は大いに富み栄えたという。そこで崇神は戸口《ここう》調査をし、課役《かえき》を定めた。これが男の弓《ゆ》弭《はずの》調《みつぎ》（狩猟の獲物などを貢納《こうのう》する）、女の手末調《たなすえのみつぎ》（織物などを貢納する）で、天皇に対するはじめての貢《みつ》ぎ物になった。

こうした崇神の事績をふまえて、初めて国を治めた天皇という意味で、『古事記』は「所知初国《はつくにしらしし》御真木《みまき》天皇《のすめらみこと》」、『日本書紀』は「御肇国天皇《はつくにしらすすめらみこと》」とたたえた。

このように、欠史八代にはない具体的な記紀の記述や考古学の成果から、崇神を4世紀頃に実在した、大和王権の最初の天皇と考える説がある。

ヤマトタケルの熊襲征討

大和と熊襲の対立の歴史をひとりの英雄物語に脚色

●荒々しい性格を恐れられ熊襲征討へ

12代景行《けいこう》天皇は11代垂仁《すいにん》天皇の子で、10代崇神《すじん》天皇の孫にあたる。景行天皇には80人の子どもがいたと『古事記』は伝える。その中に双子のオホウスノミコト（大碓命〈記〉・大碓皇子〈紀〉）とオウスノミコト（小碓命〈記〉・小碓尊〈紀〉）がおり、異母兄弟にワカタラシヒコノミコト（若帯日子命〈記〉・稚足彦尊〈紀〉）がいた。ワカタラシヒコは、のちの13代成務《せいむ》天皇である。

『古事記』によると、オホウスが食膳に顔をださないので、景行がオウスに兄が食事の席に出るように命じたところ、オウスはオホウスを殺害してしまった。荒々しい性格のオウスに恐れをなした景行は、オウスに熊襲《くまそ》征討を命じる。

なお、『日本書紀』においては、オホウス殺害に関する記述は登場しない。また、はじめ景行が九州を平定したが、反乱が起きたので、オウスを派遣したとある。

ヤマトタケル周辺の系譜

『古事記』では双子の兄弟を殺害する荒々しいオウスに恐れをなし、景行天皇は熊襲征討を命じたという。

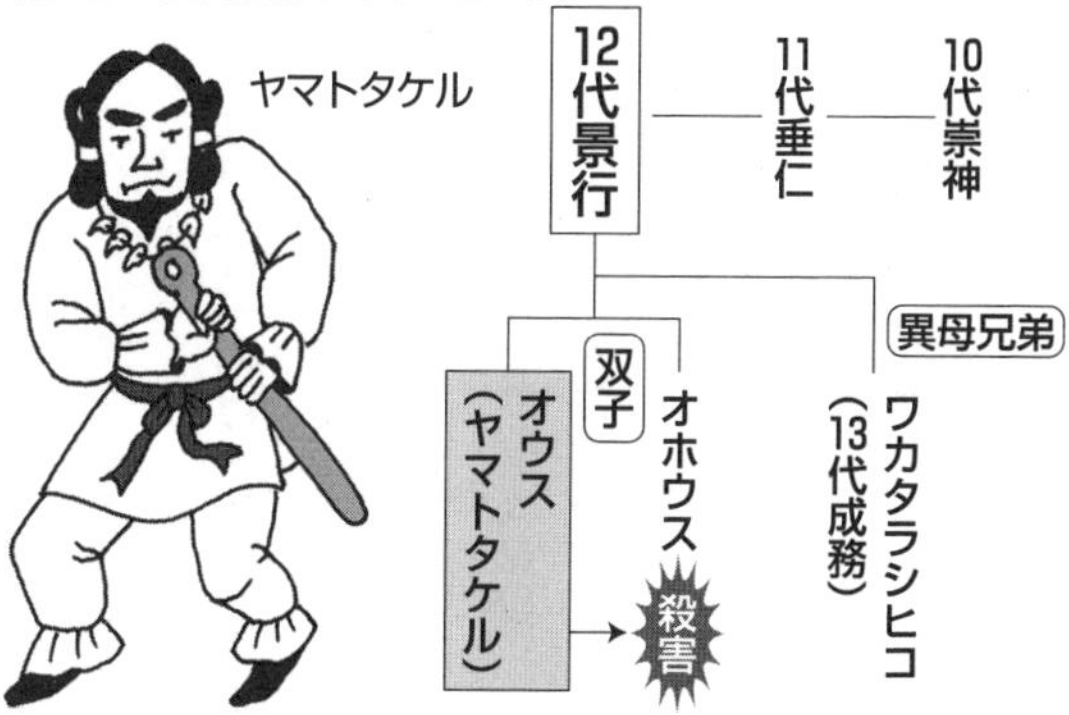

●熊襲の勇者よりタケルの名を賜る

熊襲の首長をクマソタケル〈熊曽建〈記〉・川上梟師〈紀〉〉といった。熊襲とは九州の中部（熊本県あたり）に勢力をもった部族で、タケルとは「勇猛な人」という意味。オウスがクマソタケルのもとを訪れると、新築祝いの酒宴が盛大に催されていた。警備が甘くなっているのを利用して、女装して宴にまぎれ込んだオウスは、クマソタケルに接近、チャンスをうかがって剣で刺し貫いた。

クマソタケルは死に際《ぎわ》で、オウスの正体を知る。大和にも勇者がいたのだと感嘆し、「自らの名を奉《たてまつ》ります。今後はヤマトタケルノミコト（倭建命〈記〉・日本武尊〈紀〉）と名のりください」と言い残して、この世を去る。こうして熊襲はようやく反抗をやめたのだった。

●さまざまな戦功をあげて大和に帰還

熊襲を平定したヤマトタケルは、帰路、賊《ぞく》を討ちながら大和に凱旋《がいせん》した。『古事記』には、イヅモタケル（出雲建〈記〉）を征討する話がのっている。ヤマトタケルは出雲に入ると、イヅモタケルと親交を結び、太刀を交換したうえで、太刀合わせを申し込む。だが、ヤマトタケルが渡したのは木でつくった偽の太刀だったため、イヅモタケルは敗れ去る。

『日本書紀』には、吉備《きび》と難波《なにわ》で邪神《じゃしん》を討ち、水陸の道を開いたとある。大和に戻ったヤマトタケルを、景行天皇が絶賛したのはいうまでもない。

記紀ななめ読み

熊襲は抵抗を繰り返し、大和の朝廷になかなか従属しなかった。そのため、朝廷はたびたび征討軍を送り、この地方をほぼ支配下におさめたのは6～7世紀ごろだった。ヤマトタケルの熊襲征討は、そうした長い歴史を、1人の英雄物語として脚色し、伝えたものである。

ヤマトタケルの熊襲征討の経路

ヤマトタケルは熊襲を平定し、大和に凱旋した。景行天皇は、ヤマトタケルにその後まもなく東国征討を命じた。

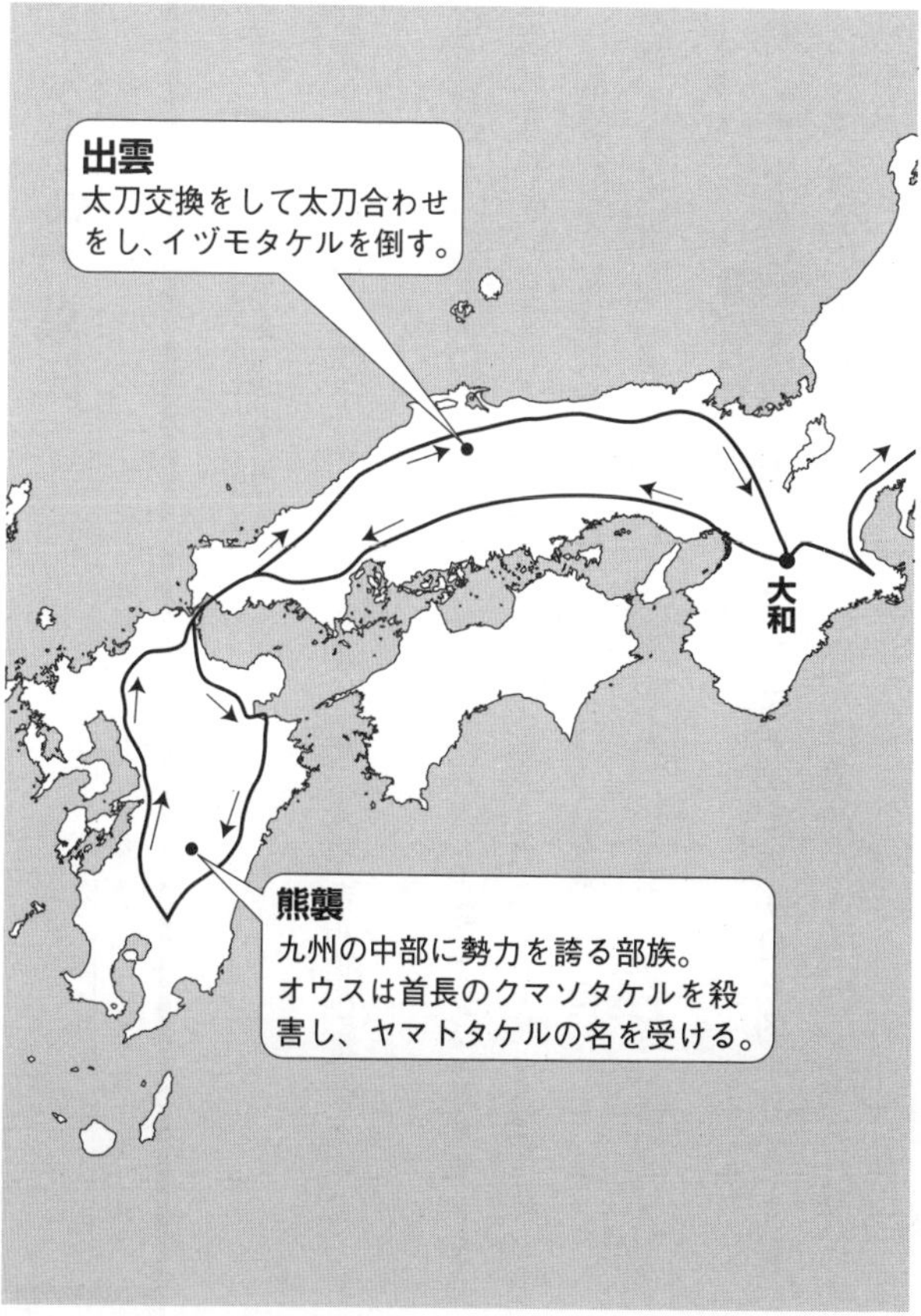
出雲
太刀交換をして太刀合わせをし、イヅモタケルを倒す。
大和
熊襲
九州の中部に勢力を誇る部族。
オウスは首長のクマソタケルを殺害し、ヤマトタケルの名を受ける。

ヤマトタケルの東征

再び征討の命を受け東国へと向かうヤマトタケル

●草薙剣をたずさえ東国征討へ発つ

熊襲《くまそ》征討《せいとう》から帰ってまもなく、ヤマトタケルは景行《けいこう》天皇から東国征討を命じられる。

伊勢神宮で斎宮《さいぐう》をつとめる叔母のヤマトヒメノミコト（倭比売命〈記〉・倭媛命〈紀〉）を訪ね、「父は私に死ねといっているのでしょうか」と嘆くと、ヤマトヒメは草薙剣《くさなぎのつるぎ》と袋を与え、「危急《ききゅう》のときには袋を開けなさい」と告げ、勇気づけた。

ヤマトタケルは尾張国《おわりのくに》（愛知県）の国造《くにのみやつこ》※のもとに寄り、娘のミヤズヒメ（美夜受比売〈記〉・宮簀媛〈紀〉）と婚約をして、東国に向かう。

この部分、『日本書紀』では、東国征討にヤマトタケルが自ら名乗りでており、ヤマトタケルに泣き言もいってない。勇ましい姿が印象的だ。また、ミヤズヒメとの婚約の話もない。

※大和王権のもとの世襲の地方官

●幾多の困難を乗り越えて続く東征

相模国《さがみのくに》（神奈川県）に入ったヤマトタケルは、国造《くにのみやつこ》にだまされ、野原で火攻めに遭う。このとき草薙剣で火を払い、燃え進む野火の力を弱めるために袋に入っていた火打ち石で火をつけ（向かい火）、敵を焼き尽くした。その場所は焼津と名づけられた。

なお、『日本書紀』では駿河《するが》国（静岡県）で起こったことになっている。

ついで、相模国から上総国《かずさのくに》（千葉県）へ向かい、走水《はしりみず》（浦賀水道）を渡るとき、海が荒れ、船が難破しそうになった。このピンチを救ったのがヤマトタケルの妻オトタチバナヒメ（弟橘比売〈記〉・弟橘媛〈紀〉）である。彼女は生贄《いけにえ》になって身投げし、海神の怒りを鎮《しず》めたのだった。

その後もヤマトタケルは先に進んで、蝦夷《えみし》（東北の服属していない人たち）を従える。

『日本書紀』では、陸奥国《むつのくに》（東北地方）に進み、ヤマトタケルの威勢に恐れをなした蝦夷を戦わずして服従させたと、地名を具体的に明記している。

●蝦夷を征討し帰路につく

蝦夷を討った後、ヤマトタケルは大和への帰路についた。足柄山《あしがらやま》（神奈川・静岡県境）の坂で、東国と別れを告げるとき、オトタチバナヒメを偲び、「吾妻《あづま》はや（わが妻よ）」と、3度嘆いた。このことから、東国を「アヅマ」とよぶようになったという。そこから甲斐国《かいのくに》（山梨県）に至り、酒折宮《さかおりみや》では「新治筑波を過ぎて幾夜か寝つる」と、遠征の感慨をこめて詠んだ。このとき篝火《かがりび》の番をしていた老人が「日々並《かがな》べて　夜には九夜　日には十日を」と応じる。五七七・五七七の問答歌《もんどうか》のはじまりとされる。その後、信濃国（長野県）をへて、尾張国に入る。

『日本書紀』がつづるルートは、『古事記』とは少しちがう。陸奥国から戻ると、常陸国《ひたちのくに》（茨城県）から甲斐に入り、酒折宮で歌を詠んだ後、武蔵・上野をへて、碓氷峠《うすいとうげ》（群馬・長野県境）で、「吾妻はや」と嘆くのだ。その後、信濃国から美濃《みのの》国《くに》（岐阜県）へ出て、尾張国に着いている。

このヤマトタケルの東征の往復の道は、後の大和の都と東国とを結ぶ公的な交通路を投影するものだろう。

◆◆◆ ヤマトタケルの東征への経路(『古事記』ルート) ◆◆◆

足柄山
オトタチバナヒメを偲び、「吾妻はや」と3度嘆いた。
大和
焼津
国造にだまされて火攻めにあったときに、草薙剣で火を払って敵を焼き尽くした。
走水
海神の怒りを鎮めるためにオトタチバナヒメが入水。

ヤマトタケルの死

数多くの武勇伝を残した英雄最後の遠征

●荒ぶる神を征討に向かう

東国遠征《とうごくえんせい》を終えて帰路につき、尾張国《おわりのくに》に入ったヤマトタケルは、ミヤズヒメのもとを訪ね、約束どおり結婚した。

そこにしばらくとどまっているうちに、伊吹山《いぶきやま》に荒ぶる神がいることを聞いて、征討に出かける。このとき、「素手で討ちとってやろう」と油断して、これまで武運を守ってくれた神剣である草薙剣《くさなぎのつるぎ》を、ミヤズヒメのもとにおいて出かけてしまう。

ヤマトタケルが伊吹山のふもとを行くと、大きないのししが先をふさいでいる（『日本書紀』では大蛇）。

それを神の使いだと軽んじて先に進んだが、じつは伊吹山の神そのものだったのだ。

山神は雹《ひょう》を降らせ、霧で行く手をはばむ。意識が朦朧《もうろう》としたままたどり着いた泉

ヤマトタケルの墓陵（能褒野御墓《のぼのおんぼ》）

三重県亀山市にあるヤマトタケルが終焉を迎えたとされる地。

の水を口に含んで、ヤマトタケルはようやく正気を取り戻すが、心身は弱り切っていた。

●故郷を偲ぶ句を残し世を去った英雄

最後の力をふりしぼって、大和へたどり着こうと先をいそぐヤマトタケル。尾張国から伊勢国《いせのくに》（三重県）に入るが、能《の》褒《ほ》野《の》（鈴鹿山脈のふもと）でついに力尽きる。

「倭《やまと》は　国のまほろば　たたなづく
青垣　山隠《ごも》れる　倭しうるはし」

という故郷の大和国を偲ぶ4首を残してこの世を去った。『日本書紀』では、このとき30歳だったと伝えている。

ヤマトタケルの死の知らせが大和に届くと、景行《けいこう》天皇、后《きさき》や御子《みこ》たちをはじめ、多くの人びとの嘆きは深く、英雄の死を惜しんだ。

能褒野につくられた御陵《ごりょう》（墓地）に葬られたが、ヤマトタケルの遺骸は白鳥と化して空を飛んでゆく。

『日本書紀』によれば、棺には衣しか残っていなかったという。

●白鳥となり天をかけるヤマトタケル

『古事記』は、白鳥と化したヤマトタケルの霊魂のゆくえについて、河内国《かわちのくに》（大阪府）の志幾《しき》（八尾市）にとどまったのでそこに御陵をつくり、白鳥《はくちょう》御陵《ごりょう》と名づけたが、ふたたび天にかけていったと記している。

『日本書紀』は、大和国の琴弾原《ことひきのはら》（御所市）、ついで河内国（大阪府）の古市邑《ふるいちのむら》（羽曳野《はびきの》市）にとどまったと伝える。

それぞれに白鳥御陵をつくったものの、やはりヤマトタケルの霊魂は、白鳥となって天に飛び去っていく。

ヤマトタケルの最後の遠征

ヤマトタケルの霊魂がとどまった志幾に白鳥御陵がつくられたが、ヤマトタケルはふたたび飛び立ってしまったという記述がある。

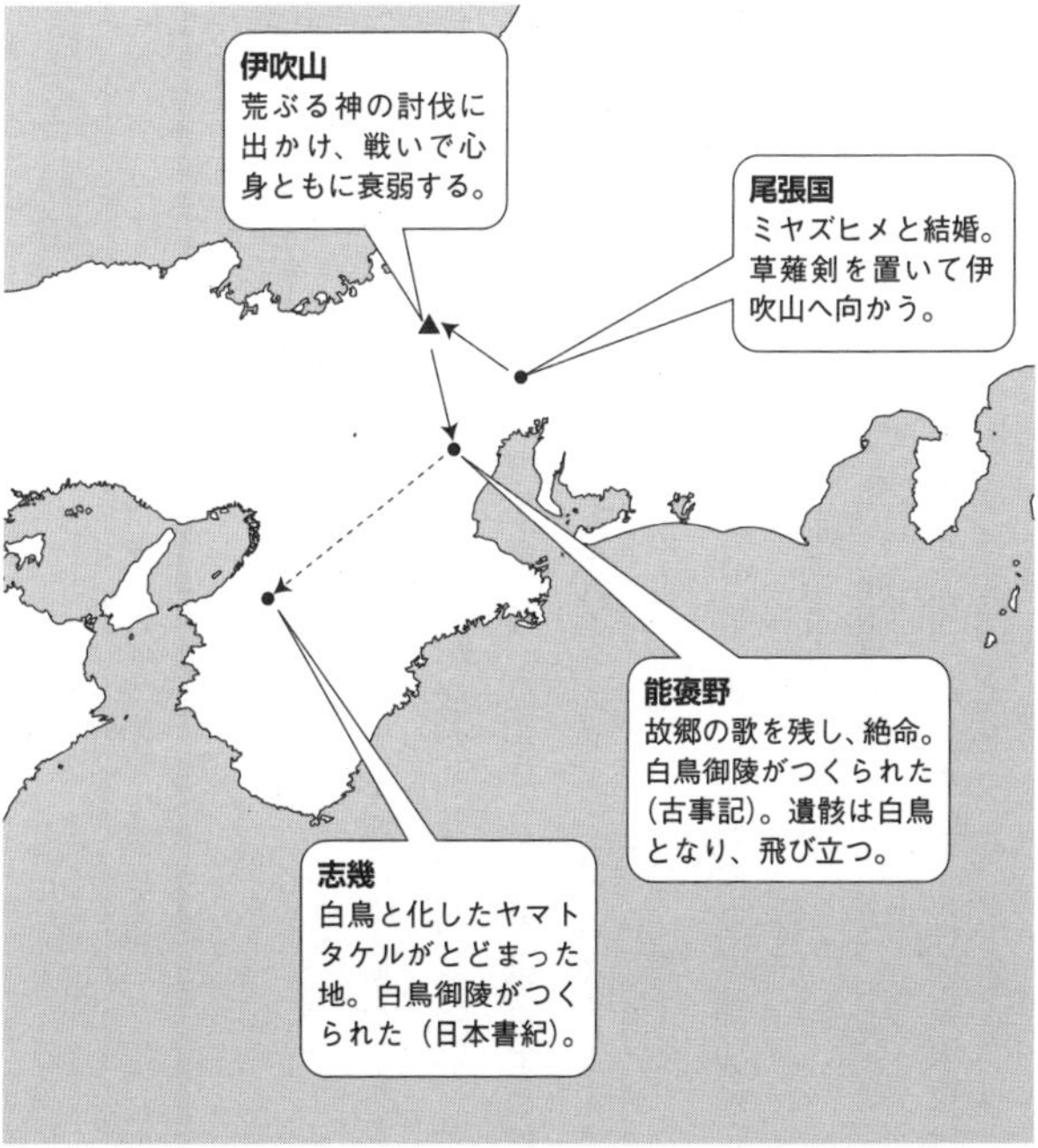
伊吹山
荒ぶる神の討伐に出かけ、戦いで心身ともに衰弱する。
尾張国
ミヤズヒメと結婚。草薙剣を置いて伊吹山へ向かう。
能褒野
故郷の歌を残し、絶命。白鳥御陵がつくられた(古事記)。遺骸は白鳥となり、飛び立つ。
志幾
白鳥と化したヤマトタケルがとどまった地。白鳥御陵がつくられた（日本書紀)。

神功皇后の朝鮮征討

神のお告げで朝鮮半島に出兵　三韓征討を成し遂げる

●神の怒りに触れた仲哀天皇

12代景行《けいこう》天皇の後を嗣《つ》いだのは、ヤマトタケルの異母兄弟であるワカタラシヒコで、即位して13代成務《せいむ》天皇となった。子がなかった成務天皇は、ヤマトタケルの子タラシナカツヒコノミコト（帯中津日子命〈記〉・足仲彦命〈紀〉）を皇太子とした。それが14代仲哀《ちゅうあい》天皇で、皇后に迎えたオキナガタラシヒメノミコト（息長帯比売命〈記〉・気長足姫尊〈紀〉）が、神功《じんぐう》皇后である。

あるとき、謀反《むほん》を起こした熊襲《くまそ》を討つため、仲哀天皇は神功皇后をともない、筑《つく》紫《し》（福岡県）の訶志比宮《かしひのみや》（橿日宮〈紀〉）に向かう。

ここで神功皇后に神がとりつき、「熊襲ではなく、海のかなたにある宝あふれる国へ赴《おもむ》くように」とのお告げを受けるが、それを疑った仲哀天皇は急死する。神の怒りに触れたのだった。

●三韓の降伏は神の力？

残された神功皇后は政務を引き継ぎ、神のお告げに従って朝鮮半島に渡った。このとき神功皇后は妊娠していたが、石を両足ではさみ、出産を遅らせたという。神功皇后がひきいる船団は、風の神・波の神の力を得ながら、魚の導きもあって、労することなく新羅《しらぎ》に達した。同時に大波が新羅国を襲ったので、国が海になるのを恐れた新羅国王は戦うことなく降伏。それを知った高句麗《こうくり》と百済《くだら》の王も服従したのだ。

こうして三韓《さんかん》（三国）征討《せいとう》を終えた神功皇后は、筑紫に戻ると、無事皇子を出産した。これが、ホムダワケノミコト（品陀和気命〈記〉・誉田別尊〈紀〉）、のちの15代応神《おうじん》天皇である。

●神功皇后は架空の人物なのか？

神功皇后は皇子ホムダワケを連れ、仲哀天皇の遺骸《いがい》をのせた船とともに、筑紫《つくし》から大和に向かう。ホムダワケの異母兄弟であるカゴサカノミコ（香坂王〈記〉・麛坂王〈紀〉）・オシクマノミコ（忍熊王〈記紀〉）が謀反を企《くわだ》て、大和で待ちかまえていたが、これを平定。

以後、ホムダワケを皇太子として養育しながら、天皇空位《くうい》のまま、政治をつかさどった。

『日本書紀』神功皇后紀にあるように、5〜6世紀にかけ、大和王権が朝鮮半島と外交的つながりがあったことは事実だろう。

このころ朝鮮半島では、強力な高句麗が新羅・百済、それに加耶《かや》（加羅）と抗争を繰り広げていた。だが、諸国を服従させるだけの国力を大和王権がもっていたとは認めがたい。

それよりも、神功皇后そのものの実在が疑問視されている。7世紀以降、推古《すいこ》天皇をはじめとして、皇極《こうぎょく》・斉明《さいめい》・持統《じとう》・元明《げんめい》と女帝が続くが、なかでも斉明天皇の世は百済救援のため、唐・新羅と激しく対立した時期だった。結果的に斉明の死後、指揮をとった中大兄皇子が白村江《はくすきのえ》《はくそんこう》で破れ、大和王権は百済中心の朝鮮半島の政策に失敗する。

斉明の外征が反映しているとの考えもあるが、神功皇后は、その屈辱をはらすためにつくり上げられた人物かもしれない。

6世紀頃の朝鮮半島の勢力図

5～6世紀にかけ、大和の王権と朝鮮半島諸国との間に外交や戦争がしきりにあったとされている。

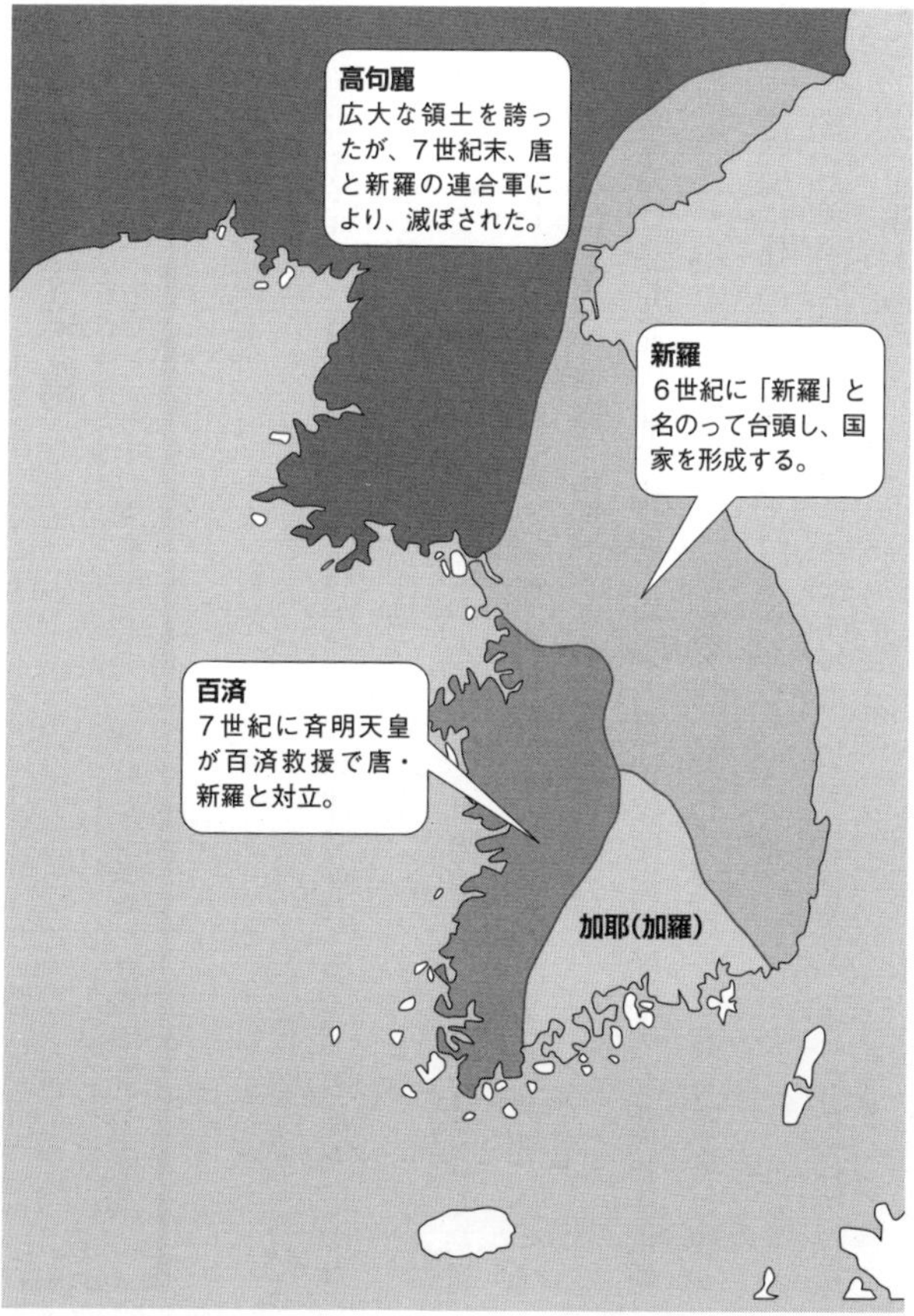

高句麗
広大な領土を誇ったが、7世紀末、唐と新羅の連合軍により、滅ぼされた。
新羅
6世紀に「新羅」と名のって台頭し、国家を形成する。
百済
7世紀に斉明天皇が百済救援で唐・新羅と対立。
加耶(加羅)

応神天皇と朝鮮半島

混乱期にあった朝鮮から多数の技術者などが渡来

●朝鮮半島の混乱と渡来人

仲哀《ちゅうあい》天皇と神功《じんぐう》皇后との間に生まれたのが、15代応神《おうじん》天皇である。応神天皇の世には、朝鮮半島から多数の渡来人《とらいじん》が日本列島へ移住した。

朝廷の文書記録をつかさどった※1阿直岐史《あちきのふひと》の先祖という阿直岐、書記を業《なりわい》とした書首《ふみのおびと》の先祖である王仁《わに》、殖産や工芸・文筆に活躍した※2倭漢直《やまとのあやのあたい》の先祖である阿知使主《あちのおみ》など。ほかに鍛冶《かじ》や機織《はたおり》、酒造などの技術者もいた。

当時、朝鮮半島では高句麗《こうくり》が強大化し、新羅《しらぎ》・百済《くだら》は圧迫を受けていた。4世紀末から5世紀初め、大和の王権は百済の救援要請に対して派兵し、高句麗軍と戦ったことが、中朝国境に建つ「広開土王碑《こうかいどおうひ》」に記されている。

また、『日本書紀』応神紀にも、カツラギノソツヒコ（葛城襲津彦〈紀〉）らを百済救援に遣わしたという記述がある。

※1百済から日本（倭国）に派遣された学者
※2渡来系の氏族で、朝廷の記録や外交文書をつかさどった

3兄弟の系譜

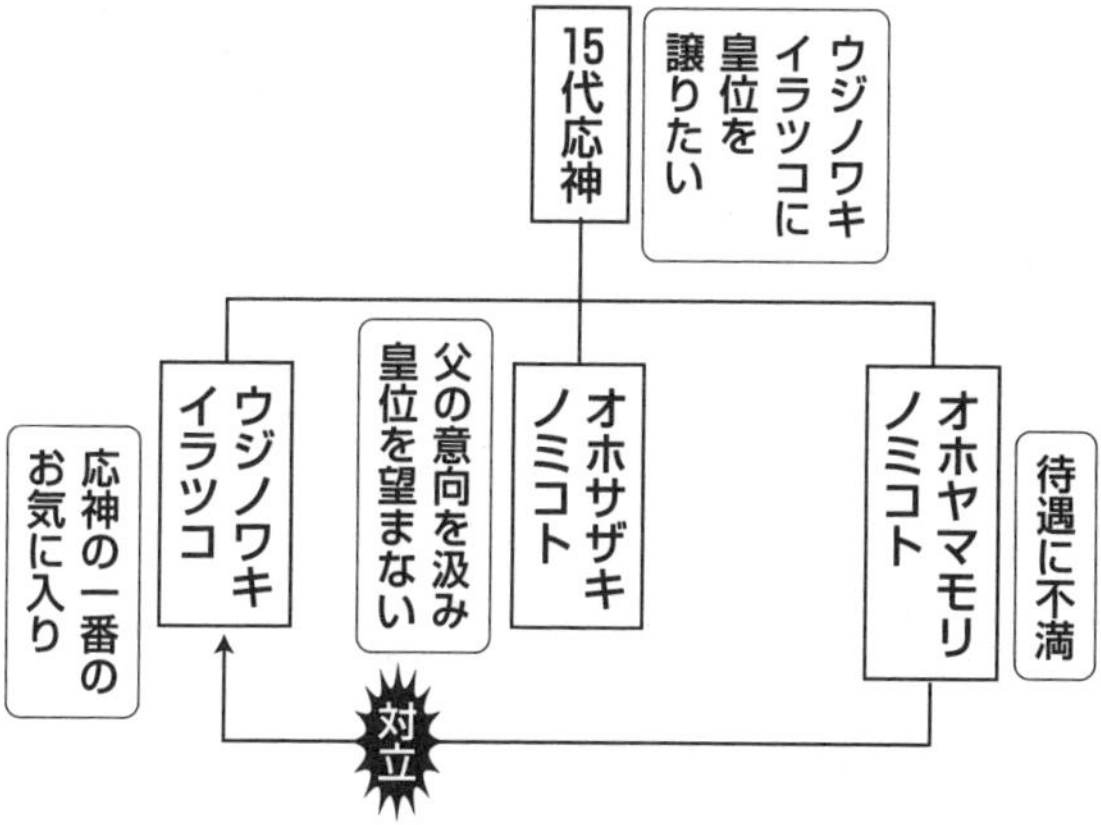

応神天皇には、3人の皇位継承候補がいた。オホヤマモリノミコト〈大山守命〈記紀〉〉、オホサザキノミコト〈大雀命〈記〉・大鷦鷯尊〈紀〉〉、ウジノワキイラツコ〈宇遅能和紀郎子〈記〉・菟道稚郎子〈紀〉〉で、いずれも異母兄弟だった。

応神天皇は、最も年下のウジノワキイラツコに皇位を譲り、オホサザキをその補佐役につけるつもりだった。オホサザキは生まれながらに聡明で、父の意向を察していたため、皇位を望まない態度を示していたが、オホヤマモリはそうでなかった。

結局、応神天皇が死去すると、皇位継承をめぐり、兄弟間で争いが起きる。

善政をしいた仁徳天皇

庶民の暮らしを念頭においた政策で聖帝とよばれた

●3年間、庶民の生活の回復を待った

応神《おうじん》天皇が死去すると、長兄オホヤマモリは皇太子の末弟ウジノワキイラツコを殺害して皇位につこうとしたが、失敗して死ぬ。ところが、ウジノワキイラツコは兄オホサザキが即位すべきだとして、皇位を辞退したまま死去。ようやくオホサザキが即位する。16代仁徳《にんとく》天皇である。仁徳天皇は難波高津宮《なにわのたかつのみや》を皇居として、河内平野の大規模治水工事を行った。難波の堀江《ほりえ》の開削《かいさく》や、茨田堤《まんだのつつみ》の築造《ちくぞう》は、日本最初の大規模土木事業だとされる。都市的機能を整え、農業の生産性を高めるためだったが、課役《かえき》の負担が重く、民は疲弊《ひへい》していく。

ある日、天皇は高い山から周りを眺め、かまどの煙が立ち上る気配がないのを見て、炊事ができないほどの人々の困窮《こんきゅう》ぶりを知る。そこで3年間、年貢や工事への徴発《ちょうはつ》をとりやめ、庶民の暮らしが豊かになるのを待った。宮殿が破損し、雨漏り

仁徳天皇陵（百舌鳥耳原中陵）

大阪府堺市にある仁徳天皇陵は、日本最大の前方後円墳である。

するようになっても修理せず、耐えしのんだ3年後、煙がさかんに立ち上るようになったという。

　このように人々の暮らしを念頭においた善政《ぜんせい》をしいたので、国は大いに栄えた。「仁徳」と諡《おくりな》された所以《ゆえん》である。

●応神天皇と仁徳天皇

　聖帝と崇《あが》められる一方、皇后イワノヒメノミコト（石之比売命〈記〉・磐之姫命〈紀〉）が嫉妬深く、とりなしに苦労する人間的な一面を記紀は紹介する。なお父・応神天皇と事績の一部が重複・類似することから、もともと1人の天皇の事績だったのを記紀が2人に分けたとする説もある。

専制君主としての雄略天皇

考古学的に実在がはじめて証明された天皇

●大悪とよばれた天皇が見せた優しさ

19代允恭《いんぎょう》天皇の後を嗣《つ》いだ20代安康《あんこう》天皇が暗殺されると、オホハツセワカタケルノミコト（大長谷若建命〈記〉・大泊瀬幼武尊〈紀〉）は、兄をはじめ政敵を殺害し、21代雄略《ゆうりゃく》天皇として即位した。即位後も人を処刑することが多く、「大悪天皇」とよばれる。武力を行使した専制君主として君臨し、軍を派遣して朝廷へ従うよう迫り、地方勢力の弱体化をはかった。吉備《きび》の反抗を鎮《しず》めたことは有名だ。また、朝鮮半島にも派兵している。

雄略天皇はたびたび恋をし、歌を残していることでも知られる。『万葉集』の冒頭を飾るのは雄略天皇の歌だ。

たとえば『古事記』に、微笑ましい物語がのっている。雄略天皇が遊びに出かけたとき、アカキコ（赤猪子〈記〉）という美しい少女に出会う。「宮中に召《め》すから、嫁《とつ》が

雄略天皇にまつわるエピソード

雄略天皇は二面性を持つ人物として知られている。

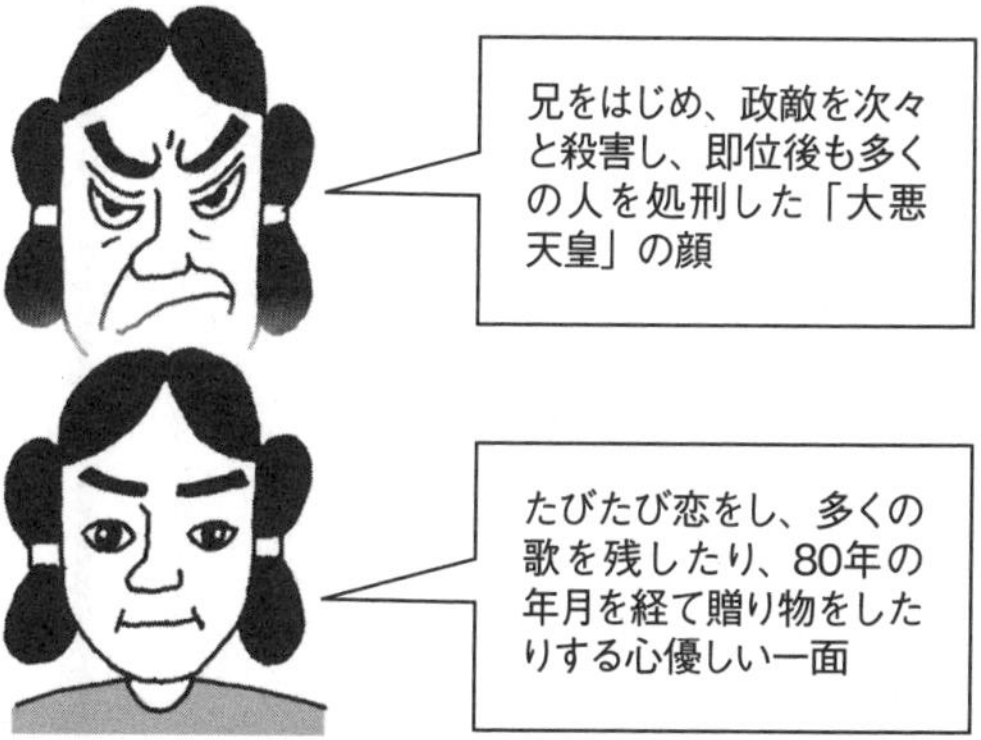
兄をはじめ、政敵を次々と殺害し、即位後も多くの人を処刑した「大悪天皇」の顔
たびたび恋をし、多くの歌を残したり、80年の年月を経て贈り物をしたりする心優しい一面

ないで待て」と言い残して去るが、約束を忘れて年月が過ぎてしまう。ところが80年後、アカキコが訪ねてきたのだ。不《ふ》憫《びん》に思った雄略天皇は歌と、たくさんの品物を贈って帰したという。

「大悪」と評された武断《ぶだん》ぶりと違い、優しさが感じられるエピソードだ。

記紀ななめ読み

江田船山《えだふなやま》古墳（熊本県玉名市）出土の鉄剣名「獲□□□鹵大王」、稲荷山古墳（埼玉県行田市）出土の鉄剣名「獲加多支鹵大王《わかたけるだいおう》」は雄略天皇とされる。地方に大和王権の勢力が及んだことを示すとともに、考古学的に実在が証明されるはじめての天皇だ。

酒色におぼれた暴君武烈天皇

暴君として描かれ王朝終焉を印象づけた

●裁きを好み、残虐行為を繰り返した

21代雄略《ゆうりゃく》天皇の子である22代清寧《せいねい》天皇は、后《きさき》を迎えず、子がなかった。そのため奇しくも、雄略天皇に殺害されたイチベノオシハノミコ（市辺之忍歯王〈記〉・市辺押磐皇子〈紀〉）の遺児が皇位につく。23代顕宗《けんそう》天皇と24代仁賢《にんけん》天皇の兄弟だ。この2天皇の実在を疑う説もあるが、その仁賢天皇の子オハツセノワカサザキノミコト（小長谷若雀尊〈記〉・小泊瀬稚鷦鷯尊〈紀〉）が、25代武烈《ぶれつ》天皇である。

『日本書紀』には、9歳で即位した武烈天皇は法令に詳しく裁きを好み、訴えを裁断することに長《た》けていたと記されている。

その一方で、妊婦の腹を割いて胎児を見たり、生爪をはがした手で山芋を掘らせたりして、さまざまな残虐行為を繰りかえす暴君でもあった。天下の飢えを忘れ、日夜、酒色に溺れたという。

武烈天皇の周辺の系譜

21代雄略 — 22代清寧 — 23代顕宗 — 24代仁賢 — **25代武烈** — 26代継体

武烈天皇

『古事記』の結末

『古事記』は、仁賢天皇・武烈天皇以降、皇居・御陵の所在地と系譜のほか、歴史的事項をいっさい記さず、33代推古天皇で終わる。
これは、古代の神話・伝承を中心に記すことを編集方針としたからかもしれない。

しかし『古事記』では、長谷列木宮《はつせのなみきのみや》（泊瀬列城宮〈紀〉）で天下を治めたと記すだけで、暴虐ぶりについてはまったく触れていない。この記紀における記述の違いには作為が感じられる。そのため、武烈天皇の実在を疑問視する説が根強い。

記紀ななめ読み

応神《おうじん》天皇にはじまる王統が終焉《しゅうえん》することを印象づけるため、わざと武烈天皇を挿入し、暴君に描いたという説がある。応神天皇5世の孫とされる26代継体《けいたい》天皇の皇位継承を正統化するためだ。愚帝が国を滅ぼし、新たな王統がはじまるという筋書きは、中国の歴史書によくみられる構成である。

垂仁天皇の暗殺未遂事件

●夫と兄の間で揺れ動くサホヒメ

実在した最初の天皇とされる10代崇神天皇の第3皇子が、11代垂仁天皇である。『日本書紀』によれば、崇神29年に生まれ、崇神68年に父が崩御すると、翌年正月に即位した。

即位の翌年、サホヒメノミコト（沙本毘売命〈記〉・狭穂姫命〈紀〉）を皇后とする。垂仁天皇とサホヒメは、ともに9代開化天皇の孫だ。サホヒメの父は開化天皇の第3皇子で、崇神天皇の異母弟にあたる。

サホヒメの兄にサホヒコノミコ（沙本毘古王〈記〉・狭穂彦王〈紀〉）がいた。このサホヒコが皇位の奪取を狙い、垂仁天皇の暗殺を企てる。記紀で多少の違いはあるが、垂仁天皇暗殺未遂事件のあらましは次のとおりだ。

垂仁4年9月23日、サホヒコはサホヒメに「天皇と兄を比べ、どちらが愛おしいか」と尋ねた。サホヒメは意味がわからないまま、「兄上です」と答える。すると、サホヒコは妹に天皇への反逆計画をもちかけた。

「そなたも容色が衰えれば天皇の寵を失う。私が天皇位につけば、そなたの立場も安泰だ。天皇を殺し、二人で天下を治めよう」。サホヒコはこう述べると、匕首を差し出した。サホヒメは動揺したが、兄を諫めることもできず、匕首を受け取る。

●天皇暗殺に失敗し兄のもとへ

垂仁5年10月1日、天皇は皇后の膝枕で昼寝をしていた。サホヒメは衣に潜ませていた匕首を振りかざすが、どうしても振り下ろせない。愛する天皇と思慕する兄への裏切りが悲しく思われ、涙があふれ、滴が天皇の顔に落ちた。天皇は目を覚まし、皇后に問いかける。

「いま不思議な夢を見ていた。錦色の小さな蛇が私の首に巻きつき、にわか雨が私の顔を濡らしたのだ。何の前兆だろうか」。サホヒメは隠しきれないと思い、正直に兄の天皇殺害計画を打ち明けた。事実を知った天皇は、「そなたの罪ではない」と慰めるや、軍勢をサホヒコのもとに差し向ける。

垂仁天皇暗殺をめぐる関係図

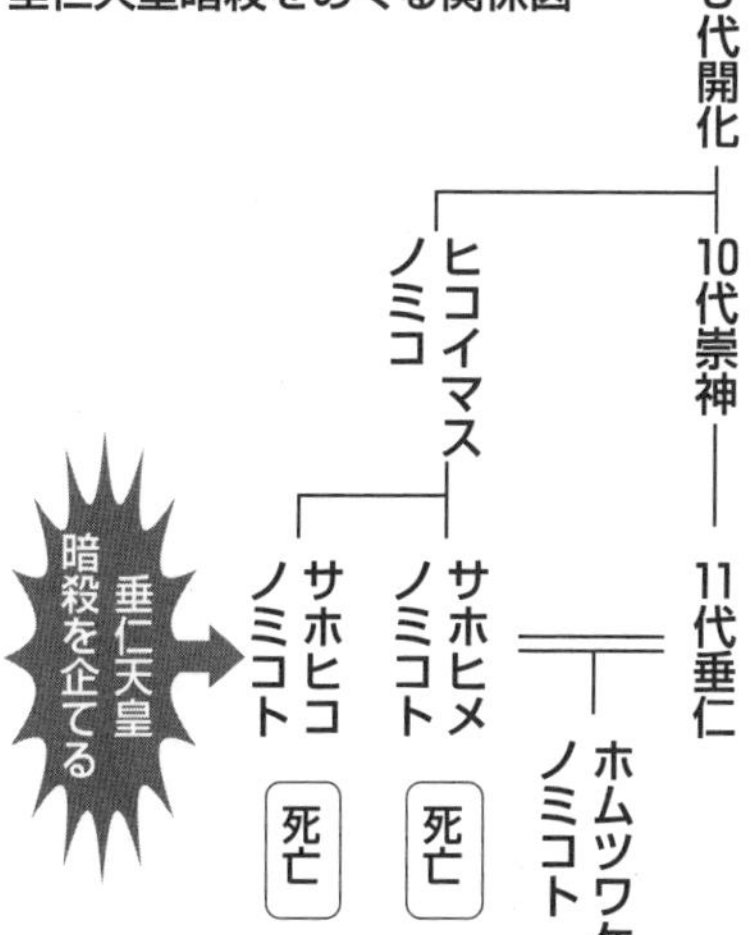

襲撃を知ったサホヒコは、稲を積んで城塞（稲城《いなぎ》）を作り、叛旗を掲げた。天皇にとって計算違いだったのは、サホヒメが兄のもとに走ったことである。皇后は懐妊していたので、天皇も攻撃に躊躇した。膠着状態が続く中、サホヒメは皇子を産む。サホヒメが兄のもとに入ったのは、兄を見殺しにすることが忍びなかったからである。私と皇子に免じて、兄を許してくれるかもしれないという淡い期待を抱いていた。しかし、天皇はサホヒコを許さなかった。ついに稲城に火を放つ。

●皇子を残して殉死

天皇は皇后と皇子を救おうと最後まで呼びかけるが、サホヒメは応じなかった。天皇が許さないのは、自分にも罪があると悟ったからである。その代わり、皇子は天皇のもとに届けた。サホヒメは「わが子とお思いになるなら、養育してください」と言い残し、炎に包まれた稲城の中で、兄サホヒコに殉じた。

ちなみに、サホヒメが産んだ皇子はホムツワケノミコト（本牟都和気命〈記〉・誉津別命〈紀〉）という。異常な状況下で生まれたせいか、長じるまで言葉を発することなく、泣いてばかりいたという。

白鳥の姿を見たのをきっかけに言葉を聞くようになったが、その後の動向は分からない。

第五章　伝説から歴史の時代へ

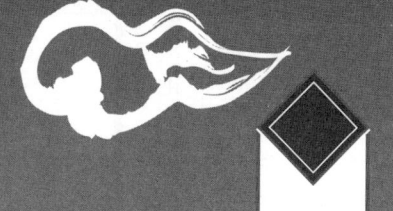

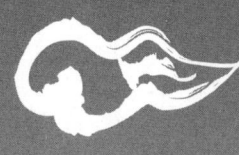

継体天皇による王朝交代

大和に入るまでに20年を要した王朝交代劇

●途絶えかけた王の系譜

暴君だった25代武烈《ぶれつ》天皇は子をもうけず、後継ぎを決めないまま没した。執政する大連《おおむらじ》の大伴金村《おおとものかなむら》は群臣《ぐんしん》に相談し、丹波国《たんばのくに》（京都府）にいるヤマトヒコノオオキミ（倭彦王〈紀〉）に継承者として白羽の矢を立てた。しかし、仲哀《ちゅうあい》天皇の血筋をひくヤマトヒコは、迎えにきた朝廷軍に恐れをなし、山中に逃げ去ってしまう。

次に候補にあがったのが、越前国《えちぜんのくに》（福井県）三国《みくに》にいるオホドノオオキミ（男大迹王〈紀〉）だった。オホドは応神《おうじん》天皇5世の孫で、越前から近江《おうみ》（滋賀県）一帯に勢力をもつ実力者。これを承諾したオホドは、河内国《かわちのくに》（大阪府）樟葉宮《くすばのみや》で即位した。26代継体《けいたい》天皇の誕生である。58歳の時という。

だが継体天皇はすぐに大和に入らず、山背国《やましろのくに》（京都府）筒城《つつき》、山背国弟国《おとくに》に都を移したのち、即位20年後に大和に入り、磐余玉穂宮《いわれのたまほのみや》で政務をとるようになる。

継体天皇の大和入り

即位してから20年間、継体天皇は大和の北の周辺を転々とする。

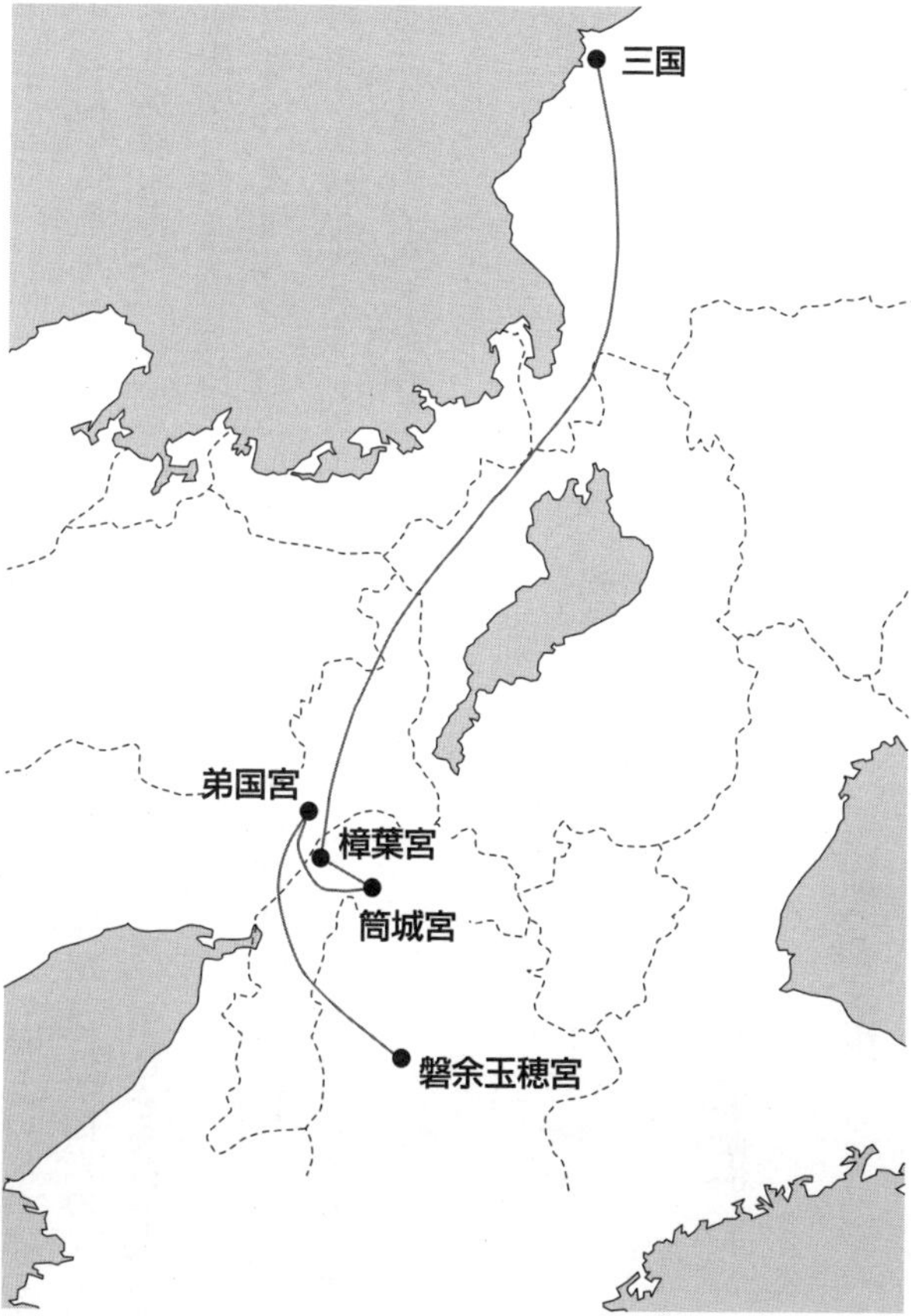

継体天皇の即位のいきさつは、正常ではない。応神天皇5世の孫という系譜も疑う余地がおおいにある。5世は「記紀」成立時の皇族の範囲だった。従来の天皇家とはかなり血縁が薄い、あるいはまったく関係がない豪族が、王位を奪い取って、新王朝を開始したとする見解も出された。

継体天皇は、武烈天皇の姉とも妹ともいわれる手《た》白香皇女《しらかのひめみこ》を皇后にしているが、それは直系の血脈を入れて、新王朝を正統化するためだったとも考えられる。事実、2人の間に生まれた29代欽明《きんめい》天皇の血筋が現代にまで続く。

継体天皇の系譜

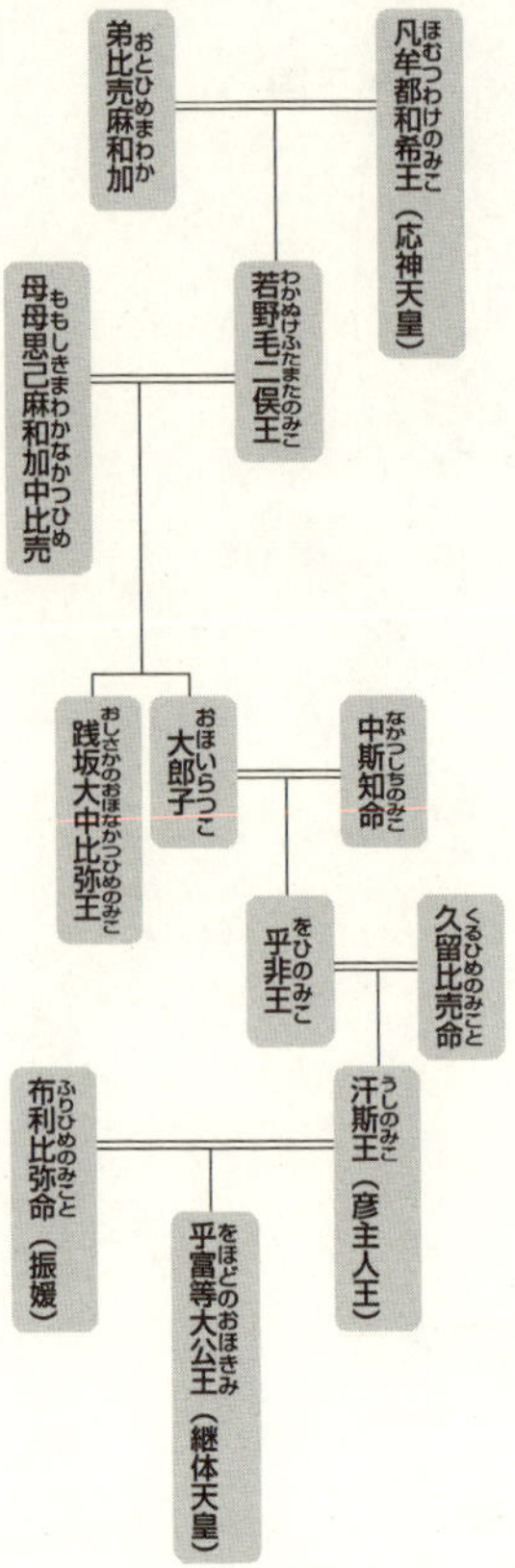

新王朝の誕生と考えれば、継体天皇が大和入りするまで20年を要したのは、継体天皇を受け入れない旧勢力が激しく抵抗していたと推測できる。王朝が交代したかはともかく、武烈天皇で途絶えそうになった体制を受け継ぐための存在とされたことは間違いない。「継体」という〝後継ぎ〟を意味する名が、その証《あかし》といえよう。

●大和からの独立をはかる九州の豪族

さて、継体天皇の治世には、北九州の有力豪族だった筑紫君《つくしのきみ》磐井《いわい》が大反乱を起こした。当時、朝鮮半島に日本が強い影響力をもって拠点としていた加耶《かや》（加羅）に新羅《しらぎ》が圧力をかけたため、朝廷は近江毛野《おうみのけぬ》を将軍とする軍に半島への遠征を命じた。それを北九州で阻止したのが磐井《いわい》だった。磐井は、大和の王権に参画したことがあるが、一方で独立を保っていた。北九州はそもそも独自の文化をはぐくんできた地であり、とくに朝鮮半島との交流も深く、朝鮮系の渡来人も居住していた。

また、朝鮮へのたび重なる出兵は、九州の諸豪族に重い負担を強いていた。その不満が爆発したのだ。しかし、磐井の反乱は、物部《もののべ》麁鹿火《あらかひ》らの朝廷軍に鎮圧されて終わる。

磐井の反乱

磐井は、北九州の広い範囲で反乱を起こし、朝廷軍の朝鮮半島への遠征を阻止しようとした。

蘇我氏VS物部氏の抗争

大伴氏の失脚後、蘇我氏と物部氏の権力闘争が激化する

●急速に勢力をのばす蘇我氏

継体《けいたい》天皇が死去した後は、即位前に結婚した目子媛《めのこひめ》との間に生まれた2子が、27代安閑《あんかん》天皇、28代宣化《せんか》天皇として即位。2人の天皇の治政は短く、即位しなかったとの説もある。

皇后である手白香皇女《たしらかのひめみこ》が生んだ子が29代欽明《きんめい》天皇である。この間、朝廷内では有力豪族たちの勢力バランスが崩れはじめる。

それまで大連《おおむらじ》（大和王権の最高官）として政治に深く関与してきたのは、大伴《おおとも》氏と物部《もののべ》氏だった。とくに大伴氏は、金村が継体天皇擁立に奔走するなど、最有力の立場にいた。安閑・宣化朝をリードしたのは大伴金村《おおとものかなむら》である。

ところが、金村は朝鮮半島問題でつまずく。王権が強い影響をおよぼしていた加《か》耶《や》諸国《しょこく》が、高句麗《こうくり》・新羅《しらぎ》・百済《くだら》の勢力争いに巻き込まれたので、事態を打開するた

継体天皇以後の系図

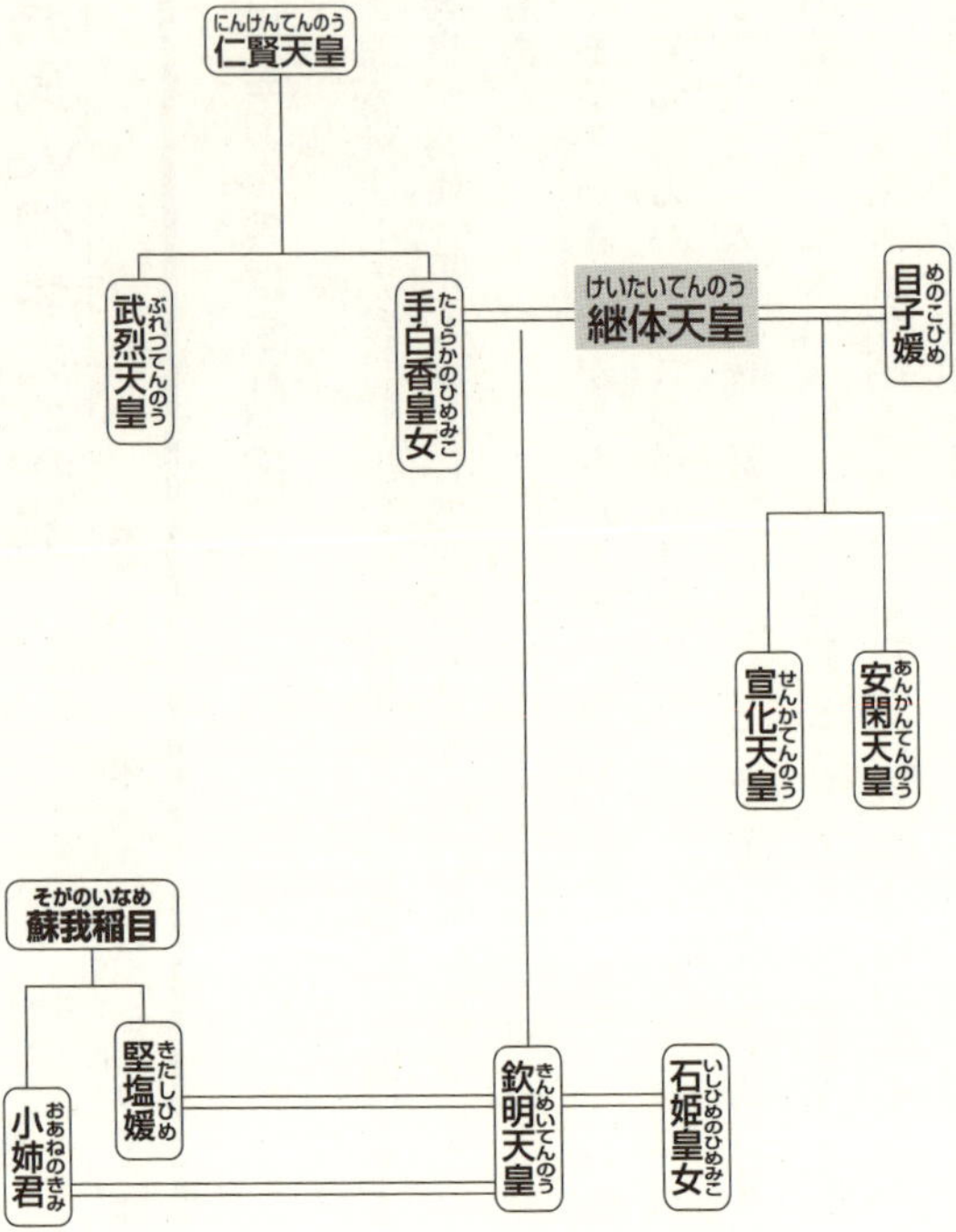
仁賢天皇《にんけんてんのう》
武烈天皇《ぶれつてんのう》
手白香皇女《たしらかのひめみこ》
継体天皇《けいたいてんのう》
目子媛《めのこひめ》
宣化天皇《せんかてんのう》
安閑天皇《あんかんてんのう》
蘇我稲目《そがのいなめ》
堅塩媛《きたしひめ》
小姉君《おあねのきみ》
欽明天皇《きんめいてんのう》
石姫皇女《いしひめのひめみこ》

め近江毛野《おうみのけぬ》を派遣するが失敗。

ついで百済の要求に応じて4県の割譲《かつじょう》（譲り渡すこと）、支配を認めたものの、状況は好転しなかった。

欽明天皇が即位した直後、大伴金村は朝鮮半島政策の責任を問われ、失脚する。以後、大伴氏は政治の表舞台に立つことがなくなった。この政変を背後であやつったといわれるのが、大臣《おおおみ》の蘇我稲目《いなめ》だ。稲目は欽明天皇擁立に力があり、堅塩媛《きたしひめ》・小姉君《おあねのきみ》という2人の娘を欽明天皇に嫁《とつ》がせている。

蘇我氏は大和地方土着の有力豪族で、稲目の代になって、勢力をのばした。渡来人を配下に入れ、さまざまな最先端の知識や技術を取りいれたことが、台頭の基盤になったとみられる。

欽明朝は、蘇我氏と物部氏が両輪となって王権を運営してきたが、やがて主導権争いがはじまる。そのきっかけが仏教伝来だった。『日本書紀』によると、仏教は552年、百済の聖明王《せいめいおう》から仏像や経論が贈られたことにより伝えられた。ただし、聖徳太子の伝記である『上宮聖徳法王帝説《じょうぐうしょうとくほうおうていせつ》』や『元興寺縁起《がんごうじえんぎ》』には538年とあり、こちらが有力とされる。

●仏教の導入をめぐり対立

最先端の文明を取り入れることに積極的な蘇我氏は、仏教を国の柱とすべきだと主張した。一方の物部氏は、ふるくから石上神宮《いそのかみじんぐう》を氏神《うじがみ》としてきた氏族だけに、仏教は容認できない。

百済の聖明王から贈られた仏像を天皇から譲られた蘇我稲目は、伽藍《がらん》に安置して礼拝するが、その後、国に疫病《えきびょう》がはやると、物部尾輿《おこし》は天皇の許可のもと、仏像を破棄して仏堂を焼いてしまう。

仏教受容をめぐる両氏の対立は、『日本書紀』編者の作為の可能性もあるが、2人の子どもの代にまで引き継がれる。

30代敏達《びだつ》天皇のとき、稲目の子である馬子《うまこ》が建立した寺院を疫病がはやった元凶として、尾輿の子である守屋《もりや》が焼き払ったことで対立は激化。そこに天皇家の後継問題もからんで、両者はついに激突する。

敏達天皇の後に即位した31代用明《ようめい》天皇は病弱で、仏教に理解をしめしたが、在位2年で急死。

蘇我・物部の決戦地図

仏教伝来をきっかけに、仏教容認派の蘇我氏 vs 仏教を容認できない物部氏の主導権争いが起こる。

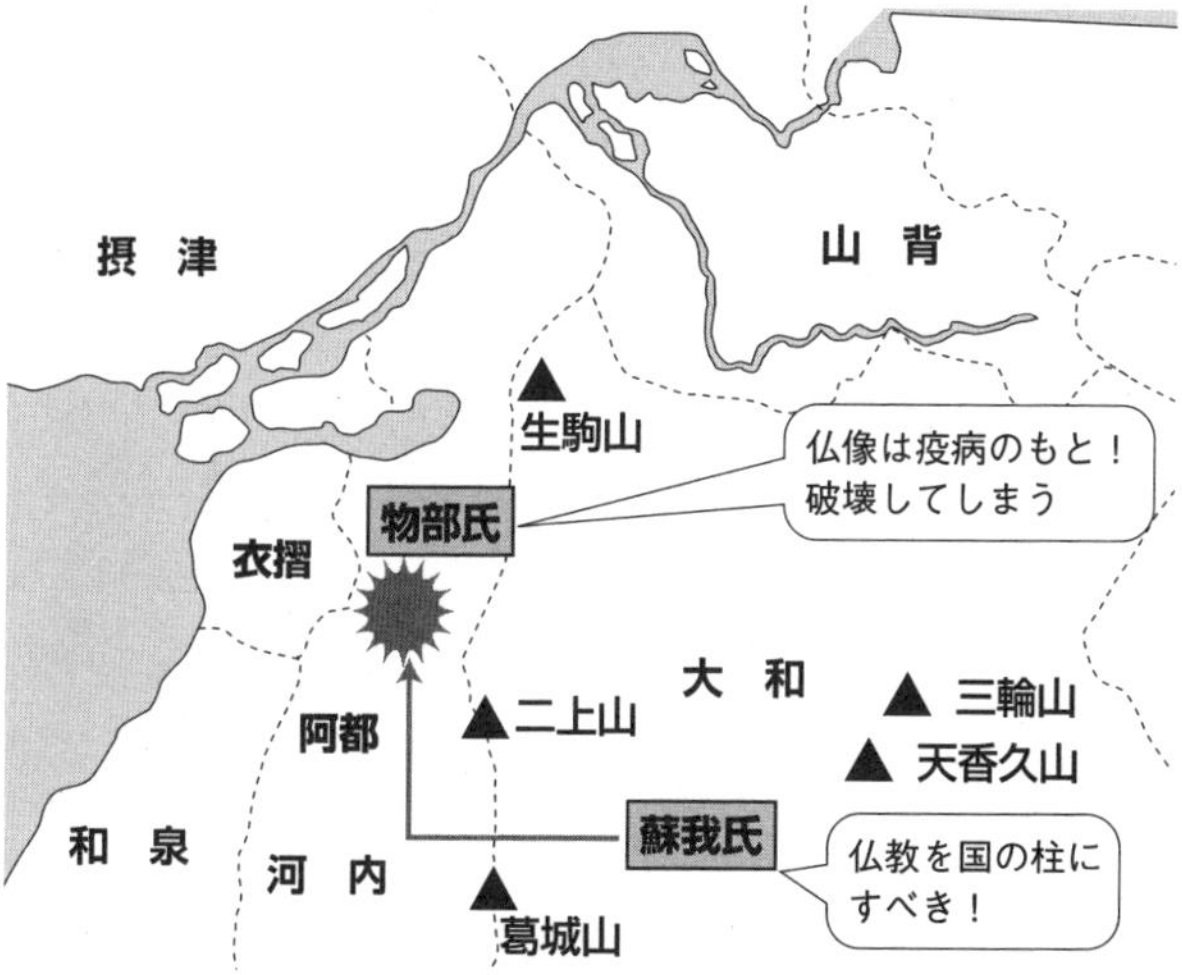

●蘇我氏が物部氏を滅ぼす

馬子《うまこ》は先制攻撃に出て、守屋が擁立をはかっていた皇子を殺害、ついで守屋一族の襲撃を決意する。

物部軍の反撃はすさまじく、蘇我軍はいったん後退を余儀なくされた。

しかし、厩戸皇子《うまやどのみこ》（聖徳太子）が仏法の加護《かご》を得ようと誓願《せいがん》をたてたことで形勢は逆転、守屋一族は滅亡したのだった。

聖徳太子による政治改革

女帝推古天皇のもとで中央集権化を目ざした聖徳太子

●馬子による崇峻天皇の擁立と暗殺・聖徳太子の重用

物部守屋《もののべのもりや》一族を滅ぼした蘇我馬子《うまこ》は、馬子の甥にあたる32代崇峻《すしゅん》天皇を即位させ、強大な指導力のもと、政治を推進していく。だが、実権を握られていることを不満に思う崇峻天皇は、馬子殺害を考えはじめたようだ。それを察知した馬子は、刺客をおくって崇峻天皇を暗殺してしまった。即位してから5年後のことだった。馬子にこわれて即位したのが33代推古《すいこ》天皇だ。推古は29代欽明《きんめい》天皇の子で、30代敏達《びだつ》天皇の后《きさき》。31代用明《ようめい》天皇は同母兄、32代崇峻天皇は異母弟になる。蘇我氏の血も流れており、馬子は母方の叔父にあたる。

じつは推古は、敏達との間にもうけた竹田皇子《たけだのみこ》を即位させたかった。だが、幼少であり、嫡流《ちゃくりゅう》をつぐ押坂彦人大兄皇子《おしさかのひこひとのおおえのみこ》（敏達と先妻広姫の子）の方が優位だったので、波乱を避けるため、后としての経験もあるみずからが即位したのだった。

太子、馬子の伝承地

太子が建立したとされる斑鳩の法隆寺は、日本最初の世界文化遺産に指定されている。

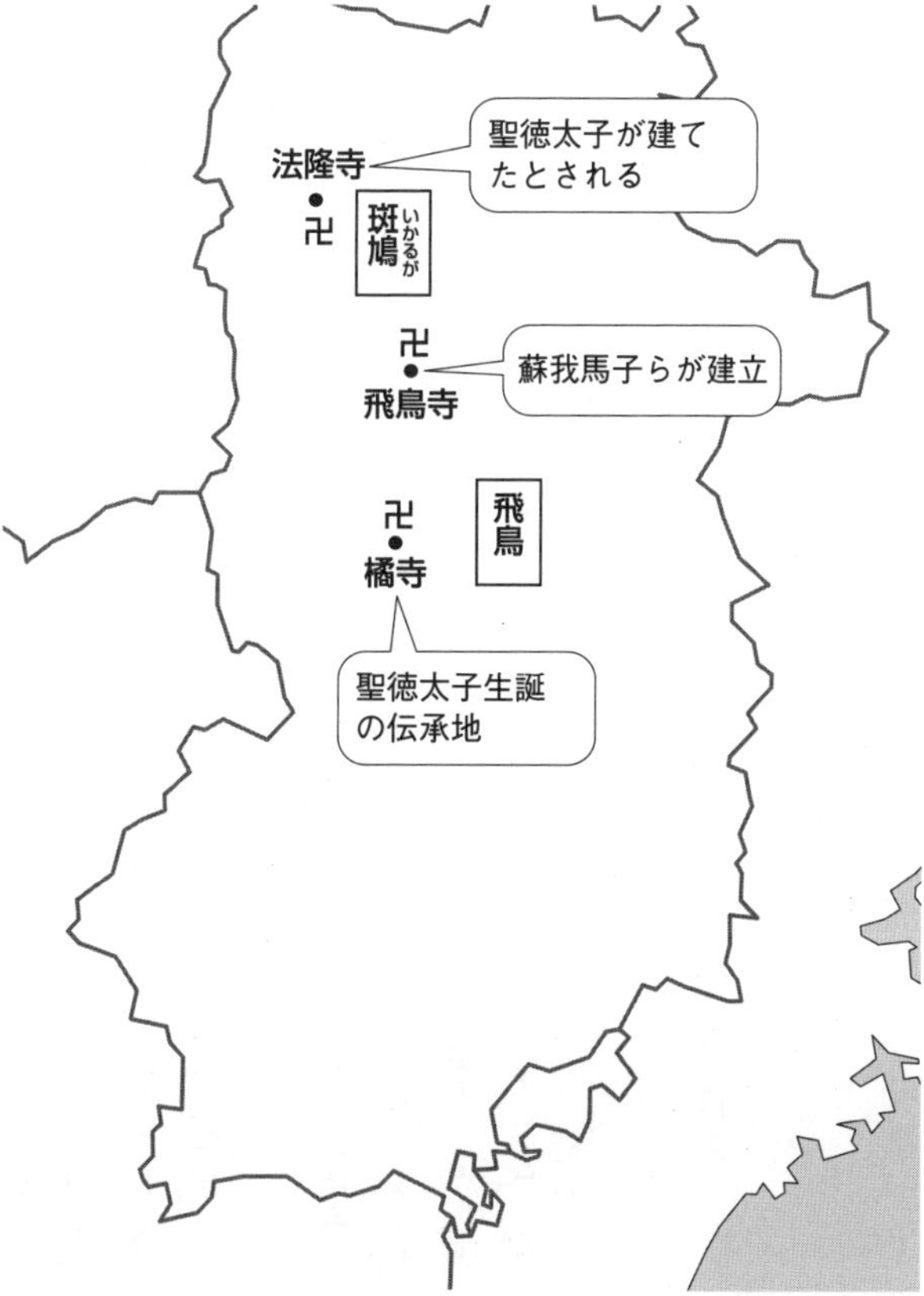

この当時、蘇我馬子が強大な権力を握っていたことはいうまでもない。それを制御するため、推古が重用したのが甥の厩戸皇子《うまやどのみこ》、つまり聖徳太子《しょうとくたいし》だった。幼いころから聡明で、仏法を尊んだとされる太子は、蘇我氏の血縁も濃く、馬子にも異論はない。推古は５９３年、太子を「皇太子」とし、摂政《せっしょう》として政治を補佐させることとした（ただし、皇太子の制度は当時まだなかった）。

こうして推古天皇・蘇我馬子・聖徳太子による三頭体制が確立する。政治を主導したのは太子で政治改革をおこない、内政を整備していった。推古は太子を信頼し、馬子も太子に協力したため、推古朝は政治的にきわめて安定し、成果もあがった。

太子が最初に打ち出したのが、仏教の教えにもとづいて国を運営しようとした「仏教興隆の詔《みことのり》」だ。その拠点となったのが最初の本格的寺院、元興寺《がんごうじ》（飛鳥寺《あすかでら》）である。物部氏との戦いの際にたてた誓願により、難波に四天王寺を建立した。また、５９５年に来日した高句麗僧《こうくりそう》の慧慈《えじ》を師とし、さまざまな先進知識を得た。

●十七条憲法は後世の創作か？

６０３年に制定したのが「冠位十二階《かんいじゅうにかい》」の制度である。これは、天皇のもとに

※中央集権による国家統治のための基本法典

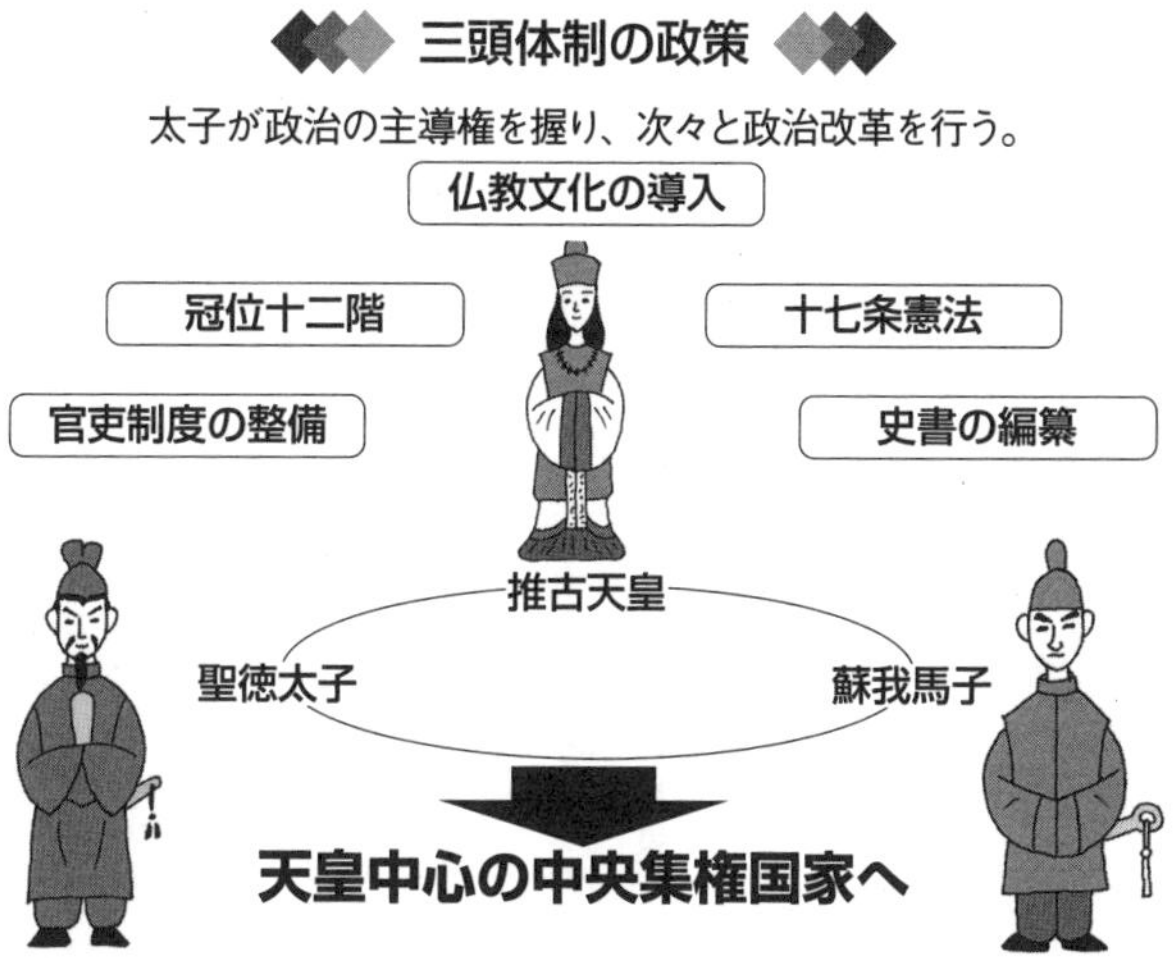

豪族を序列化し、氏姓による世襲《せしゅう》にとらわれることなく優秀な人材を官吏に任用する制度だ。中央集権化をはかるのが狙いで、のちに確立する※律令《りつりょう》国家制度の遠い先がけとなった。

604年には「十七条憲法」を制定した。「和をもって貴しとなせ」ではじまる17の訓戒で、豪族や官吏に対し、礼の思想などにより天皇の臣下としての心得を説いている。全文が引用されているのは『日本書紀』だけで、後世の創作という見解もなされている。

また、620年、太子は蘇我馬子と相談して『天皇記《すめらみことのふみ》』『国記《こっき》』などの史書を編んだ。

聖徳太子は架空の人物だった⁉

●謎に包まれた〝聖徳太子〟の実像

古代史の中でもっとも有名な人物は聖徳太子だろう。聖徳太子は33代推古天皇の皇太子となり、摂政として天皇を補佐した。『日本書紀』によれば、冠位十二階を制定し、十七条憲法を定め、遣隋使を派遣するなど、新しい国づくりをリードした人物として描かれる。

ところが、聖徳太子は謎に包まれた人物だ。そもそも、記紀には仏教的な聖徳太子という名が見えない。『古事記』は「上宮之厩戸豊聡耳命」といい、『日本書紀』は「厩戸皇子」「豊聡耳聖徳」「厩戸豊聡耳皇子」「上宮厩戸豊聡耳太子」などと記すのみ。聖徳太子という名称の初出は『懐風藻』（751年成立）とされる。

これらの点などを踏まえ、「聖徳太子」の実在を疑う見解が以前からあった。また、十七条憲法などの事績も聖徳太子の作ではないとする意見も出されていた。近年、聖徳太子の

虚構説を論じたのが『〈聖徳太子〉の誕生』（大山誠一著／吉川弘文館／1999年刊）である。

聖徳太子についての史料批判の結果、斑鳩宮に住んだ有力王族「厩戸皇子」は実在したが、いわゆる聖徳太子の事績はほとんど創作だという。遣隋使の派遣は中国の史書『隋書』にあるので史実だが、そこにも聖徳太子あるいは厩戸皇子などの名はない。

虚構説の結論は、聖徳太子は『日本書紀』編者によって創作された架空の人物ということだ。十七条憲法などの事績も編纂過程で捏造されたものだという。そもそも1度に10人の言うことを聞き分けたという「豊聡耳」の逸話は潤色だろう。

もちろん、この論考を支持する向きもあれば、反論も多い。また、これとは違う視点から聖徳太子虚構説を唱える研究者もいる。論争は容易に収まらないだろう。

とにかく、『日本書紀』成立後、聖徳太子は聖人化され、信仰の対象になっていったのは確かだ。推古朝以後は、上宮家の滅亡、蘇我氏の滅亡から大化の改新を経て、白村江での敗戦、壬申の乱など、激動の歴史がつづいた。聖徳太子は〝負〟の歴史を書き残さねばならない苦渋を忍ぶため、創りだされた幻のヒーローだったのかもしれない。

推古朝の外交政策

中国との交流をはかり国家としての制度を築く

●加耶の滅亡～新羅征討へ

６世紀後半、朝鮮半島では新羅《しらぎ》の勢力が強まり、高句麗《こうくり》・百済《くだら》に軍事的圧力をかけるようになった。そのなかで日本（倭国）が影響力をもった加耶《かや》諸国は滅んでいく。任那《みまな》と称し、加耶の再興を願った欽明《きんめい》天皇はそれを果たせず、無念のうちに亡くなった。朝鮮半島問題は以後も好転しないまま、推古朝を迎えるのである。

６００年、新羅が加耶に侵攻したとの名目で、日本は援軍をおくり、新羅を降伏させるが、日本軍が帰国すると、新羅はふたたび加耶に攻め入った。日本は新羅征討に本格的に乗りだすことになる。任那はもともと南加耶の一国を指すが、５３２年に滅び、北部の加耶も５６２年、新羅に服属していたのである。

将軍に任命されたのは、聖徳太子の同母弟の来目皇子《くめのみこ》だった。６０２年、大軍を率いて筑紫《つくし》におもむくが、病を得て死去、遠征は中止になる。次に将軍になったの

隋との外交関係の幕開け

小野妹子を含む第2回遣隋使が隋に提出した国書は、皇帝煬帝を激怒させた。

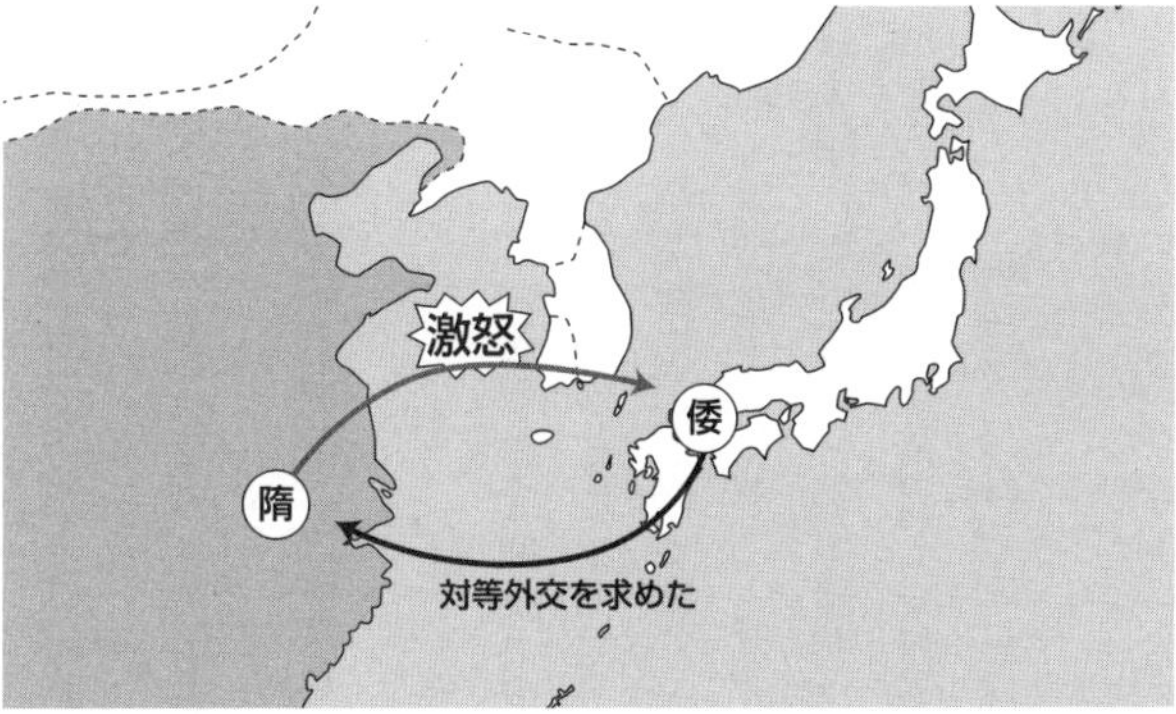

は、やはり聖徳太子の異母弟である当麻《たいまの》皇子《みこ》。しかし、同行した妻が途中で急死して、征討はまたも中止に追い込まれてしまった。

●外交の新たな方向性～遣隋使

朝鮮半島問題が打開できない一方で、日本は新たな外交政策を模索していた。長く南北朝時代がつづき、分裂していた中国を５８９年に統一した隋《ずい》と、国交を結ぼうというのだ。朝鮮にも大きな影響力をもつ隋と友好関係を築くことは重要であり、国造りのため大陸の進んだ制度や文化を学ぶ必要もあった。

第１回の遣隋使《けんずいし》は６００年に派遣され

た。初代皇帝文帝《ぶんてい》は、日本にどう対応したか明らかでないが、使者は冠位制《かんいせい》などを学んだらしい。これは『日本書紀』にはいっさい記載されず、『隋書《ずいしょ》』が伝えるのみだ。体面をとりつくろうため、『日本書紀』から歴史を削除したのだろう。

●影響を受けるも隋の属国にはならず

「日出づる処の天子、書を日没する処の天子にいたす。つつがなきや」という国書を提出して、２代皇帝煬帝《ようだい》を激怒させたというのは、６０７年に小野妹子《いもこ》を派遣した第２回遣隋使だ。このときまでに、冠位十二階・十七条憲法など、内政を整備していたので、隋と同格だという驕《おご》りが多少あったのかもしれない。

ひとつ間違えば、妹子は無事に生きて帰れなかっただろう。しかし、高句麗との対立を続ける隋にとって、日本を敵国にするのは得策でない。妹子の帰国に隋の使者を従わせたのは、国交を許可した証だった。ただし、隋にとって日本は「※化外慕《けがいぼ》礼《れい》の国」、つまり、属国ではないが、隋を慕って貢ぎ物を差し出す国という位置づけである。

とはいえ、新しい外交関係が開けたことにちがいはない。隋が滅ぶ６１８年まで、

※高句麗・百済・新羅と異なり、定期的な朝貢をしなくてもよいと認められた中国周縁の特殊な国のこと。

遣隋使一覧

20年たらずの期間に6回ほどの遣隋使が派遣された。

年次	使節	備考
600	聖徳太子の側近?	
607	小野妹子 鞍作福利	国書を提出し、隋の煬帝の怒りを買うも、翌年608年に隋の使者を従えて帰国。
608	?	
608	小野妹子 吉士雄成 鞍作福利	高向玄理・南淵請安・僧旻ら留学生が隋に学び、国づくりの知識を得る。
614	犬上御田鍬 矢田部造	
618	?	

6回ほどの遣隋使が派遣されたが、この20年に満たない期間に、日本が得た知識の重要性ははかりしれない。

とくに第4回遣隋使の留学生として、隋・唐に学んだ高向《たかむこの》玄理《くろまろ》・南淵《みなぶちの》請《しょう》安《あん》・僧旻《みん》らは、「大化の改新」の際の政治、その後の国づくりに大きな役割をはたすことになる。

推古朝の隋に対する外交は、一定の成果を得た。しかし、隋が滅び、唐が新王朝をたてると、中国および朝鮮の政情はさざ波が立ちはじめる。聖徳太子は、やがて日本が東アジアの激動に巻きこまれることを知らないまま、622年49歳で死去した。

「蘇我氏」専制政権の滅亡

蘇我氏が影響力を強める一方、クーデター計画も進行していた

●田村皇子を支持する蝦夷の目論み

聖徳太子は622年に亡くなり、推古朝を太子とともに支えた蘇我馬子《うまこ》も626年に死去した。それを心もとなく思ったのか、推古天皇もやがて病床につき、628年に死去する。75歳だった。『古事記』は推古天皇の死を述べて、記述を終える。『日本書紀』は、死の直前にある推古天皇が、夫である敏達《びだつ》天皇の孫田村皇子《たむらのみこ》と、聖徳太子の子である山背大兄皇子《やましろのおおえのみこ》を別々に枕元によび、為政者《いせいしゃ》になるべき者の心得をさとしたと記している。だが、後継者の指名をしなかったため、多くの臣下の間でも意見が割れた。

馬子の跡を嗣《つ》いで大臣となった蘇我蝦夷《えみし》は、田村皇子を支持した。聖徳太子ゆずりの才能をみせる山背大兄皇子の人望をうとんだといわれる。逆に、皇族や群臣の不満をやわらげるため、蘇我氏との血縁が薄い田村皇子を選んだという説もある。

乙巳《いつし》の変《へん》にいたる蘇我氏の系譜

聖徳太子、推古天皇の死後、蘇我氏は勢力を増していく。

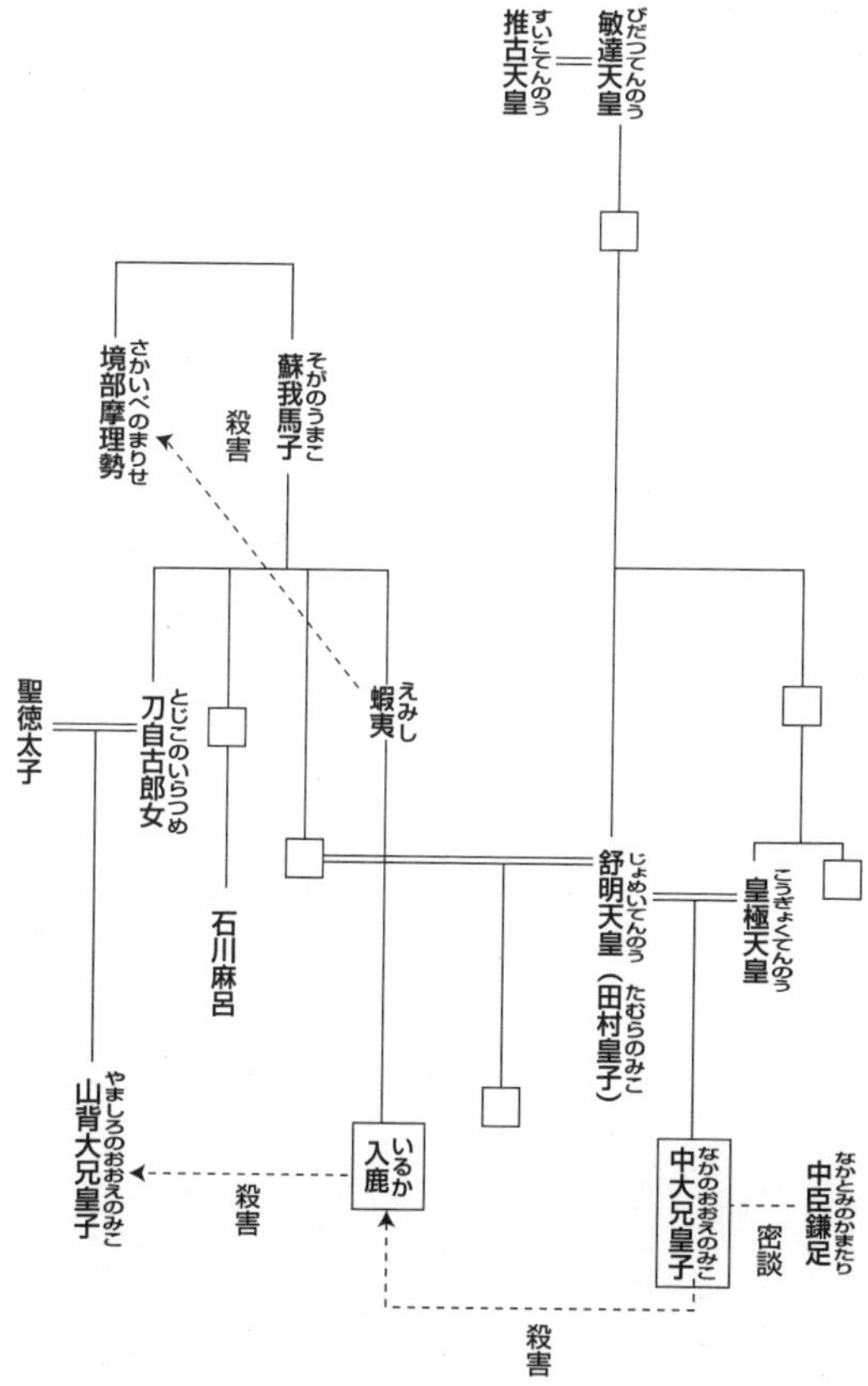

蘇我氏へのたまりにたまった不満が乙巳の年に爆発。入鹿が殺され、蝦夷は自害した。

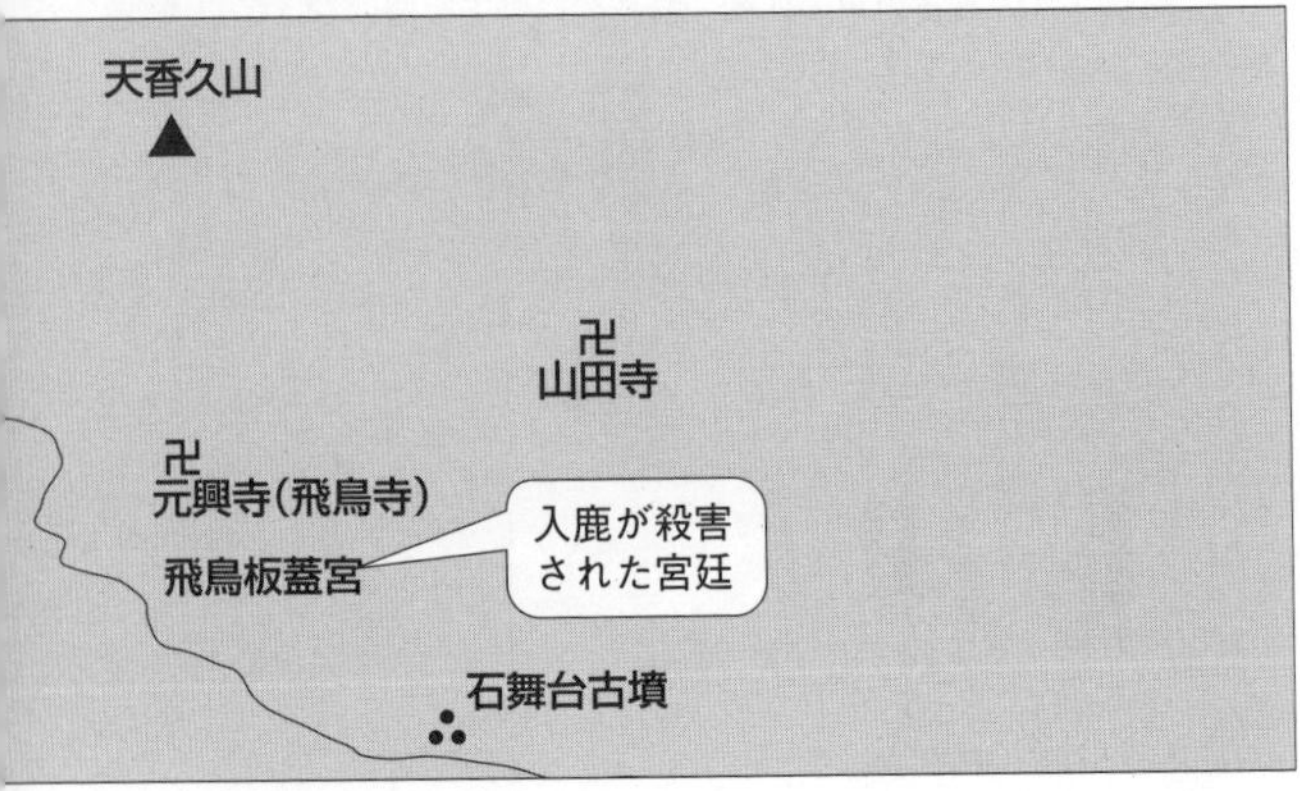

●勢いづく蘇我氏の勝手な振る舞い

田村皇子の即位を主張する蝦夷に反対したのが、馬子の弟で、蝦夷の叔父である境部摩理勢《さかいべのまりせ》だった。

摩理勢は蘇我一族の有力者であるとともに、聖徳太子一族（上宮王家《じょうぐうおうけ》）との結びつきが深く、山背大兄皇子を支持していた。

2人の対立は次第に深まり、やがて決裂、蝦夷は摩理勢を自害に追い込み、田村皇子を34代舒明《じょめい》天皇として即位させた。政治的ライバルがいなくなった蝦夷は権勢をふるいはじめる。舒明天皇が在位13年で死去すると、皇后を35代皇極《こうぎょく》天皇と

乙巳《いつし》の変《へん》に関連する地図

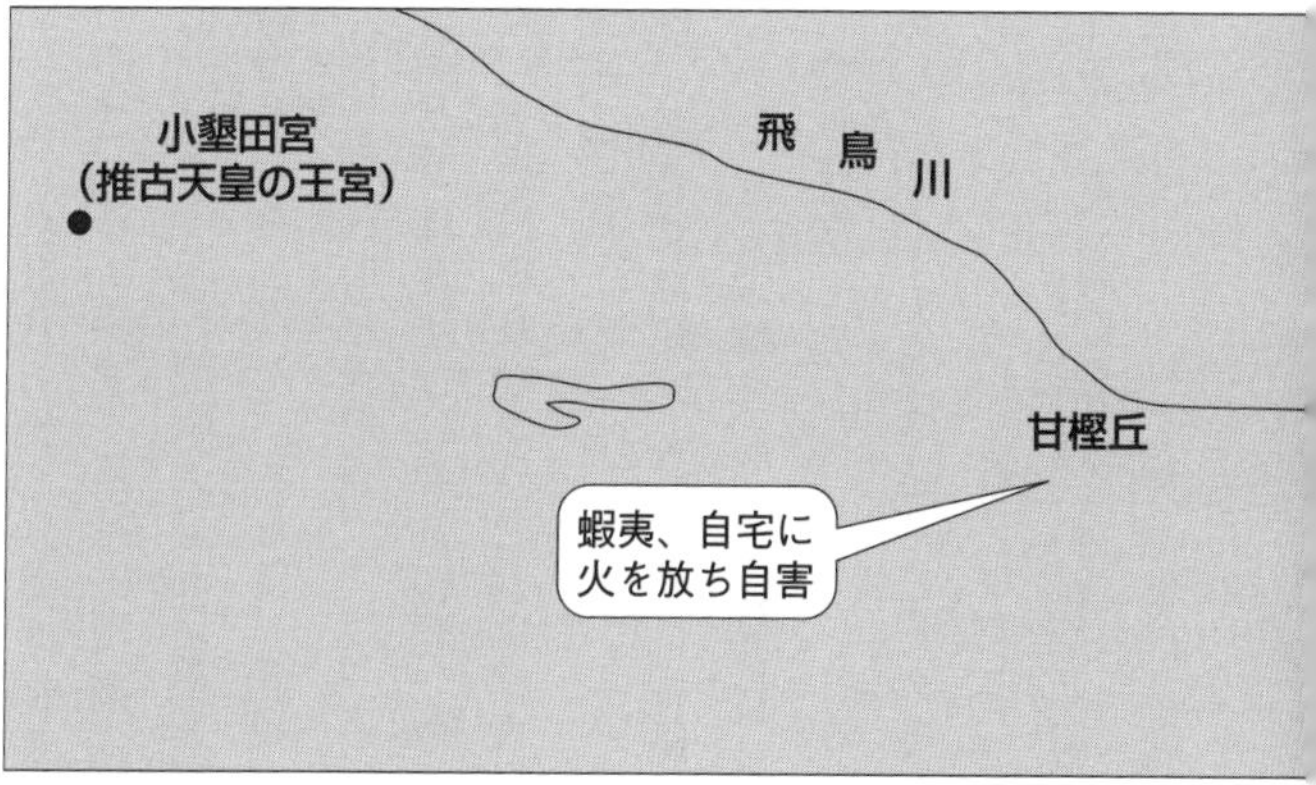

して即位させ、権力の保持につとめたのだ。

蝦夷が職位を譲った子の入鹿《いるか》は、さらに専横《せんおう》をきわめる。『日本書紀』は、甘《あま》樫丘《かしのおか》に築いた自邸を宮門《みかど》と名づけ、自分の子女を王子《みこ》とよばせるなど、天皇家をないがしろにする数々の行為を非難している。

その最たるものが、６４３年、蘇我氏の専政に反抗する山背大兄皇子を襲撃し、自害に追い込んだ事件だった。病床にあった父・蝦夷も、この暴挙を聞き、さすがに激怒したという。

●打倒・蘇我氏のクーデター勃発

蘇我氏に対する反感は、しだいに強ま

っていった。蘇我氏打倒の決意を固めたのが中臣鎌足《なかとみのかまたり》である。中臣氏は宮廷の祭祀をつかさどる一族で、鎌足は南淵請安《みなぶちのしょうあん》に儒教を学ぶ秀才だった。鎌足は皇族を味方につけようと、舒明天皇と皇極天皇の子である中大兄皇子《なかのおおえのみこ》に接近して、クーデター計画をもちかけた。さらに、蘇我一族の内紛を利用して、蝦夷の甥にあたる蘇《そ》我倉山田石川《がのくらのやまだのいしかわの》麻呂《まろ》を誘う。

クーデターは645年6月12日、宮殿で催される※三韓朝貢《さんかんちょうこう》の儀式に乗じて決行された。入鹿に斬りかかったのは中大兄皇子である。

翌日、蝦夷は自邸に火を放ち、自害。長年にわたって栄華を誇った蘇我氏は、こうして滅びた。

なお、このクーデターは、乙巳《いっし》の年に行われたので、干支《かんし》により「乙巳《いっし》の変《へん》」とよばれる。これを機に「大化の改新」が始まる。

記紀ななめ読み

『日本書紀』では、クーデターの原因を、「入鹿は皇位を奪おうとしたから」と中大兄皇子に語らせる。しかし、蝦夷・入鹿が横暴な権力者だったと言い切るには慎重な姿勢が必要だろう。『日本書紀』は、蘇我氏を非難し、中大兄皇子や中臣鎌足を肯定的にみる史観で編纂《へんさん》されているからだ。

※朝鮮三国の使者が朝廷に貢物を捧げる儀式　※1律令制の太政官の長官であり、右大臣の上に位する　※2左大臣の次に位し政務を統轄する

改新政治がめざす中央集権化

蘇我氏を倒した中大兄皇子は新体制をスタートさせる

●36代孝徳天皇の即位

乙巳《いっし》の変の後、35代皇極《こうぎょく》天皇は退位し、中大兄皇子《なかのおおえのみこ》に皇位を譲ろうとした。だが、中大兄皇子は皇極の弟である軽皇子《かるのみこ》を36代孝徳《こうとく》天皇として即位させ、自身は皇太子の地位にとどまった。世代による継承では軽皇子のほうが先でよかったともいう。

中大兄皇子は、左大臣[※1]に阿倍内麻呂《あべのうちのまろ》、右大臣[※2]に蘇我倉山田石川麻呂《そがのくらのやまだのいしかわのまろ》（麻呂が名前）、内臣に中臣鎌足《なかとみのかまたり》をおき、新体制をスタートさせる。中国の政治スタイルを取り入れたもので、はじめて元号を定めて「大化《たいか》」としたのも対外的な体面を考えてのことだった。ただし、この元号は長く続かない。

権力を手にした中大兄皇子は、乙巳の変から3か月後の9月、異母兄である古《ふる》人大兄皇子《ひとのおおえのみこ》を謀反《むほん》の罪で討つ。蘇我馬子《うまこ》の孫だった古人大兄は、入鹿《いるか》にとって次期天皇と目されていた政敵。謀反の芽を事前につんだのだ。

12月には、都を飛鳥《あすか》から摂津《せっつ》の難波《なにわ》へうつすと宣言した。旧弊にとらわれることなく、新しい国家形成を目ざす決意の表れである。

●36地方を支配し中央集権化を目指す

６４６年１月、新政権は「改新の詔《みことのり》」を発布した。これは政治改革のビジョンを示したもので、これをもって「大化の改新」政治のはじまりとする。おもな内容は以下の４点だ。

・天皇および豪族の私有地と人民を収公して、土地と人民はすべて国家の所有とする（公地公民制）。
・戸籍と計帳《けいちょう》を作成し、土地を人民に貸し与え、それをもとに課税する（班田収授《はんでんしゅうじゅ》の法）。
・人民に税や労役を課す制度を改革する（租庸調《そようちょう》の整備）。
・地方豪族の勢力圏だった国・県を整理し、国家のもとに各地を再編成する（国郡制度）。

つまり、中央と地方の土地と人民を国家の支配下におき、そこに生産物と労役の

改新の詔の内容

新政権が政治改革のビジョンを示すため、「改新の詔」を発布した。

公地公民制	天皇および豪族の私有地と人民を収公して、土地と人民はすべて国家の所有とする。
班田収授の法	戸籍と計帳を作成し、土地を人民に貸し与え、それをもとに課税する。
租庸調の整備	人民に税や労役を課す制度を改革する。
国郡制度	地方豪族の勢力圏だった国・県を整理し、国家のもとに各地を再編する。

中大兄皇子たちの新体制

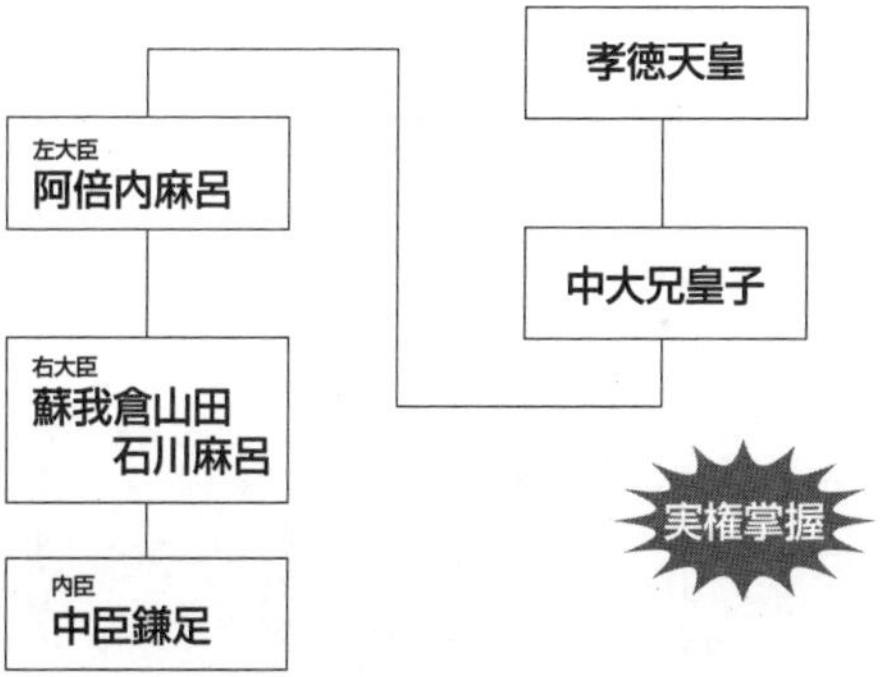

乙巳の変で中心的役割を担った中大兄皇子は、孝徳天皇を即位させ、中国にならった体制により政治をとり行った。

税をかけるという中央集権化を目ざしたのである。

そのほかにも数々の改革が行われているが、なかでも薄葬令《はくそうれい》は豪族が自由につくれた墳墓《ふんぼ》に制限を加えるもので、事実上、古墳時代の終幕をもたらすものだった。

●政情不安と改革の終焉

これらの改革は、順調に進んだわけではない。中大兄皇子の邸宅が原因不明の火災に見舞われ、左大臣阿倍内麻呂《あべのうちのまろ》が死去するなど、不穏な事態がつづいた。６４９年には、謀反の疑いをかけられた右大臣蘇我倉山田石川麻呂が自害した。

政情不安を払拭《ふっしょく》するため、６５０年、年号を「白雉《はくち》」に改めるが、好転することはなく、改革の歩みは鈍化していった。

一般的には、この改元を区切りとして、大化以来の政治改革は終わりを迎えたとされる。

その後、中大兄皇子は飛鳥への遷都《せんと》を強行する。６５３年のことだ。中大兄皇子と不仲になっていた孝徳《こうとく》天皇はこれに反対、ひとり難波《なにわ》にとどまったが、翌年、失意の中で亡くなった。

中大兄皇子の飛鳥への遷都

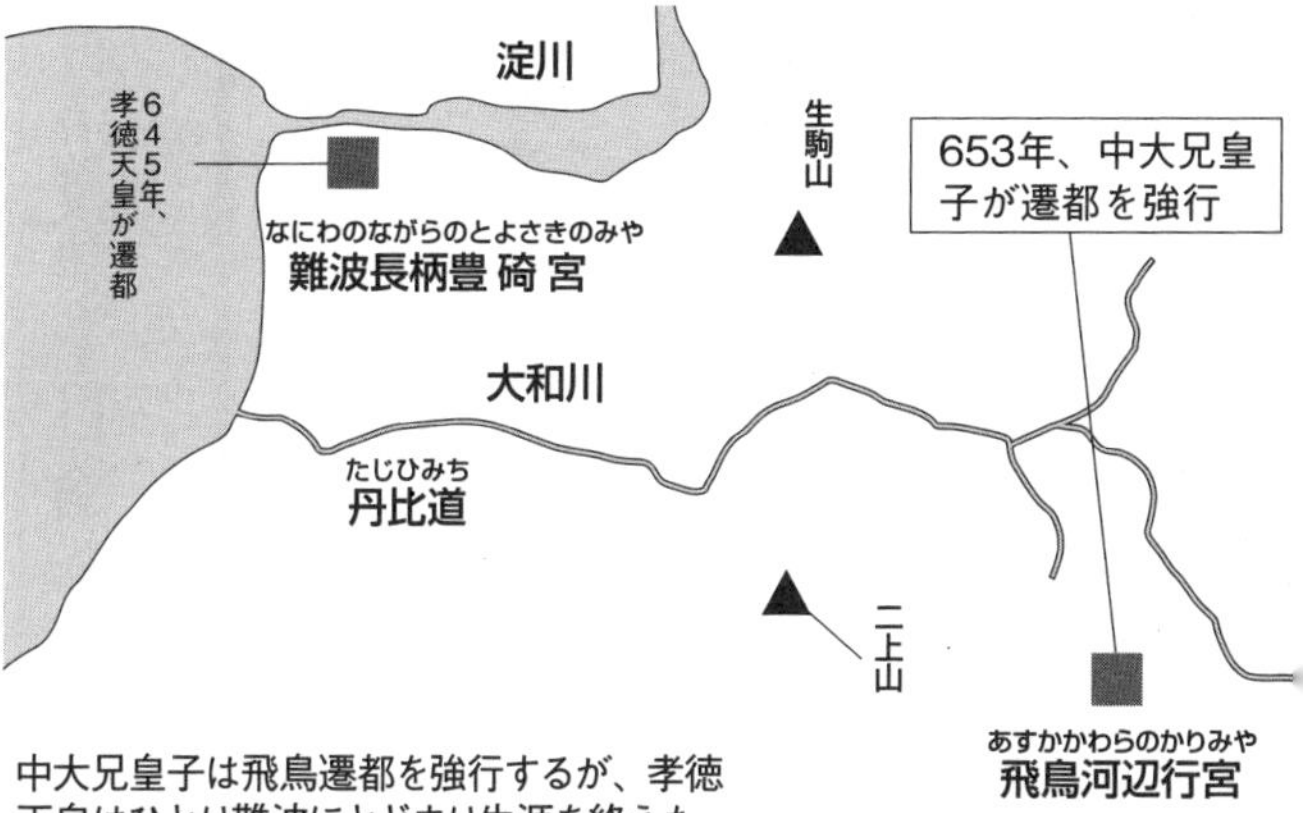

中大兄皇子は飛鳥遷都を強行するが、孝徳天皇はひとり難波にとどまり生涯を終えた。

中大兄皇子は即位せず、前天皇の皇極《こうぎょく》を37代斉明《さいめい》天皇として即位させる。一度退位した天皇が再び位につくことは、日本史上初だった。

●改新の詔《みことのり》とは

改新の詔が掲げた政策が実現したのは、40代天武《てんむ》天皇・41代持統《じとう》天皇にかけての時のことだ。そのため、詔はなんらかの政治改革がはじめられたことを認めながらも、のちの大宝律令《たいほうりつりょう》を下敷きに創作した可能性が強いとみられている。『日本書紀』編纂に影響力をもった藤原不比等《ふひと》が、父鎌足《かまたり》の功績を高くみせるためだったかもしれない。

百済復興を目論む白村江の戦い

朝鮮半島３国の勢力争いに乗じ、百済に兵を送り込む

●百済再興のために朝鮮半島に出兵

６～７世紀の朝鮮半島は、高句麗《こうくり》・新羅《しらぎ》・百済《くだら》の３国が対立していた。日本（倭国）は朝鮮南部の加耶《かや》を影響下においていたが、５６２年に加耶は新羅に滅ぼされてしまう。その後、王権は３国と友好的な外交関係を保ちつつ、加耶での利権を再興する機会をうかがっていた。

朝鮮情勢が大きく変動するのは、６１８年、隋《ずい》が滅び、唐《とう》が建国されたことによる。

朝鮮内では３国の小競り合いが続いていたが、唐と結んだ新羅が勢力をのばし、６６０年、百済を滅亡に追い込んだ。

百済の遺臣鬼室福信《きしつふくしん》らは、日本に滞在していた百済の王子豊璋《ほうしょう》を擁立して反撃に出るため、王権に救援を要請。百済との関係が深かった日本は、朝鮮へ再進出する

白村江への遠征ルート

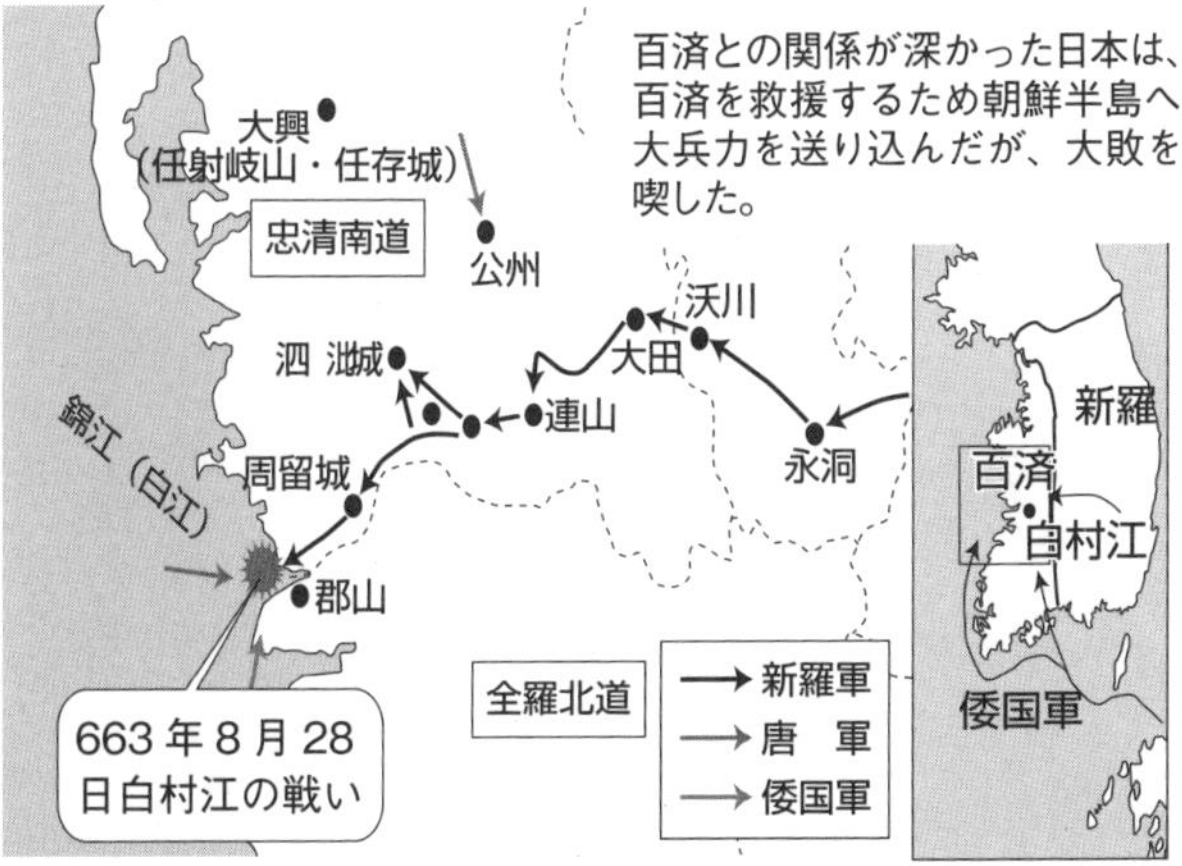

百済との関係が深かった日本は、
百済を救援するため朝鮮半島へ
大兵力を送り込んだが、大敗を
喫した。

チャンスとの考えもあって、派兵を受諾した。

斉明《さいめい》天皇以下皇族、豪族たちが、あげて難波《なにわ》から九州に向かって船出したのである。

●大敗北を喫する百済・日本連合軍

ところが、ハエの大群が現れたり、九州の駐屯した朝倉宮が雷の被害にあったりと、不吉な予兆が続くなか、斉明天皇が陣中で急死してしまう。中大《なかのおお》兄皇子《えのみこ》は皇位につかないまま総指揮をにない、兵を朝鮮に送り込んだ。第1軍は1万人、2軍は2万7000人、

3軍は1万人という大兵力だった。

援軍を得た百済軍は豊璋を迎えて戦意を高め、一時的に新羅軍を退けるなど、優勢になる。だが、鬼室福信の謀反《むほん》を疑った豊璋が、この忠臣を殺害するにおよび、軍は乱れた。

その隙をついて唐と新羅の連合軍が、663年8月、百済・日本の連合軍に海陸から襲いかかった。

両軍の勝敗を決定づけたのは、白村江《はくすきのえ》《はくそんこう》（白馬江）の河口で行われた水軍同士の激突だった。潮の満ち引きや敵の戦術を見きわめず、やみくもに突撃した百済・日本軍は大敗北を喫してしまう。

日本軍は、亡命を希望する百済遺民を伴いながら、ほうほうのていで逃げ帰った。対外進出の願いは絶望的になり、百済復興の夢も消えてしまった。なお、百済と連携した高句麗も668年、唐によって滅ぼされた。

●防衛体制の整備と戦後処理

中大兄皇子は、帰京すると、唐・新羅軍の侵攻に備えて、大宰府北辺に1キロメ

※7世紀半ばに築かれた国防施設。特に大宰府のものを指す

ートルにおよぶ※水城《みずき》を築き、北九州から瀬戸内両岸にかけて大野城・長門城・屋島城・鬼《き》ノ城《じょう》などを設けた。水城は高さ10メートル、幅80メートル、長さ1キロにおよぶもので、北側に幅60メートル、深さ4メートルの濠《ほり》を備える大がかりなものだった。

また、６６７年、都を近江大津《おうみおおつ》（滋賀県）にうつした。その理由はよくわからないが、危機感のあらわれだろう。もし、唐・新羅の追討軍が襲ってくれば、大和よりも逃げ込みやすい地理的環境にあった。だが、この遷都《せんと》に対して、多くの人びとが不満を抱いたという。

中大兄皇子は、遷都した翌年1月、即位して38代天智《てんち》天皇になった。乙巳《いっし》の変から23年が過ぎていた。外患に備える防御体制が整い、内政に力を入れようとしたのだろう。

しかし、白村江の戦いで大敗した戦後処理に疲れたのか、すでに改新の詔《みことのり》で掲げたマニフェストを遂行する力は残されていなかった。

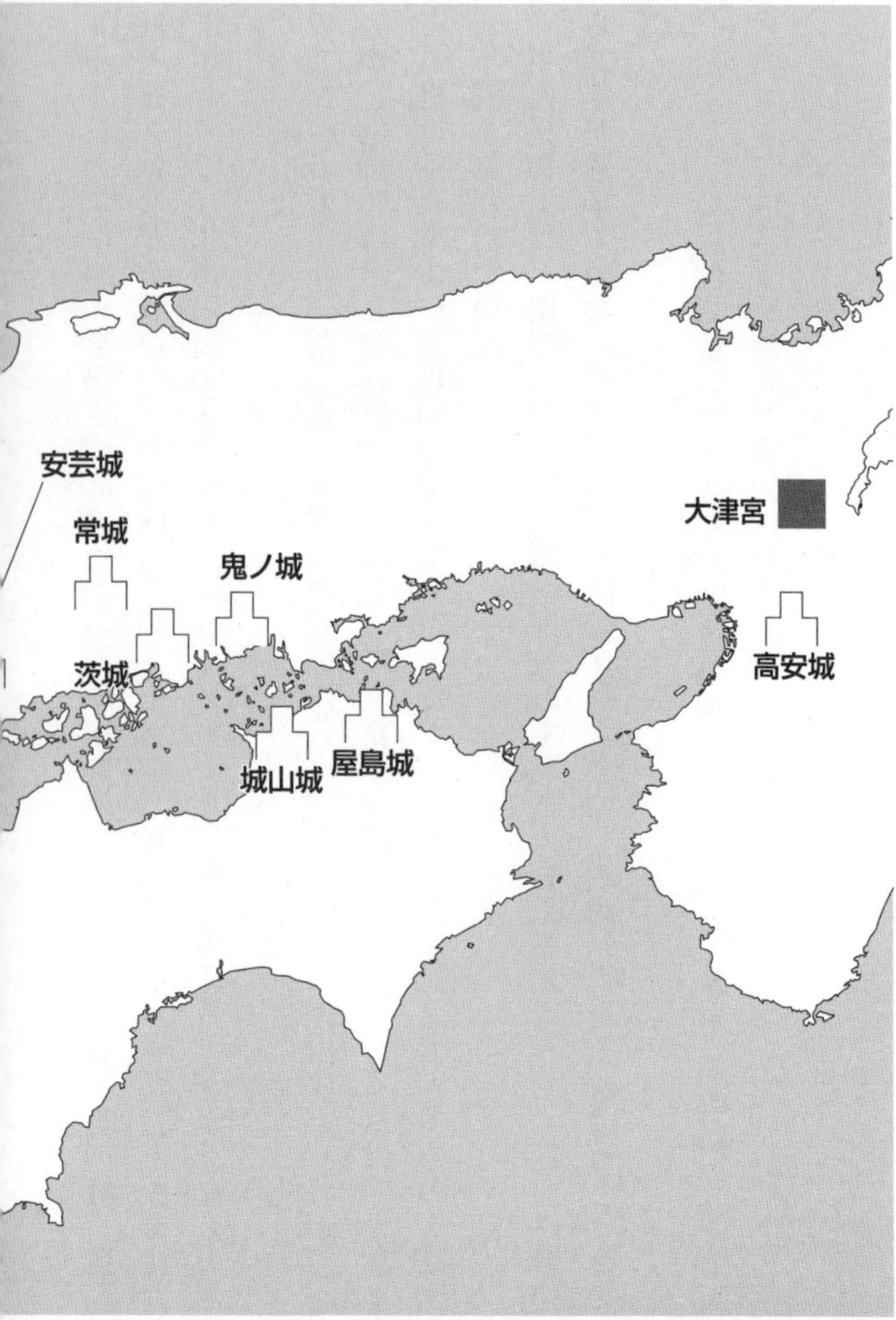
安芸城
常城
大津宮
鬼ノ城
茨城
高安城
屋島城
城山城

主な水城・山城の分布図

中大兄皇子は、唐・新羅軍の侵攻に備え、北九州から瀬戸内両岸にかけて水城・山城を設けた。

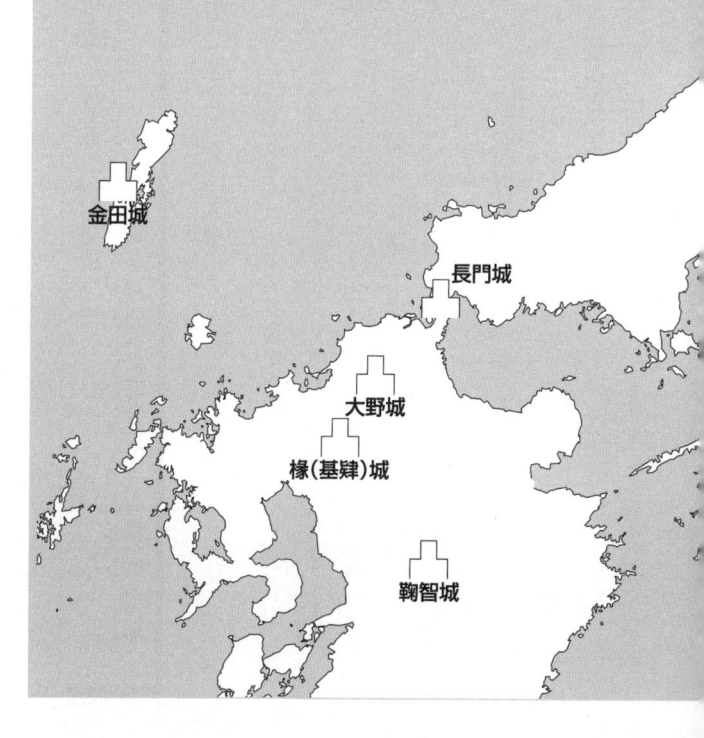

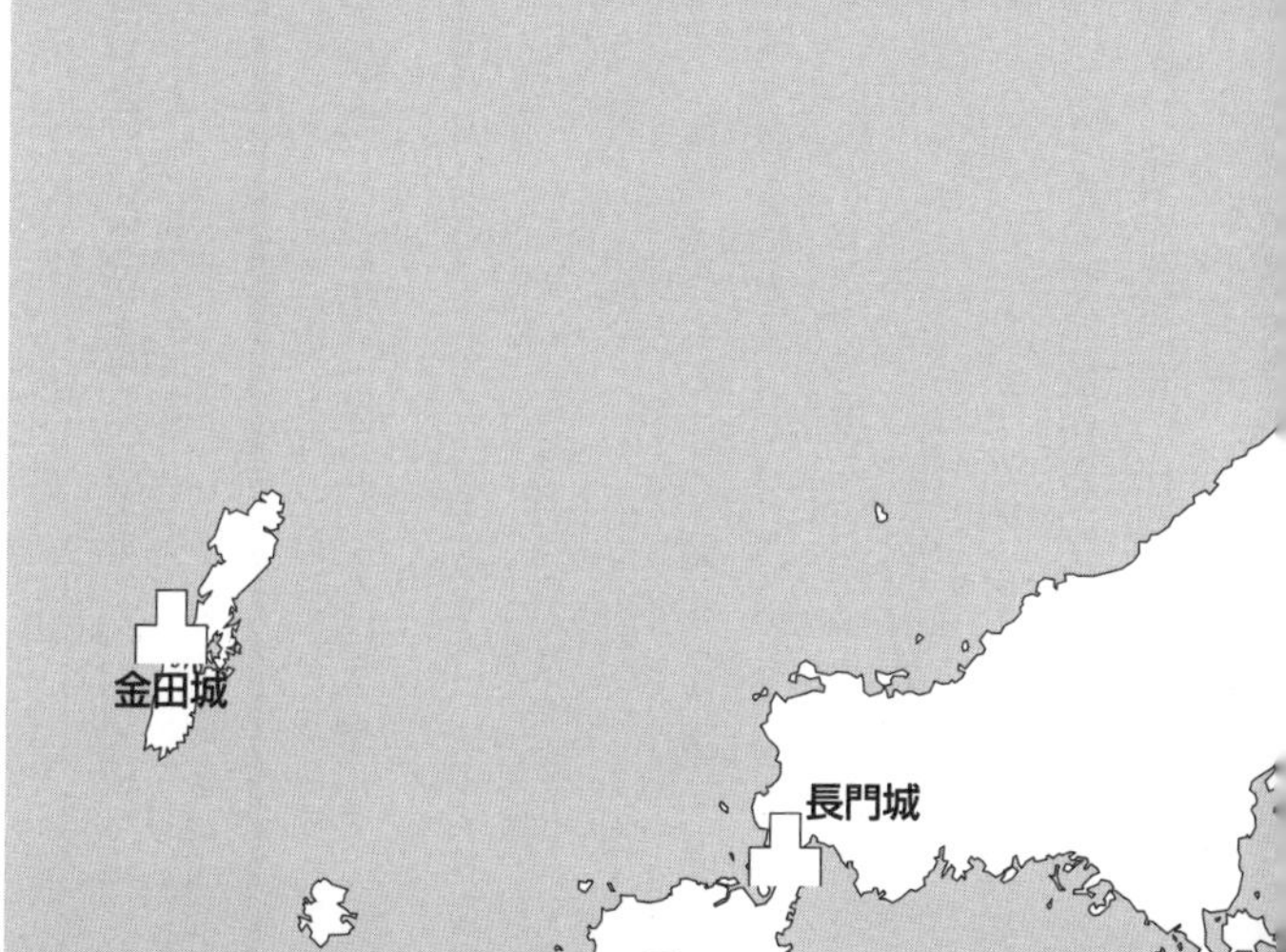

天智天皇と大海人皇子の対立

さまざまな不満、政治不信をよび起こした皇位継承問題

●皇位を辞退し、吉野に旅立つ大海人皇子

天智《てんち》天皇の同母弟である大海人皇子《おおあまのみこ》は、生まれながらにして才能に恵まれ、雄々しく武徳にすぐれていたという。天智天皇の后《きさき》はいずれも皇族出身でないため、子である大友皇子《おおとものみこ》が皇位をつぐには不利で、大海人皇子が皇太子に指名されていた。

６６９年、臨終まぎわの中臣鎌足《なかとみのかまたり》に大織冠《たいしょくかん》と大臣《おおおみ》の位と藤原《ふじわら》氏の姓を授ける役に、天皇は大海人皇子をつかわしている。それほど信頼が厚かったが、次第に皇位を大友皇子につがせたいと思うようになっていった。

２人の仲にヒビが入った原因に、額田王《ぬかたのおおきみ》をめぐる三角関係があげられる。額田王は天智の「后《きさき》」だったが、大海人皇子が彼女に恋をしたというのだ。ただし、『万葉集』にのる２人の贈答歌《ぞうとうか》からの推測で、確証はない。

『大織冠伝』（藤原鎌足らの伝記）に、大海人皇子が宴席で、天智天皇の目の前に

飛鳥から吉野へ

天智天皇の策略を察知した大海人皇子は、飛鳥から吉野に向かった。

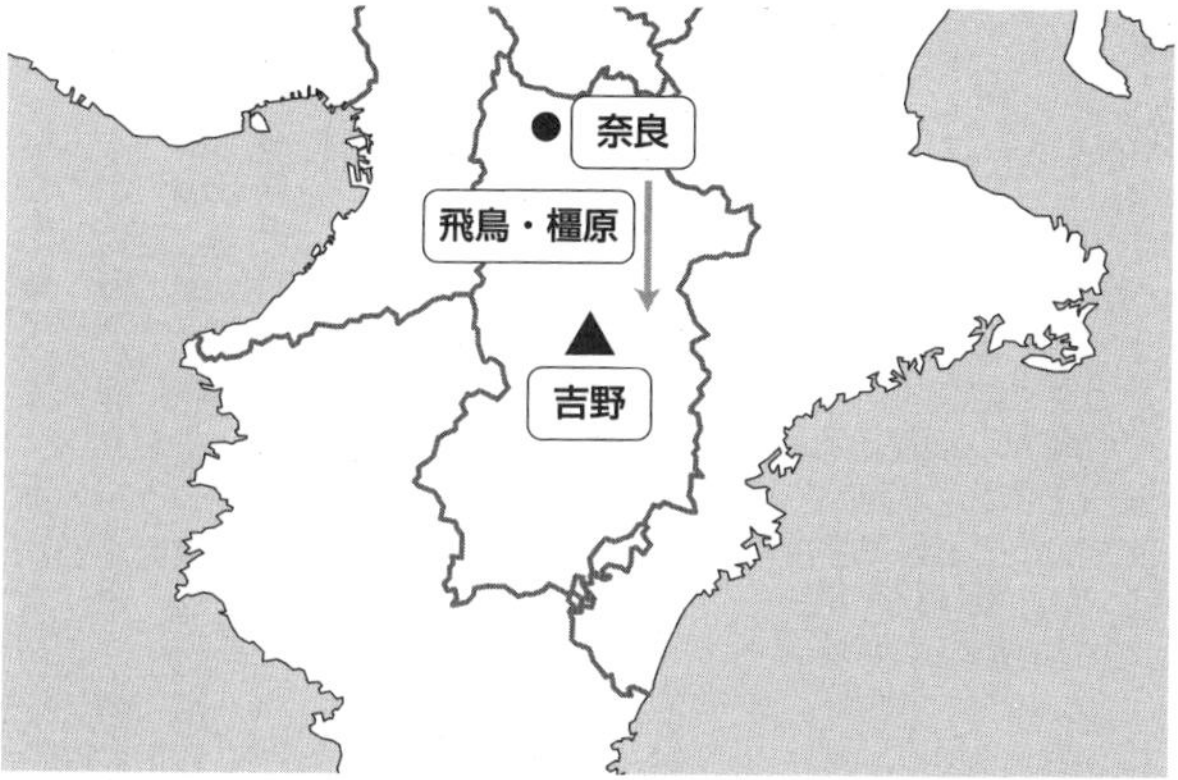

長槍を突き刺したという事件を記している。激怒した天皇は大海人を殺害しようとしたが、鎌足がとりなしたというのもこのあたりの消息を伝えるものかもしれない。

671年1月、天智天皇は大友皇子を太政《だじょう》大臣に任じた。10月、病床に臥《ふ》して死期を悟った天皇は、大海人皇子を枕もとによび、皇位を譲りたいと告げる。罠だと察知した大海人皇子は、申し出を辞退し、天皇になる意志がないことを示すため、出家を願い出たのだった。

天皇の許しを得ると、即日剃髪《ていはつ》し、所有する武器をすべて納め、吉野に向かう。吉野は神武東征の際、熊野から大和に入る通過点になった要地で、離宮《りきゅう》が置かれるなど、天皇家にとっての聖地だった。

大海人皇子が吉野に旅立つとき、左右の大臣らが宇治まで見送りに出向いた。このとき、誰かが「虎に翼をつけて野に放つようなものだ」と述べたと『日本書紀』は記している。近いうちに大きな波乱が起こることを、誰もが予想していた。

●高まる政治不信と大海人への期待

大海人皇子は有能な政治家で、皇位継承を支持する声が高かったとみられる。一方、大友皇子は年若く、政治をになう力量を疑問視されていた。ところが、天智天皇は結果的に大海人皇子を排除し、大友皇子を後継に選んだのだ。宮廷内に不満がくすぶったのはいうまでもない。

また、天智天皇に対する政治的不信感が、大海人皇子を推す力になった。というのも、白村江《はくすきのえ》《はくそんこう》の戦いが大敗北に終わったうえ、水城や山城などの防衛施設をつくり、近江への遷都を決行したので、豪族や人々にとっての負担が大きかったのだ。

乙巳《いっし》の変を主導し、改新政治を推し進めたのはよしとしても、近江朝は政治的に手詰まりに陥っていた。大海人皇子に王権をになってほしいと願う者は少なくなかった。天智天皇が死去したのは、大海人皇子が吉野に入った2か月後だった。

大海人皇子と額田王の贈答歌（万葉集）

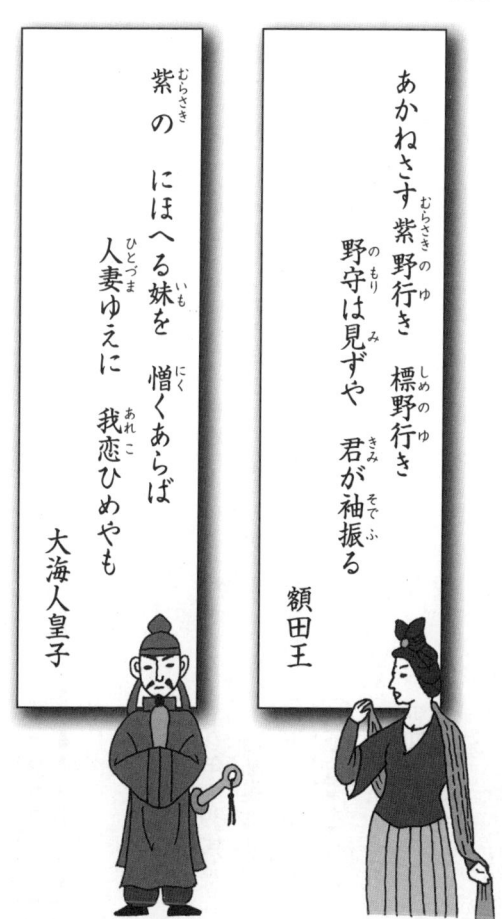

あかねさす 紫野《むらさきの》行《ゆ》き 標野《しめの》行《ゆ》き
野守《のもり》は見《み》ずや 君《きみ》が袖《そで》振《ふ》る

額田王

紫《むらさき》の にほへる妹《いも》を 憎《にく》くあらば
人妻《ひとづま》ゆえに 我《あれ》恋《こ》ひめやも

大海人皇子

壬申の乱に勝利した大海人皇子

壬申の乱を経て「倭」から「日本」へ

●大海人皇子の挙兵

38代天智《てんち》天皇が死去すると大友皇子《おおとものみこ》が事実上の天皇となる。『日本書紀』には立《りつ》※太子《たいし》した記録がないため、天皇として認められなかったが、１８７０年に39代弘文《こうぶん》天皇の諡号《しごう》を贈られ、天皇に列することになったが、正式に即位した証拠はない。

大友皇子は、同情と期待を集める叔父の大海人皇子《おおあまのみこ》を警戒せざるをえなかった。吉野で逼塞《ひっそく》する大海人皇子も近江朝の様子をうかがっていたが、征討軍《せいとうぐん》を送りこむ気配がみえたので、ついに挙兵の決意をした。６７２年６月22日のことである。

大海人皇子は24日に吉野を出立し、美濃方面に向かう。途中、近江京から兵を率いて駆けつけた高市皇子《たけちのみこ》と合流、伊勢国や美濃国でも多数の援軍をえた。一方の近江側は、思惑どおりに兵が集まらない。大和では、大海人皇子側についた大伴吹負《ふけい》が、近江朝に反旗をひるがえした。

※公式に皇太子を立てること

●大和に凱旋する大海人皇子

大海人皇子軍は、美濃から近江に攻め入るとともに、大和から兵を北上させた。大友軍は足並みがそろわず、離反者も相次いで、各地で敗戦を重ねる。最終決戦は7月22日に行われた、近江の瀬田の戦いだった。近江軍は橋を渡らせまいと奮戦するが、やがて突破されて兵は四散、大友皇子が翌日自害して、「壬申《じんしん》の乱《らん》」は終結する。大和へ凱旋《がいせん》した大海人皇子は飛鳥浄御原《あすかきよみはら》に宮を築き、６７３年2月、40代天武《てんむ》天皇として即位した。

壬申の乱により、古くからの豪族の影響力が失われ、強大な権力を手にした天武天皇は、豪族統制をはじめ中央集権化をはかる政治改革を推進していく。※八色《やくさ》の姓《かばね》を定めて新しい身分秩序をつくり、基本法となる律令《りつりょう》の制定を急いだ。また、各地の国境を確定し、国―評《こほり》―五十戸の地方制度の実施を目指した。それまで「大王《おおきみ》」とよばれていた称号を「天皇」に変更し、国号を「倭」から「日本」と改めたのも天武の時からとされる。なにより、『古事記』『日本書紀』の編纂を命じたのは天武天皇だった。

※684年、天武天皇が整えた8種類の姓

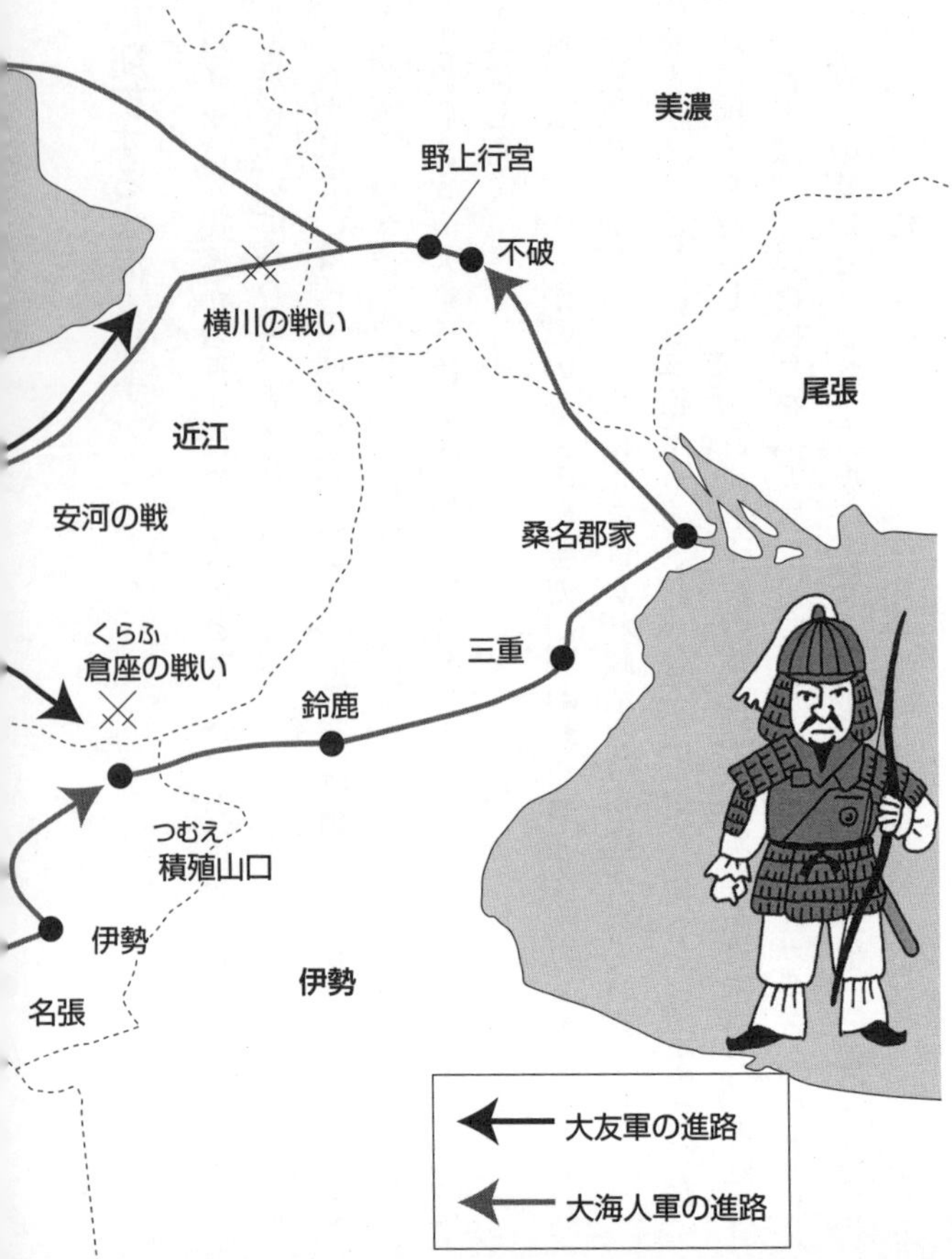
美濃
野上行宮
不破
横川の戦い
尾張
近江
安河の戦
桑名郡家
倉座《くらふ》の戦い
三重
鈴鹿
積殖《つむえ》山口
伊勢
伊勢
名張
大友軍の進路
大海人軍の進路

壬申の乱の戦跡

吉野から挙兵した大海人皇子軍は、多数の援軍を得たことで大友軍に勝利し大和へ凱旋した。

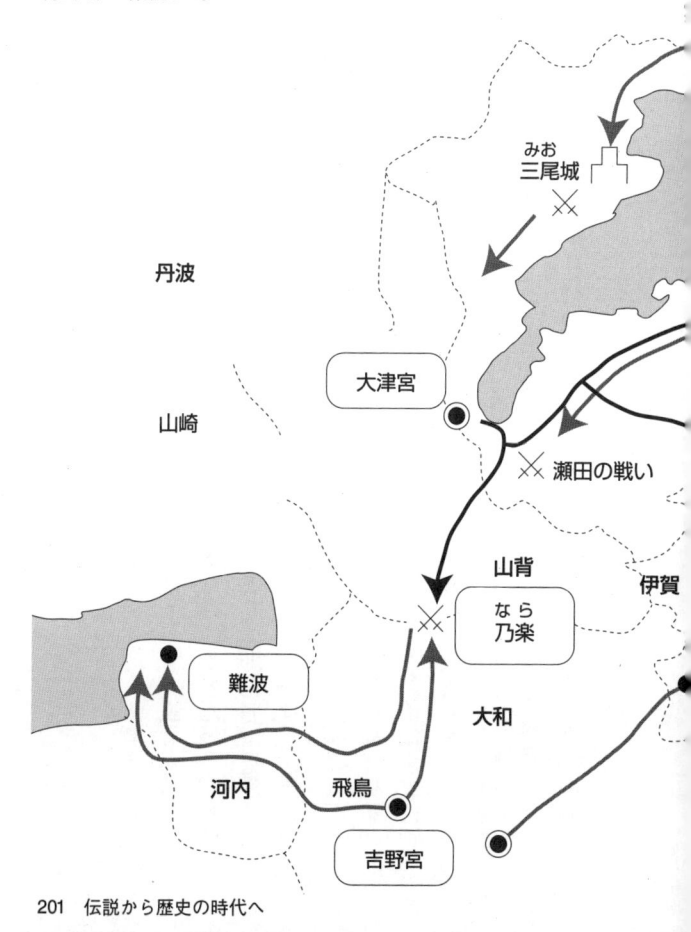

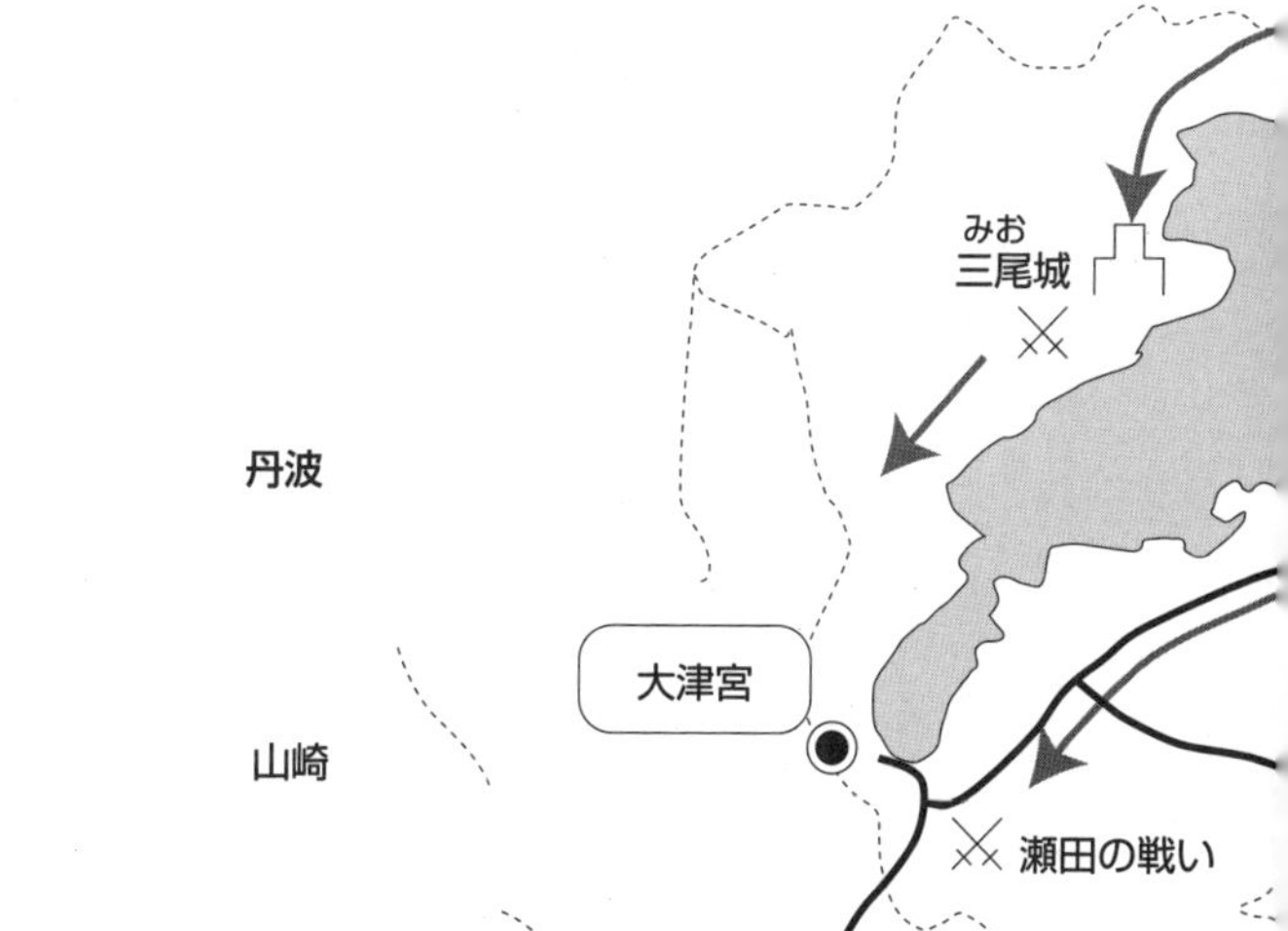

●天武天皇の遺業と後継の引き継ぎ

壬申の乱は骨肉《こつにく》相はむ皇位継承争いで天武の生年も不明なため、「天智と天武は兄弟ではなかった」とか「天智と天武は異母兄弟か異父兄弟」とする説もある。

天武天皇が大きな業績を遺し、死去したのは、６８６年9月のことだった。政治改革は半ばだったが、皇后の鸕野讃良皇女《うののさらのひめみこ》が41代持統《じとう》天皇として即位し、遺業を引き継ぐ。飛鳥浄御原令《あすかきよみはらりょう》を施行し、中国風をまねた藤原京を造営したのは、亡き天武天皇の悲願だった。中国にならった国づくりへの大きな前進である。

持統天皇の治世に力があったのが、天武天皇の長子であり、持統天皇の従兄弟である高市皇子《たけちのみこ》で、信望を集めていた。持統天皇の実子である草壁皇子《くさかべのみこ》はすでに亡くなっていたので、高市が皇位を継ぐと思われたが、６９６年に死去した。

持統天皇は草壁皇子の遺子、孫の軽皇子《かるのみこ》を皇太子とし、６９７年8月、軽皇子に譲位した。42代文武《もんむ》天皇の誕生である。持統天皇は文武天皇の政治を後見したが、７０２年に死去。『日本書紀』は持統天皇が皇位を譲ることを記して、全30巻の終わりとした。

盗掘された天武・持統天皇合葬陵

天武・持統天皇合葬陵

被葬者が確認されないものや呼称と一致しない例がほとんどである天皇陵において、この天武・持統天皇陵と天智天皇陵は数少ない例外である。

『日本書紀』は、41代持統天皇が皇太子（42代文武天皇）に天皇位を譲ったという記述で終わる。697年（文武1）8月1日のことだ。持統は702年（大宝2）、58歳で死去。遺骸は天皇として初めて火葬され、夫である天武天皇の陵に合葬された。

それが〝檜隈大内陵《ひのくまのおおうちのみささぎ》〟(奈良県明日香村)だ。2人が眠る陵墓は、被葬者の治定がほぼ間違いないとされる数少ない天皇陵である。従来、この陵墓は野口王墓と呼ばれ、幕末には文武天皇陵として比定された。ところが、1880年（明治13）、『阿不幾乃山陵《あおきのさんりょう》記《き》』が京都栂尾《とがのお》の高山寺で発見されると、一転して、天武・持統天皇合葬陵に比定される。

『阿不幾乃山陵記』とは、１２３５年（文暦2）、野口王墓が盗掘に遭ったため、官吏が現場を調査した報告書である。それによれば、天武の棺は暴かれ、石室内には遺骨と髪が散乱し、持統の遺骨を納めた銀の骨壺は持ち去られ、遺骨は無惨にもばらまかれていたらしい。この盗掘事件については、藤原定家が日記『明月記』にも記したほど、大きな衝撃を朝廷に与えた。だが、『阿不幾乃山陵記』が作成されたのは盗掘があってのことだ。皮肉なことだが、盗掘がきっかけで、当時の墳丘の外観、墓内の情況などが後世に伝わり、治定されたのである。古代エジプト王の墳墓がそうであるように、天皇陵だけでなく、めぼしい古墳は盗掘が繰り返されてきた。とくに、４世紀から８世紀に築造された天皇陵とみられる古墳のほとんどが盗掘されているという。盗掘は古代、中世だけでなく、近世にも記録されている。幕末には盗掘団が検挙され、奈良の市街を引き回しのうえ、磔に処された。明治から昭和にかけても、盗掘はつづき、コレクターに渡ったものも多いという。

　問題は宮内庁が管理する〝天皇陵〟および〝陵墓参考地〟の人物比定が正しいかどうかだ。それを確認するには発掘が欠かせないが、宮内庁は天皇家の祭祀を司る場所として調査を基本的に認めていない。１９８６年（昭和61）には考古学マニアが履中天皇陵に侵入し、土器片を盗掘した事件も起こった。天皇陵を調査、公開することで、文化財は守られ、記紀の世界が明らかになるのではないだろうか。

第六章　「記紀」研究の現在

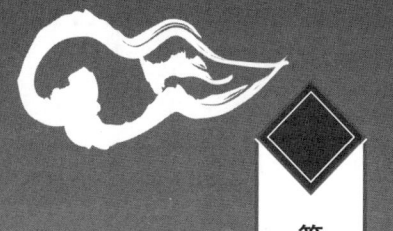

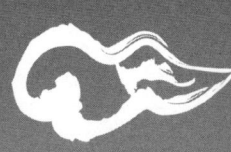

「記紀」と天皇陵古墳

考古学の進展により新たな事実が浮かび上がる!?

●管理が杜撰《ずさん》になった古墳、幕末に再考証

神武《じんむ》天皇の陵墓《りょうぼ》は、『古事記』によれば「畝傍山《うねびやま》の北の方の白檮《かし》の尾の上」にあると記され、『日本書紀』では「畝傍山東北陵」とある。平安初期までは祭祀《さいし》が行われていたことが文献で確認できるが、中世以降は次第に避けられるようになった。

神武天皇陵だけでなく、天皇陵は中世になると管理が行き届かなくなり、やがて荒れ放題になっていく。とくに、神世《かみよ》・古代の天皇陵は所在地が不明確なまま、江戸時代にいたる。

幕末に近づくと、※尊皇思想《そんのうしそう》の高まりに押され、徳川幕府は天皇陵を考証して修理する事業をはじめる。だが、天皇陵の特定は容易でなかった。神武天皇陵も３か所の候補地のうちから検討のすえ、１８６３年、現在の場所である山本ミサンザイ古墳に決定されたという。

※天皇の権威を強調する思想

◆◆◆ 文久山陵図の応神天皇陵後円部 ◆◆◆

山陵図は多数描かれたが、文久の山陵図は2005年復刻・出版された（出版:新人物往来社）。文久の修陵は天皇陵の治定に大きな影響を与えた。

引用：安藤希章著『神殿大観』

幕府が宇都宮藩の建議により1862年からはじめた大規模な修復事業を年号により「文久《ぶんきゅう》の修陵《しゅうりょう》」という。この際、工事前と工事後の陵墓の様子を描いた「文久山陵図」が残る。その絵と現在の姿を見比べると、改変の手が加えられていることがわかる。たとえば16代仁徳《にんとく》天皇の陵墓は2重であった周濠《しゅうごう》が3重に、21代雄略《ゆうりゃく》天皇の陵墓は円墳《えんふん》と方墳《ほうふん》を合体させて前方後円墳に作り直された。

幕末の治定作業は、当時としては高い水準で行われた。だが、文献にたよる検証には限界がある。明治に入ると、国家の管理が強化され、治定があいまいなまま天皇陵が固定していく。

●考古学の進展で「記紀」の謎が明らかに

太平洋戦争後、考古学が発達し古墳研究がすすむと、考古学の立場から天皇陵を見直そうという機運が高まった。しかし、現在も皇室による祭祀が行われている場所であることを理由に、宮内庁は天皇陵への立ち入りを制限し、原則的に調査を認めていない。ただ、修復のための陵墓調査という目的で研究者の立ち入りを許すことはある。陵墓指定区域外での発掘調査などの成果を合わせて、天皇陵古墳の年代の特定がすすみ、埋葬されている天皇との時代のズレが明らかになってきている。

人物の特定があいまいな陵墓を「〇〇天皇陵」というのはおかしいということから、地名を付した名前でよぶことが多い。たとえば、10代崇神《すじん》天皇の陵墓は行燈山《あんどんやま》古墳という。また「〇〇天皇陵古墳」という言い方もされる。

現在、被葬者の実在が確認されたうえ、天皇陵の呼称と一致しているのは、天智《てんち》天皇陵（御廟野《ごびょうの》古墳）と、天武《てんむ》・持統《じとう》合葬陵（野口王墓《のぐちのおうのはか》古墳）だけである。天皇陵の発掘調査が行われれば、「記紀」の世界に残る多くの謎を解く手がかりがえられるかもしれない。

天皇陵マップ

陵墓が皇族の誰のものであるかは、宮内庁が特定し、管理している。現在、天皇と天皇陵名が一致しているのは、天武・持統合葬陵と天智天皇陵のみ。考古学の進展により、天皇陵の年代の特定はすすんでいる。

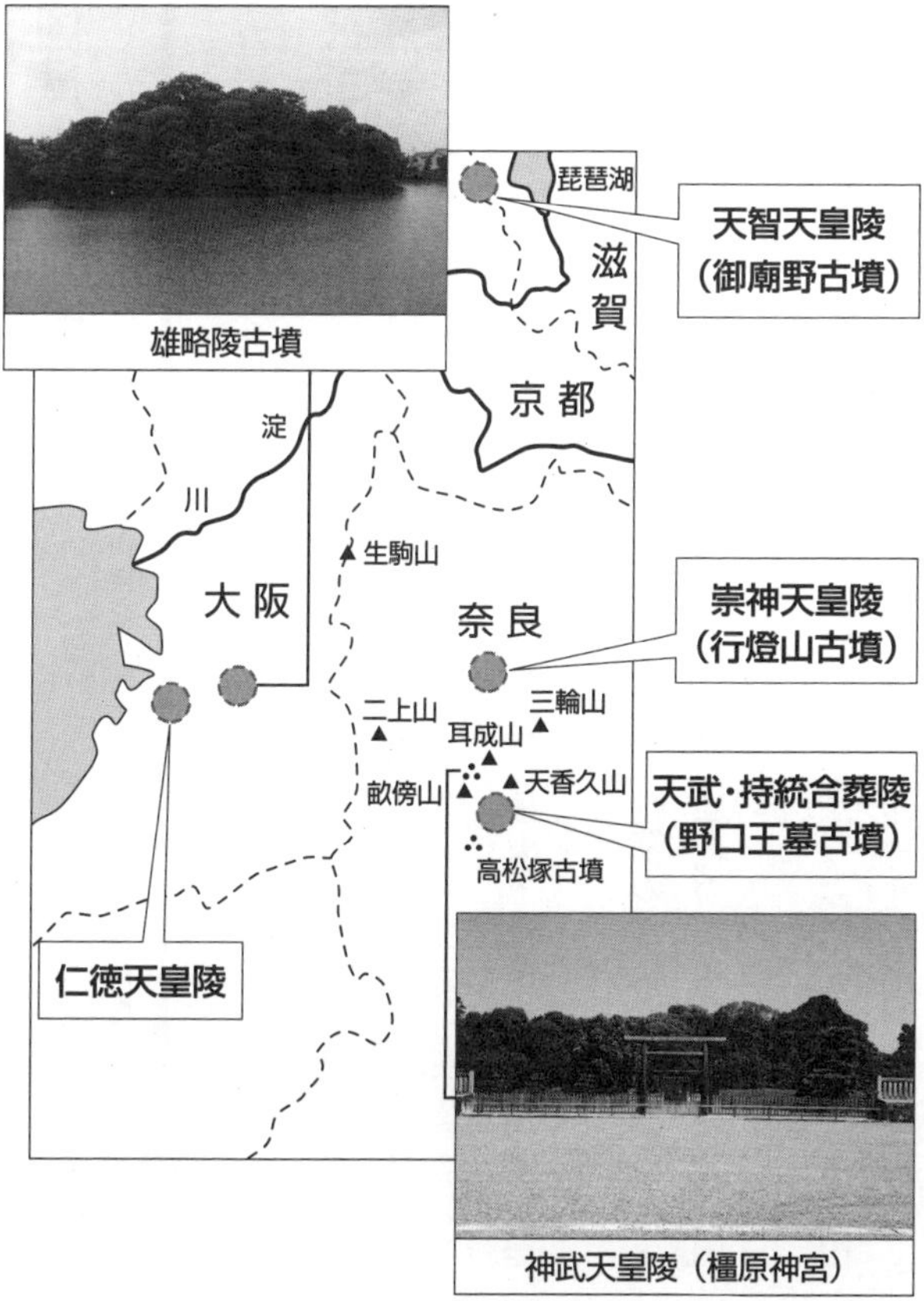

雄略陵古墳

神武天皇陵（橿原神宮）

『出雲国風土記』と「記紀」

記紀と内容を変えることで出雲の独自性を強調した

●ほぼ完全な形で残る希少な風土記

風土記《ふどき》とは、奈良時代初期に各国の地誌《ちし》※をまとめた官撰《かんせん》の報告書である。７１３年、元明《げんめい》天皇の命《めい》により、各国が編纂《へんさん》し、中央政府に提出した。内容は、名称・産物・地形と肥沃《ひよく》の状態・地名の起源・地域の伝承などである。完全に現存するものはないが、『出雲国風土記《いずものくにふどき》』はほぼ完本で残り、常陸《ひたち》・播磨《はりま》・豊後《ぶんご》・肥前《ひぜん》の風土記は一部が残る。

『出雲国風土記』は、７３３年に完成したとされる。編纂の責任者は神宅臣金太《みやけのおみかなた》理《り》。だが、実際の編集チーフは出雲臣広島《いずものおみひろしま》という出雲の神社の祭祀をつかさどる国《くにの》造《みやつこ》家の人物だった。『古事記』の完成は７１２年、『日本書紀』の完成は７２０年だから、出雲臣広島は「記紀」の内容を意識したに違いない。というのは、『出雲国風土記』と「記紀」の内容に大きな違いがあり、出雲の独自性を意図的に強調して

※その地方の自然や地理、社会、文化などの特性を記述した書物

◆◆◆ 出雲の文化圏 ◆◆◆

出雲地方は弥生時代以来、一大文化圏を築いていた。『出雲国風土記』は、ほぼ完本で現存し「記紀」の内容との違いが大きくあることがわかっている。出雲が独自の世界観を持っていたことを意図的に強調していると考えられている。

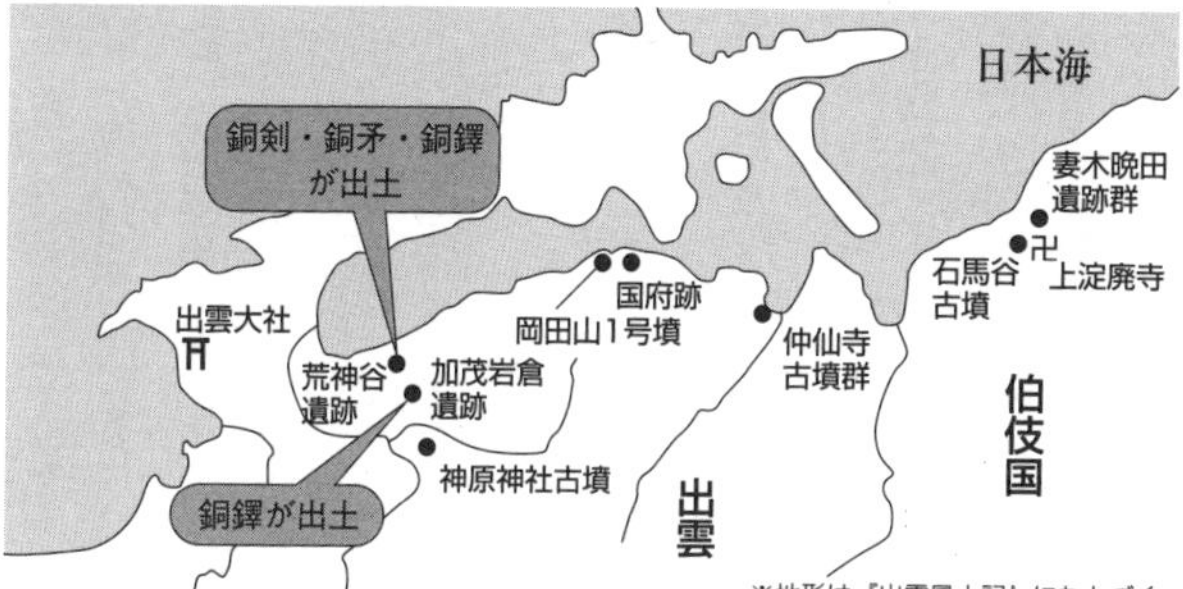

※地形は『出雲風土記』にもとづく

いる様子がうかがえるからだ。

●記紀とは大きく異なる記述

記紀神話で荒ぶる神として描かれ、ヤマタノオロチを退治する英雄神であるスサノヲノミコトは、『出雲国風土記』では存在感が薄い。登場場面が少ないばかりか、ヤマタノオロチ退治の話はいっさい出てこない。高天原《たかまのはら》から征討《せいとう》のために降りてきたという勇ましい存在ではなく、素朴な地域神という性格で描かれている。

また、出雲神社の祭神《さいしん》であるオホナムチは、「記紀」ではスサノヲの子または6世の孫とされるが、『出雲国風土記』ではスサノヲと血縁関係を示す記述がない。それどころか、オホナムチが救ったという因幡《いなば》の白兎《しろうさぎ》伝説はじめ、それに続く八十神《やそがみ》の迫害・根の国訪問などにも触れていない。もっとも特徴的なのは、オホナムチが天孫族《てんそんぞく》に国を譲るという、いわゆる国譲りの物語が記載されていないことだ。記紀神話で、オホナムチは、国を譲る条件として、天《あま》つ神《かみ》の御子《みこ》（天皇）が住むのと同じ規模の宮殿を建てることを要求する。それが出雲大社の創建に結びつくのだが、『出雲国風土記』はあくまでもオホナムチの功績をたたえて宮殿を建てたとする。

●大和と出雲の対立と融合の歴史

古代出雲《いずも》は、大和《やまと》の戌亥《いぬい》（西北）の方向にあり、日本海に面して独自の文化圏を形成すると考えられていた。「記紀」に出雲神話が語られるのは、その役割や位置づけの大きさを物語るものだろう。逆に『出雲国風土記』に、「記紀」が伝える出雲神話がみえないのは、出雲独自の世界観をアピールするためではなかったか。「記紀」と『出雲国風土記』の記述の相違に、大和の王権と出雲勢力の対立と融合の歴史が浮かびあがる。

「記紀」研究の流れ

江戸時代の中期以降、記紀の本格的な研究がはじまった

●『古事記』の評価を上げた本居宣長

「記紀」の研究が盛んになるのは江戸時代の中期以降である。先鞭《せんべん》をつけたのは国学者の荷田春満《かだのあずままろ》（１６６９〜１７３６年）で、その弟子である賀茂真淵《かものまぶち》（１６９７〜１７６９年）とともに、「記紀」をはじめとする古典研究の基礎を築いた。

これらの影響のもと、『古事記』の注釈を志していた本居宣長《もとおりのりなが》（１７３０〜１８０１年）は、賀茂真淵のアドバイスを受けて『古事記』の研究を本格化させる。約35年の年月を費やして１７９８年に完成したのが、『古事記伝《こじきでん》』（全44巻）だ。

宣長は注釈をとおして、神世《かみよ》を尊び、「やまとごころ」を重んじることを主張して、『古事記』をほめたたえた。それまで、『古事記』は正史である『日本書紀』の参照史料にすぎないとして軽視されていたが、宣長の実証的な文献研究により、『古事記』の評価は一気に高まったのである。

一方、『日本書紀』は、漢文で書かれていて読みづらいので、完成直後からしばしば宮廷で講義が行われた。その集大成が1274年ごろに成立した『釈日本紀《しゃくにほんぎ》』である。これにより、『日本書紀』の研究は一段落し、中世には神代紀《じんだいき》の解釈が神道家によりなされるが、そのほかは江戸中期まで停滞する。

『日本書紀』の研究に画期をもたらしたのは、1747年刊行の『日本書紀通証《つうしょう》』と、1785年ごろに完成した『書紀集解《しょきしっかい》』だ。両書はともに字句の出典を漢籍※1などに求めて明らかにしたもので、のちの研究者に大きな道をひらいた。

ただし、『日本書紀通証』と『書紀集解』は、注釈書の範囲にとどまるもので、それ以上の知見を示すことができなかった。それに比べ『古事記伝』は、注釈のみならず、古代人の風俗・習慣・思想などに言及しており、その後の歴史研究の裾野《すその》を広げたといえる。

●「記紀」の政治利用と研究の方向性

天皇主権の明治国家のもとで、「記紀」は万世一系《ばんせいいっけい》※2の天皇の起源を示すものとして政治的に利用されていく。

※1漢文で書かれた中国の書物
※2永遠に同一の系統がつづくこと

「記紀」研究の流れ

古事記		日本書紀
『日本書紀』の参照資料	奈良時代	宮廷での講義が行われる
	鎌倉時代	注釈書『釈日本紀』など
『古事記』版本の普及 国学者による研究 本居宣長『古事記伝』完成（全44巻）	江戸時代	谷川士清『日本書紀通証』 河村秀根・益根『書紀集解』

近現代
皇国史観がとられ「記紀」重視（明治〜） ▼ 津田左右吉による「記紀」批判（〜戦前） ▼ さまざまな視点から研究が行われている（戦後〜）

そうしたなか、「記紀」の内容に批判を加えたのが津田《つだ》左右吉《そうきち》（１８７３〜１９６１年）だった。津田は『神代史の新しい研究』（１９１３年刊）をはじめ一連の著作で、「記紀」は皇室の統治を正当化するための書で、脚色しているとした。だが、太平洋戦争を前にして言論弾圧が激しくなると、津田の著作は発禁処分となり、津田自身も皇室の尊厳を冒涜《ぼうとく》したとして有罪判決を受けたのだった。

しかし太平洋戦争後に、津田の研究は、学界の主流になる。津田の内的批判の研究を土台に、新しい業績が積み重なり、今も「記紀」の研究はさまざまな展開をみせている。

「記紀」の世界を語る考古学的発見

古代のロマンを呼び覚まし、夢をつなぐ考古学的発見

●墓誌から太安万侶の実在が立証される

1979年、奈良市此瀬町《このせちょう》の茶畑で、太安万侶《おおのやすまろ》の墓が発見された。火葬骨を納めた木櫃《きびつ》とともに出土したのが銅板製の墓誌《ぼし》※1である。

そこには「左京四條四坊従四位下勲五等　太朝臣安萬侶以癸亥　年七月六日卒之　養老七年十二月十五日乙巳」と記されていた。平城京の左京四条四坊に住む、従四位下勲五等の太朝臣安万侶が、723年7月6日に没し、同年12月15日に埋葬されたという。

『古事記』を編纂した太安万侶の名は『続日本紀《しょくにほんぎ》』で確認されていたが、墓誌の発見により、実在が立証されたことになる。

なお、墓誌は重要文化財に指定された。

※1死者の業績などを銅板や石板に記し、棺と共に埋めるもの
※2工芸技法のひとつ。ある素材に別の素材（金など）をはめ込む技法

太安万侶の住居マップ

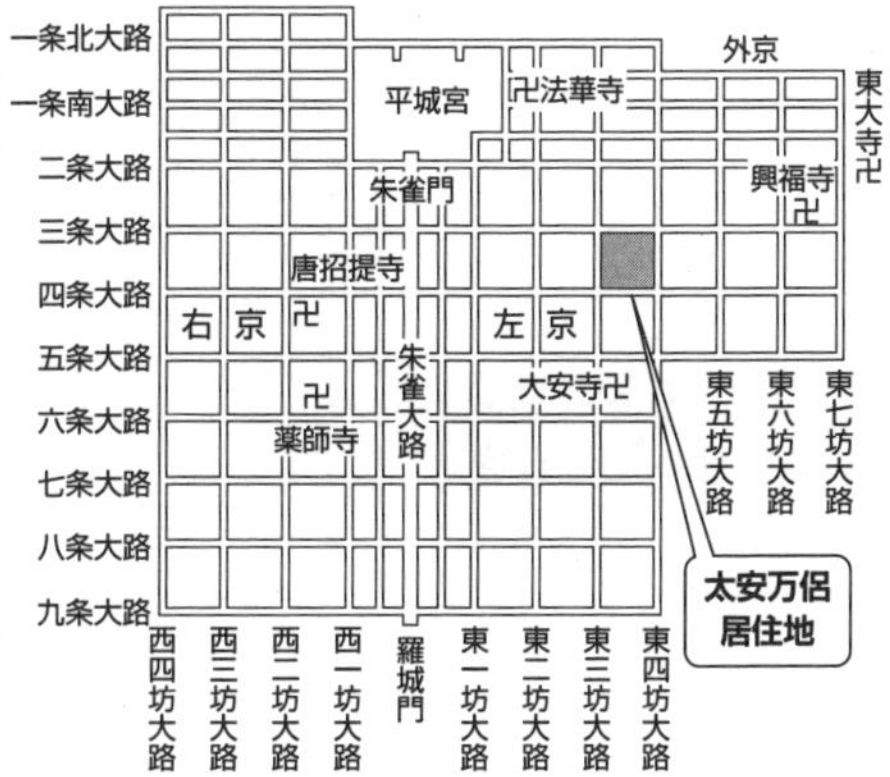

太安万侶の墓誌に記されていた文字

左京四條四坊従四位下勲五等《さきょうしじょうしぼうじゅしいのげくんごとう》　太朝臣安萬侶《おおのあそんやすまろ》
以癸亥《みずのとい》の
年《とし》七月六日卒之《しゅっす》　養老《ようろう》七年十二月十五日乙巳《きのとみ》

●雄略天皇の実在を立証した鉄剣の銘文

その前年の1978年、埼玉県行田《ぎょうだ》市の稲荷山《いなりやま》古墳から出土した鉄剣の表裏に、115文字の金嵌眼《きんぞうがん》※2の銘文《めいぶん》が彫られていることが判明した。

文字を要約すると、「私（ヲワケノオミ）の祖先は代々、杖刀人《じょうとうじん》の首《おびと》を勤めてきました。獲加多支鹵大王《わかたけるだいおう》に仕え、天下を治めるのを補佐してきました。そこで辛亥《しんがい》の年7月に、これまでの功績を剣に刻んで記念とします」となる。

辛亥年は471年説と531年説があるが、古墳出土の土器からみて471年

稲荷山古墳マップ

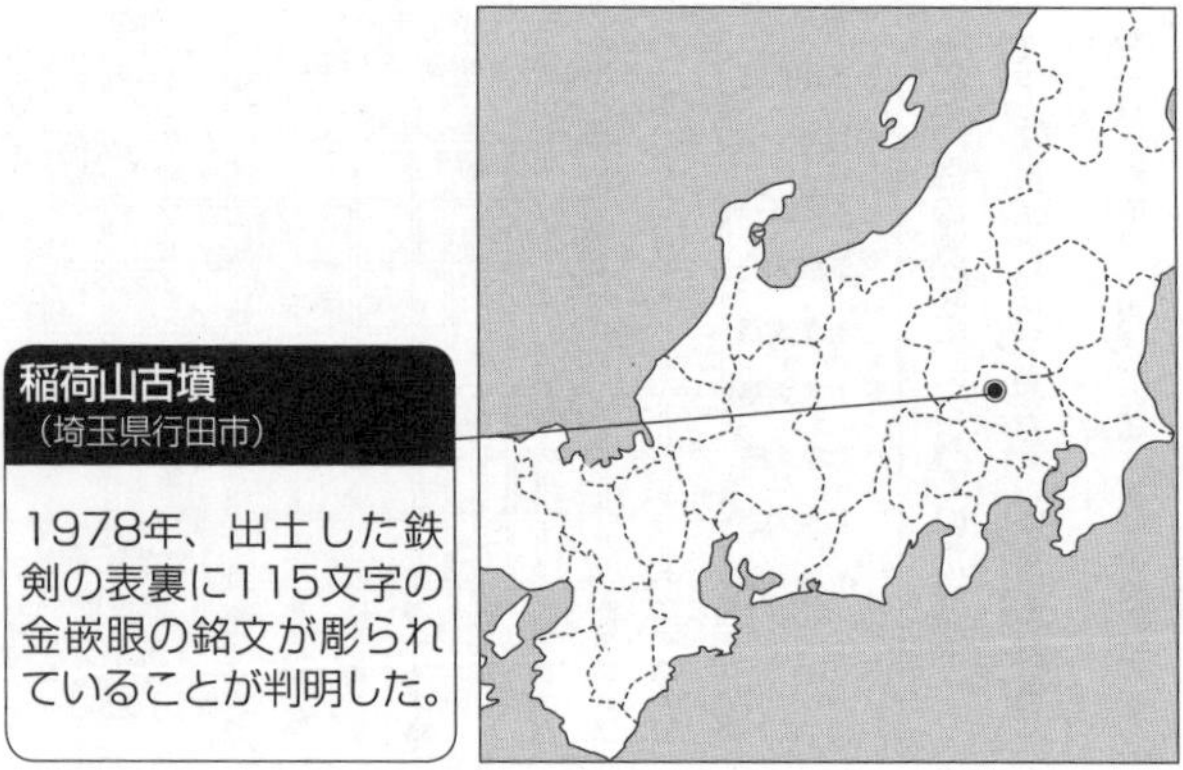
稲荷山古墳
（埼玉県行田市）
1978年、出土した鉄剣の表裏に115文字の金嵌眼の銘文が彫られていることが判明した。

説を定説とする。471年とすれば獲加多支鹵大王は21代雄略《ゆうりゃく》天皇と推定され、実在が考古学的に証明される。

また、471年が日本古代史の基準年になり、そのほかの歴史的できごとの年次を定めるうえでおおいに役立つことになった。同時に出土した副葬品の品々とともに国宝に指定されている。

●出雲の存在感を決定付けた大発見

1983年、島根県簸川《ひかわ》郡斐川町《ひかわちょう》にある荒神谷《こうじんだに》遺跡から、弥生時代の銅剣358本、銅鐸《どうたく》6個、銅矛《どうほこ》16本が出土した。1か所から出土した銅剣としては例をみない数で、日本古代史学・考古学の研究

金錯銘鉄剣《きんさくめいてつけん》

鉄剣の銘文に稲荷山近辺に住む豪族の系譜が刻まれていた。記された「辛亥年」を471年と考えると、「獲加多支鹵大王」は雄略天皇と推定され、実在が考古学的に証明されることとなった。

表

辛亥年七月中記乎獲居臣上祖名意富比垝其児多加利足尼其児名弖巳加利獲居其児名多加披次
獲居其児名多沙鬼獲居其児名半弖比

裏

其児名加差披余其児名乎獲居臣世々為杖刀人首奉事来至今獲加多支鹵大王寺在斯鬼宮時吾左
治天下令作此百練利刀記吾奉事根原也

出土した金錯銘鉄剣（文化庁保管）

表裏に刻まれた銘文の要約

「私（ヲワケノオミ）の祖先は代々、杖刀人の首を勤めてきました。獲加多支鹵大王に仕え、天下を治めるのを補佐してきました。そこで辛亥の年7月に、これまでの功績を剣に刻んで記念とします」

者に大きな衝撃を与えた。

というのも、それまで出雲では縄文・弥生時代の遺跡はほとんどなく、古墳も小規模なものしかないからだ。

記紀神話の3分の1は、出雲の記述で占められている。それまで出雲といえば出雲大社に代表されるように、まさに神話の国という漠然としたイメージだった。銅剣の大量出土は、大和王権にたいする出雲勢力の存在感を再認識させるような大発見となった。

その後、１９９６年には、荒神谷遺跡から3キロメートルへだてた加《か》茂《も》岩倉《いわくら》遺跡（雲南市）で、39個の銅鐸の発見もあった。2つの遺跡の関連性も指摘され、すでに出雲王国とよべるほどの勢力が存在したと考える研究者もいる。出雲神話の解明に結びつくかもしれない。

なお、荒神谷遺跡出土の銅剣・銅鐸・銅矛、加茂岩倉遺跡出土の銅鐸は国宝に指定された。

島根県立古代出雲歴史博物館に展示されている。

出雲周辺の遺跡

九州以外の地で、はじめて多数の銅剣が一か所から出土した荒神谷遺跡と、全国最多の銅鐸が出土した加茂岩倉遺跡は、古代における出雲の勢力を物語る。

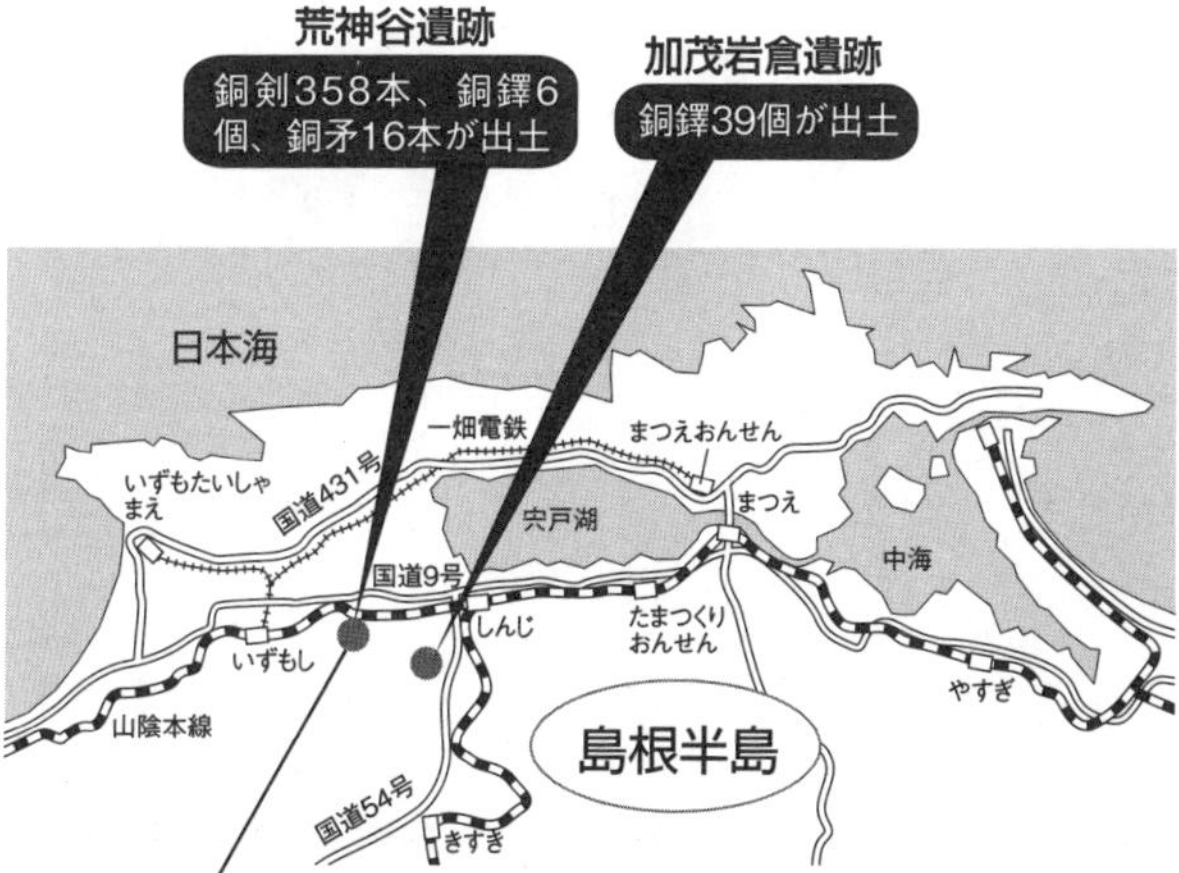

荒神谷遺跡

1983年、大量の銅剣などが出土した。

荒神谷遺跡より発掘された青銅器

荒神谷遺跡から弥生時代の銅剣358本、銅鐸6個、銅矛16本が出土した。3キロ離れた加茂岩倉遺跡で、39個の銅鐸の発見もあった。

出土状況

銅剣、銅矛は丁寧に並べて埋められていた。

銅鐸

長円形の釣鐘形の祭器。中に吊り下げた棒で音を鳴らし使用していたが、大型化し、鳴らさずにあおぎ見るためのものになっていった。

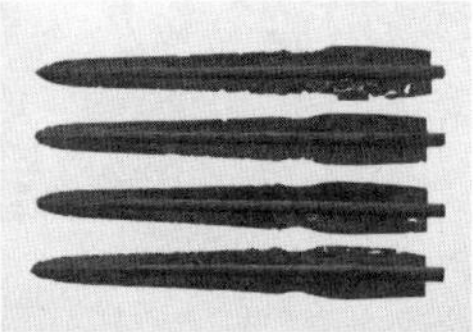

銅剣

大陸から日本に伝わって作られるようになり、実用の武器から祭器へと変わっていった。

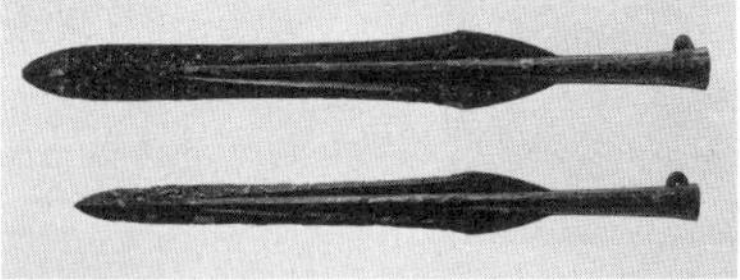

銅矛

槍状の刃の根元部分は袋状になっており、柄を差し込み使用した。次第に大きくなり祭器として使われるようになったと考えられる。

推古天皇で終わった『古事記』の記述

●9代の天皇治世が空白になっている

『古事記』は40代天武天皇の命で編纂が開始され、７１２年（和銅5）、43代元明天皇に献上された。一方、『日本書紀』も天武の命で編纂がはじまり、７２０年（養老4）、44代元正天皇に献上されている。両書の完成にそれほど大きな時間差はない。

だが、『日本書紀』が神代から41代持統天皇までを扱うのに対し、『古事記』は神代から33代推古天皇までにしか言及しない。推古天皇は６２８年（推古36）に没しており、持統天皇は６９７年（持統11）に譲位している。推古から持統までの間には、34代舒明天皇、35代皇極天皇、36代孝徳天皇、37代斉明天皇、38代天智天皇、39代弘文天皇（書紀に即位の記述はない）、40代天武天皇がいる。『古事記』が持統天皇まで記すのは不可能ではない。そもそも『古事記』は、24代仁賢天皇以降、各天皇の系譜記事だけになり、事績を記さない。享年や陵墓の所在地の紹介も欠けている例がある。それ以前と編集方針が異なるのは明らかだ。系譜記事、享年や陵墓の所在地の紹介だけなら、推古天皇以降だって難しいことではないし、手間取ることでもないだろう。『日本書紀』には記述があるのだから、『古事記』は急いで編纂を終結させたという印象がぬぐえない。

●『古事記』を急いで完成させた理由

これについては諸説がある。たとえば、『古事記』はあくまでも天皇家の神話・伝説を整理して伝える書で、史実を明らかにする性格を持っていないという考えだ。仁賢天皇以後は歴史が具体的な記述になるので、あえて避けたのではないかとする。

まして推古天皇以降は、社会を統合した新しい国のあり方を模索する数々の政策が行なわれ、政治的な対立が繰り返され、外交でも緊張した時代だ。『古事記』が推古天皇で筆を止めたのは、こうした歴史の動きと無関係ではないだろう。

推古天皇

推古天皇以降、時代が転換したと見なされたと考えられる。

ちなみに、日本最古の和歌集である『万葉集』（７５９年以降の成立）は、歌を作った時期により、４期に分類される。第１期は舒明天皇の即位（６２９年）から壬申の乱（６７２年）まで。推古天皇と舒明天皇の治世の境が、時代の転換点と見なされたのかも知れない。

終章　『古事記』見て歩き

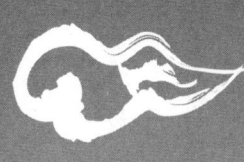

国生み神話の最初の舞台「淡路島」

イザナキ・イザナミの結婚から生まれた国土

●2神の最初の子ども「淡路島」

『古事記』の本文は、「天地初めて発《ひら》けし時、高天原に成りし神の名は、天之御中主神……」ではじまる。天之御中主神に続いて「神世七代《かみよななよ》」といわれる神々が生まれるが、最後の2神がイザナキとイザナミ。2神はドロドロ状態の下界を固めるよう命じられる。〝天沼《あめのぬ》矛《ぼこ》〟で下界をかき混ぜ、引き上げた矛の先から垂れ落ちた滴でできたオノゴロ島に降り立ち、2神は結婚、子どもである島々を生みだす。いわゆる「国生み」だ（30ページ参照）。『古事記』によれば淡路島、四国、隠岐島、九州、壱岐島、対馬、佐渡島、本州の順に創成された。これを〝大八島〟という。『日本書紀』の記述とは、順番や島が異なるが、淡路島が最初に誕生したことは一致している。大阪湾と播磨灘の境に位置する淡路島は、瀬戸内海で最大の島。瀬戸内を通して四国や九州と畿内をつなぐ西海の要衝として、古代から重視されてい

瀬戸内海に浮ぶ淡路島

『古事記』には淡路《あわじ》之《の》穂《ほ》之《の》狭《さ》別島《わけのしま》と記載されている。

たのだろう。

国生み神話との関連があるのだろうか、淡路島からは銅鐸・銅剣が数多く出土している。古代における淡路島の存在感を示す証といってよい。淡路島の神話の舞台に触れるなら、ぜひ伊弉諾《いざなぎ》神宮（淡路市多賀）を参拝しよう。淡路国の一宮で、イザナキ・イザナミを祀る。創建は不明だが、806年、特定の戸の田租などを収入として与えられた記録がある。「いっくさん」と呼ばれ親しまれている。『古事記』は、国生みを終えたイザナキは〝淡海の多賀〟に隠れたと記す。その〝幽宮〟が伊弉諾神宮だという。ただ、〝淡海〟を〝近江〟と理解し、滋賀県にある多賀大社に比定する説もある。

アマテラスを祀る伊勢神宮

伊勢神宮のはじまりと祭神

●アマテラスとトヨウケヒメ

アマテラスは『古事記』では〝天照大御神《あまてらすおほみかみ》〟、『日本書紀』では〝天照大神〟と記される。黄泉（死）の国に隠れたイザナミを追ったイザナキが、イザナミの醜さに怯えて現世に逃げ帰り、汚れを落とすべく禊ぎをした際、誕生した神々のうちの1柱がアマテラスだ。太陽神と考えられ、皇室の始祖（皇祖神）とされる。

伊勢神宮の〝内宮〟（伊勢市宇治館町）は、皇室の氏神で、太陽神とされるアマテラスを祀る。もう一つの正宮である〝外宮〟（伊勢市豊川町）の祭神は、イザナミの孫で、食物・穀物を司る女神トヨウケヒメ（豊宇気毘売神〈記〉）だ。『古事記』は天孫降臨の後、度会に鎮座したと記す。なお、『日本書紀』にトヨウケヒメは登場しない。

『日本書紀』によれば、アマテラスは初め宮中に祀られていたが、ほかの神と合祀されるのが畏《おそ》れ多いとして、よい鎮座地を探して転々とした後、伊勢に定められたという。『古事記』は、垂仁天皇の皇女ヤマトヒメが伊勢の大神を拝み祀ったと簡明に記す。この折、ヤマトヒメが五十鈴川のほとりに建てた祠が伊勢神宮のはじまりだ。ちなみに、外宮の社伝では、アマテラスが雄略天皇の夢枕にたち、丹波にいるトヨウケヒメを伊勢に祀るように告げたので、遷宮したという。

内宮を流れる五十鈴川は、聖界と俗界を分ける境界。両界をつなげるのが〝宇治橋〟だ。宇治橋を渡れば、境内はまさに聖域であり、神話の世界が今に広がる。五十鈴川《いすずがわ》の御手洗場で身を清め、木々に覆われた参道を歩めば、自然と心身は洗われていく。

行き着く先にある正殿は、荘厳そのもの。20年に一度行われる式年遷宮の直後に訪れれば、まぶしいほどの白木の正殿を拝むことができる。三種の神器のひとつである〝八咫鏡《やたのかがみ》〟がご神体という。

なお、和菓子の〝赤福餅〟、柔らかな食感の〝伊勢うどん〟、伊勢神宮のお神酒〝白鷹〟が内宮参拝の三種の味。内宮前の〝おかげ横町〟で味わうことができる。また、内宮と外宮の両方を参拝する場合は、外宮を先にするのがならわしだ。

天孫降臨の伝承地のひとつ・二上山と高千穂峰

神話の舞台が点在する宮崎県

●神話が息づく日向の名所

高天原《たかまのはら》の主であるアマテラスは、国譲りによって下界の葦原中国《あしはらのなかつくに》の平定に成功すると、葦原中国を統治するため、孫のニニギを高天原から派遣する。『古事記』によると、ニニギは〝筑紫の日向の高千穂のくじふるたけ〟に天降ったという。いわゆる「天孫降臨」だ（82ページ参照）。

筑紫とは九州全域をさす。日向は現在の宮崎県。〝くじふるたけ〟の〝くじ〟は加耶《かや》の降臨地名と同じだが、〝霊威のある山〟の意とされている。では、〝高千穂〟とはどこをさすか。諸説あるが、有名なのは、宮崎県北部の西臼杵郡高千穂町・五ケ瀬町の境にある二上山《ふたがみさん》、南部の宮崎・鹿児島県境に聳える霧島山地の高千穂峰だ。

二上山（標高989メートル）に比定されるのは、『日向風土記《ひゅうがふどき》（逸文）』に「日向の高千穂の二上の峰に天降りましき」と記述されていることに由来するという。

高千穂町には、祭神としてアマテラスを祀る天岩戸神社もある。神社を囲む一帯の山川すべてが神域とされ、天の岩戸神話でアマテラスが隠れたという洞窟、八百万の神々が集ってアマテラスを誘ったという天の安河原の伝承地が見どころだ。高千穂町は、まさに神話の舞台である。

一方の高千穂峰（標高１５７３メートル）は、霧島山地で第二の高さを誇り、雄大で美しい姿を見せる成層火山だ。山麓の都城盆地はじめ、宮崎平野の多くの町から望むことができる。山頂には、青銅製の天逆鉾《あまのさかほこ》が突き立てられている。伝承では、天降りしたニニギが国土平安のために突き刺したという。由来は不明だが、奈良時代には存在していたとされる。幕末の志士坂本龍馬が妻のお龍を伴い、新婚旅行に出かけた際、高千穂峰に登り、天逆鉾を引き抜いたというエピソードは有名だ。

だが、残念なことに、霧島山地は活火山のため、現在、登山はできない。また、天逆鉾のオリジナルも噴火で折れ、いまあるのはレプリカだという。

鹿児島と宮崎県境に広がる霧島山地。

神の使い・八《や》咫《た》烏《がらす》が導いた熊野

死から生への再生がかなうと信じられた熊野信仰

ユネスコに世界文化遺産として登録された「紀伊山地の霊場と参詣道」は、いわゆる熊野三山と熊野古道をさす。熊野三山とは熊野本宮大社・熊野速玉大社（新宮）・熊野那智大社をいう。この三山を巡るのが〝熊野詣で〟で、熊野への参詣路を熊野古道という。

深山幽谷の果てにある熊野は、古来〝隠国《こもりく》〟といわれた。隠国とは死者が集う場所という意味である。反面、この地を詣でることで、死から生へ再生がかなうと信じられた。中世、〝蟻の熊野詣で〟と言われたように、多くの人びとが厳しく長い旅路をたどったのは、現世あるいは来世に光を求めるためだった。

こうした信仰はあたかも、ニニギの曾孫イハレヒコ（のちの神武天皇）の「神武東遷」の神話につながる（114ページ参照）。イハレヒコは天孫降臨の地である高千穂を宮として葦原中国を治めていたが、天下の政に不満足で、新たな都の地を求め、日向から大和へ進軍した。だが、浪速で大和勢力の抵抗を受けて敗退する。

熊野三山と熊野古道

©一般財団法人奈良県ビジターズビューロー

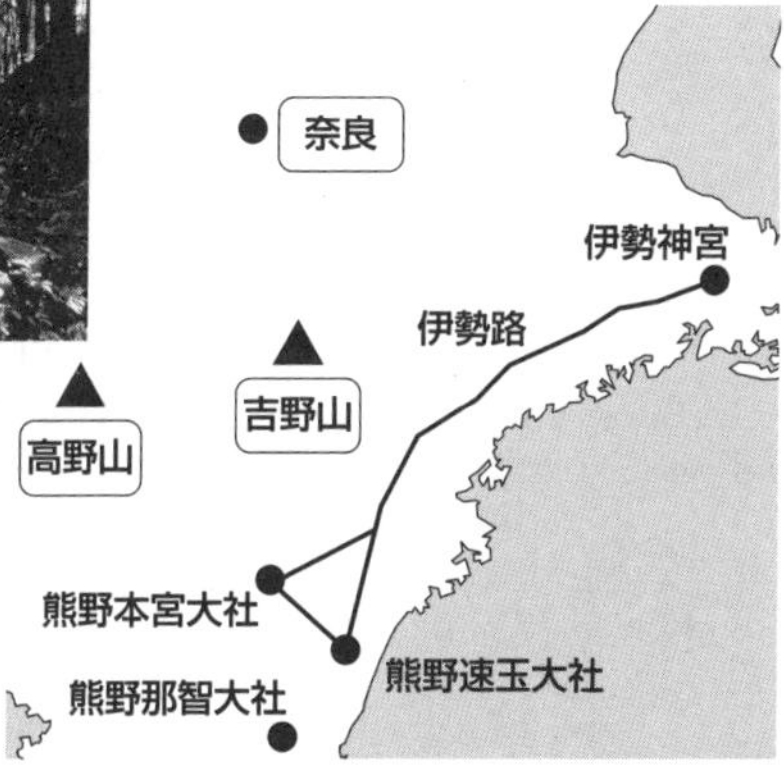

複数あるルートでイハレヒコが大和に向かった道筋は小辺路（高野山〜熊野）に近い。

再起を賭けて上陸した地が熊野だった。

『古事記』はイハレヒコの上陸地を〝熊野村〟と記す。現在の新宮市あたりとされる。イハレヒコは熊野から深い山中を北上し、大和平定を成功させ、神武天皇として即位した。このとき、イハレヒコを道案内したのが八咫烏である。三本足の烏で、サポート役として天津神から降された。熊野三山では神の使いとされ、神符の「牛王宝《ごおうほう》印《いん》」には多くの八咫烏で文字が表される。

三山を訪れたら、熊野古道をぜひ歩いてみたい。果無山脈をゆく険しい道で、いくつもの峠を越える。少し歩くだけで、神話の道であり、信仰の道であることを実感できよう。

神武天皇ゆかりの地・畝傍《うねび》山

橿原宮・神武天皇陵を訪ねる

日向からの東征に成功し、大和を平定したイハレヒコは、畝傍山の東南麓にある橿原宮《かしはらのみや》で即位した。『古事記』は「畝火の白檮原宮《かしはらのみや》で天下を治めた」と記すだけで、年代についての言及はないが、『日本書紀』は「辛酉年の春正月の庚辰の朔」とする。この日が西暦紀元前６６０年２月11日と比定されたことで、２月11日が建国記念日（もとは紀元節）とされた。

畝傍山は、天香具山・耳成山とともに、大和三山のひとつ。標高は１９９メートルで三山の中でもっとも高い。その東南麓にあるのが、神武天皇を祀る橿原神宮（橿原市久米町）だ。明治天皇の発願により、１８９０年（明治23）、神武天皇の宮跡と比定された伝承地に創建された。境内は約50万平方メートルと広大で、木々に彩られて本殿・幣殿などが立ち並ぶ。本殿は、神宮の創建に際し、京都御所の賢所を移築したもの。１８５５年（安政２）の建造で、入母屋造《いりもやづくり》・桧皮葺《ひわたぶき》の姿が古式の宮殿様式を伝えるとして、国の重要文化財に指定されている。

大和三山とその周辺

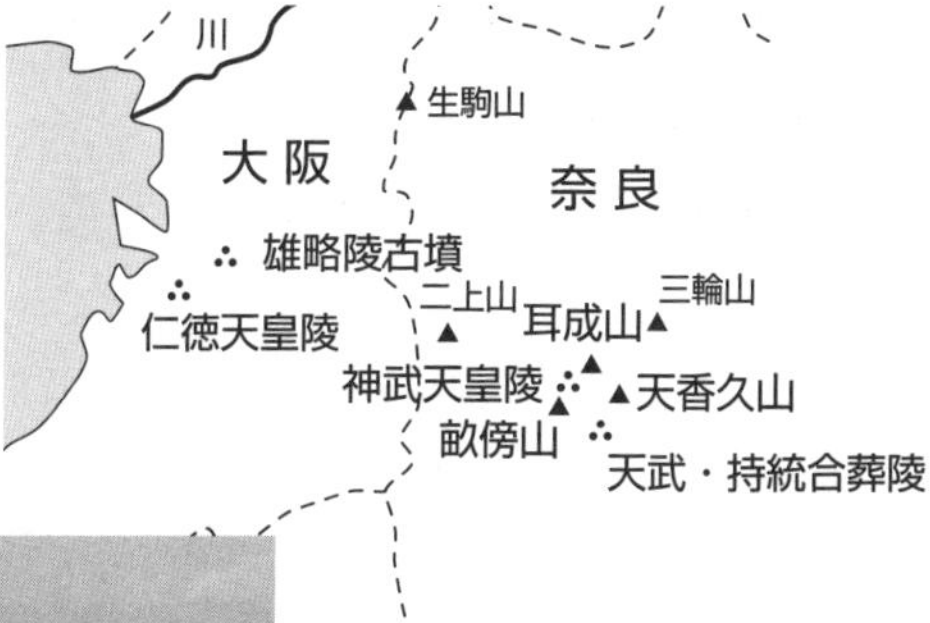

ゆるやかなスロープをもつ釣鐘型の山容の畝傍山（写真提供:社団法人橿原市観光協会）。

橿原神宮のすぐ近く、畝傍山の東北麓にあるのが神武天皇陵（橿原市大久保町）だ。『古事記』は、神武天皇の御陵は「畝火山の北の方の白檮の尾の上」にあると記す。『日本書紀』によれば、埋葬地は「畝傍山東北陵」という。神武天皇の陵墓と確定されていないので、学術的には字名をとって「ミサンザイ古墳」と呼ばれ、「ミサンザイ」はミササギ（御陵）にちなむ語らしい。

畝傍山の周辺には、このほかにも古墳や遺跡が数多くあるので、周囲を散策するとよい。一押しは奈良県立橿原考古学研究所の附属博物館。記紀の世界を彷彿とさせる数多い出土品の展示が圧巻だ。

ヤマトタケルが荒ぶる神に敗れた伊吹山

戦いにまつわる伝承が残る伊吹山麓

●草薙剣を預けたことが敗因に

伊吹山は滋賀・岐阜の県境にそびえる伊吹山地の主峰で、標高は1377メートル。北アルプスの3000メートル級の高峰を数々頂く岐阜県と違い、滋賀県にとっては伊吹山が最高峰だ。その勇姿は古くから霊峰として崇められてきた。過酷な自然を生き抜く伊吹山特有の貴重な植物が群生し、薬草の山としても知られる。歌枕としても詠まれた。この伊吹山の頂きに、ヤマトタケルの像が立つ。

ヤマトタケルは東国遠征を終えて帰路につくと、尾張に残した婚約者のミヤズヒメのもとを訪ね、結婚する。ついで、伊吹山の荒ぶる神の征伐に向かうが、このときヤマトタケルは武運をもたらしてくれた神剣である草薙剣をミヤズヒメに預ける。これがヤマトタケルに悲劇をもたらす（138ページ参照）。

伊吹の山神は、『古事記』では白い大いのしし、『日本書紀』では大蛇の姿に化身していたとされる。それを見逃したため、ヤマトタケルは山神が降らせた激しい雹に心身を衰弱させ、意識朦朧《もうろう》として下山するのだ。山麓の清水を口に含んで正気を取り戻したものの、回復にはいたらず、大和に帰る途上の三重の鈴鹿山中で命を落とす。

伊吹山麓にはヤマトタケルにまつわる伝承地が数々ある。その一つが〝居醒《いざめ》の清水〟だ。米原市醒ケ井にある。ヤマトタケルが正気を取り戻した場所という。『古事記』は〝居寤清泉〟、『日本書紀』は〝居醒井〟と記すが、それが地名の由来となった。いまも清らかな水がこんこんと湧き出ている。

醒ケ井にはヤマトタケルが鞍を置いたという鞍懸石、腰をかけたという腰掛石などもある。醒ケ井は中山道の宿場町で、いまも古い町並みを残す。

伊吹山頂にあるヤマトタケル像を見るには、麓から登山道を歩く（約3時間半）か、ドライブウェイを利用して車で9合目まで行き、残りを徒歩（約30分）で到着。

伊吹山頂に立つヤマトタケル像。

日本最大の前方後円墳をもつ百《も》舌鳥《ず》古墳群

大小50の古墳が点在する貴重な遺跡群

●宅地開発から古墳保存へ

大阪市に南接する堺市は、堺港を中心に臨海工業地帯が南北にのびる。それを見下ろす高台に広がる閑静な住宅街にあるのが〝百《も》舌鳥《ず》古墳群〟だ。日本最大の前方後円墳として知られる大仙陵古墳（伝仁徳天皇陵）をはじめ、円墳や方墳も含めて大小約50基の古墳が約4キロ四方の範囲に集中する。4世紀末か

百舌鳥古墳群

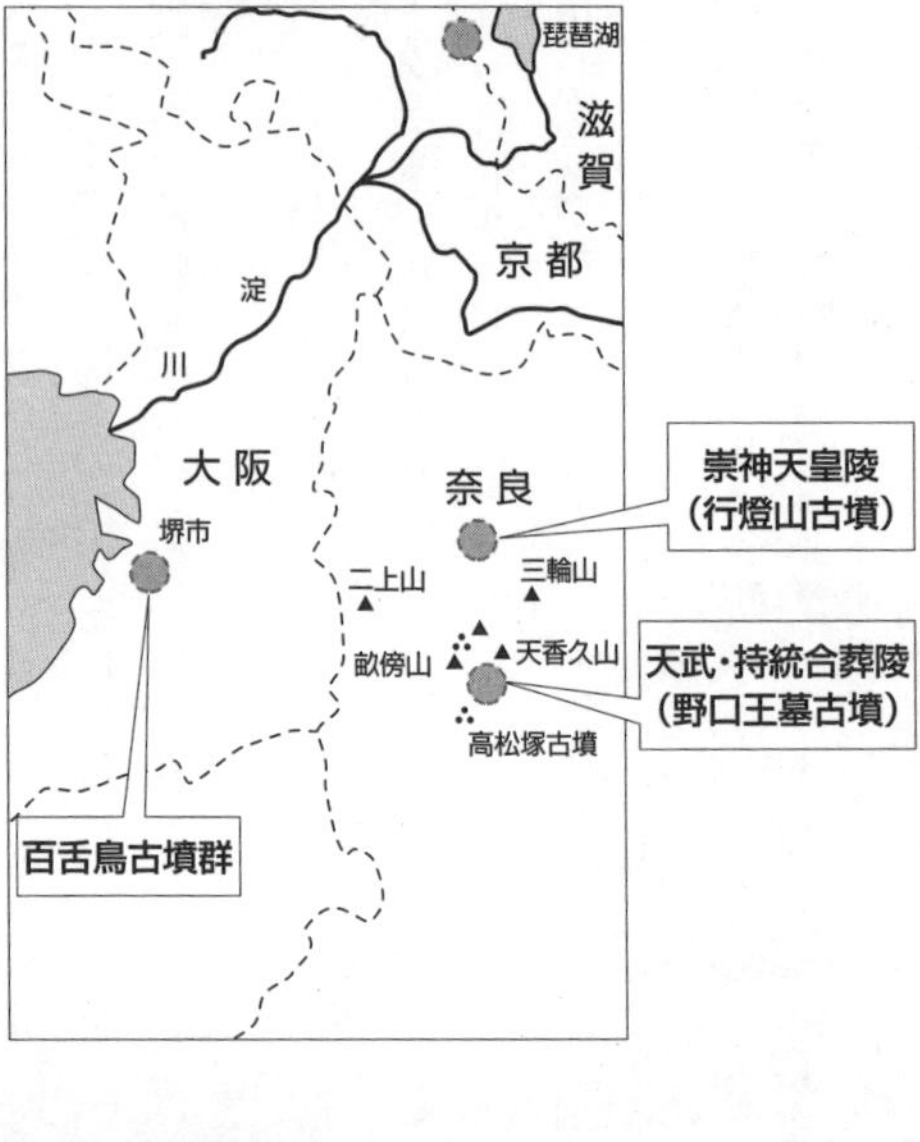

ら6世紀後半にかけての築造という。この地域には、かつて古墳が１００基以上あったとされる。だが、宅地開発が進むにつれ、半数が姿を消してしまった。こうした反省を踏まえ、市民を中心にして保存運動が起こり、破壊を免れたのがいたすけ古墳（前方後円墳／墳丘長１４６メートル）だ。尽力の甲斐あって、１９５６年（昭和31）、国の史跡指定を勝ち得た。こうした失敗と成功を積み重ね、百舌鳥古墳群は現代に姿をとどめる。いま堺市では、〝古市古墳群〟がある隣接の羽曳野市など、関係機関と協力し、両古墳群の世界文化遺産登録を目指して活動している。

　百舌鳥古墳群の中心である大仙山古墳は、墳丘長４８６メートル。古市古墳群にある誉田山古墳（伝応神天皇陵／前方後円墳）の墳丘長４２２メートルを上回り、日本一。それだけでなく、墓域面積は約48万平方メートルで、世界最大とされる。『古事記』は仁徳天皇が〝毛受の耳原〟に埋葬されたと記す（『日本書紀』は百舌鳥野陵）。周囲には遊歩道が設けられているので、散策してみよう。全周は約3キロメートル。近くには、北側に田出井山古墳（伝反正天皇陵）、南側に上石津ミサンザイ古墳（伝履中天皇陵）があるので、ぜひ足をのばしたい。なお、堺市役所の高層館21階には展望ロビーがあり、古墳群を遠望することができる。

王朝交代を行った継体天皇

福井県・大阪府に残る継体天皇ゆかりの地

●越前～近江の豪族から天皇へ

26代継体天皇について、『古事記』は多くを語らない。15代応神天皇の5世の子孫で、磐余《いわれ》の玉穂宮で天下を治め、妻たちが産んだ子どもたちの名を紹介した後、43歳で没し、〝三島の藍陵《あいのみささぎ》〟に葬られたと記すだけで、個人の事績に言及しないのだ。だが、『日本書紀』は継体天皇の実像を知るヒントを伝える。継体天皇の名はオホド（『古事記』の表記は袁本杼）。母は近江国高島の出身で、越前国を治めていた彦主人王に嫁ぎ、夫を喪った後、オホドを養育したという。その後、オホドは越前から近江にかけて勢力をもつ有力豪族になり、天皇として迎えられたとする。

オホドが育った越前の福井市にある足羽山公園は、緑が豊かで、街を見下ろす市民の憩いの場だ。山頂に立つ継体天皇像は〝越の大王〟と呼ばれたオホドを記念して建造された。足羽山には古墳が数多くあり、九頭竜川下流域の福井市周辺が古代北陸の中心地だったことをうかがわせる。

25代武烈天皇の死後、適切な後継者がいなかったため、オホドに白羽の矢が立つ。オホドは適役ではないと固辞するが、ついに要請を受諾。『日本書紀』によれば、河内国の楠葉宮で即位したという。楠葉宮の跡とされるのが、大阪府枚方市にある交野天神社の境内にあり、伝承地であることを示す石碑が立つ。

だが、継体天皇は大和に入れず、都は淀川沿いに山背国内を転々とする。継体天皇を大和に受け入れることに抵抗する勢力が強かったと想像される。大和の磐余（桜井市）に玉穂宮を設けたのは、即位から20年を経ていた。ようやく大和に入ったものの、わずか4年で、継体天皇は崩御する。埋葬地は『古事記』は〝三島の藍陵〟、『日本書紀』は〝藍野陵〟と記す。宮内庁が継体天皇陵としているのは太田《おおだ》茶臼山《ちゃうすやま》古墳（大阪府茨木市）だが、ふさわしいのは墳丘長190メートルの前方後円墳である今城塚古墳（大阪府高槻市）。今城塚古墳は、高槻市の史跡公園として整備されている。

足羽山公園に立つ継体天皇像。

仏法を重んじた聖徳太子が建立したと伝わる寺々

「太子建立七大寺」と「河内三太子」

聖徳太子は、31代用明天皇の第二皇子だ。母は29代欽明天皇の皇女である穴穂部間人皇女。摂政として仕えた33代推古天皇の甥にあたる。『古事記』は用明天皇の皇子として〝上宮の厩戸豊聡耳命〟という名を記すだけで、太子の事績には触れない。一方、『日本書紀』は推古天皇紀に、大臣蘇我馬子と共同で太子が行なった政治改革を詳しく紹介する（１６８ページ参照）。

聖徳太子は天皇を中心とした王権の秩序確立を進めた。その政治思想の中心が〝仏教〟である。６０４年（推古天皇12）に定めた十七条憲法では、第二条で「篤く三宝を敬へ」と説く。三宝とは、仏・法・僧を指す。のちには『三経義疏』（法華経・勝鬘経・維摩経の注釈書）を著すほど仏教の普及に熱心で、寺院の建立にも力を入れた。

近畿地方には太子ゆかりの寺院が数多くある。〝太子建立七大寺〟といわれるのが、四天王寺（大阪市天王寺区）、法隆寺（奈良県斑鳩町）、中宮寺（奈良県斑鳩町）、橘寺（奈良県明日香村）、広隆寺（京都市右京区）、法起寺（奈良県斑鳩町）、葛木《かつらぎ》寺《じ》（廃寺／場所不明）だ。〝河内三太子〟と親しまれるのが、叡福寺《えいふくじ》（大阪府太子町）、野中寺（大阪府羽曳野市）、大聖勝軍寺（大阪府八尾市）である。

　聖徳太子の名を借りた古寺もあると見られ、太子の建立と確実視されるのは、四天王寺と法隆寺と考える研究者が多い。四天王寺は『日本書紀』によると、５９３年（推古天皇１）に造営が開始されたという。法隆寺については記紀に記述はないが、６０１年（推古天皇９）に太子が斑鳩宮を造営したと『日本書紀』が記すので、同時期に建立されたとするのが通説である。

　四天王寺は焼失と再建の歴史を重ね、現在の伽藍は１９６３年（昭和38）に完成したもの。法隆寺は６７０年（天智天皇９）に焼失したとの記事が『日本書紀』にあり、研究者の間で論争があったが、７世紀末ごろに再建されたというのが定説になっている。いずれにしろ、世界最古の木造建築物であることに間違いはない。

物部氏と蘇我氏の抗争後に建立されたという四天王寺。

神々の系譜（『古事記』をもとに作成）

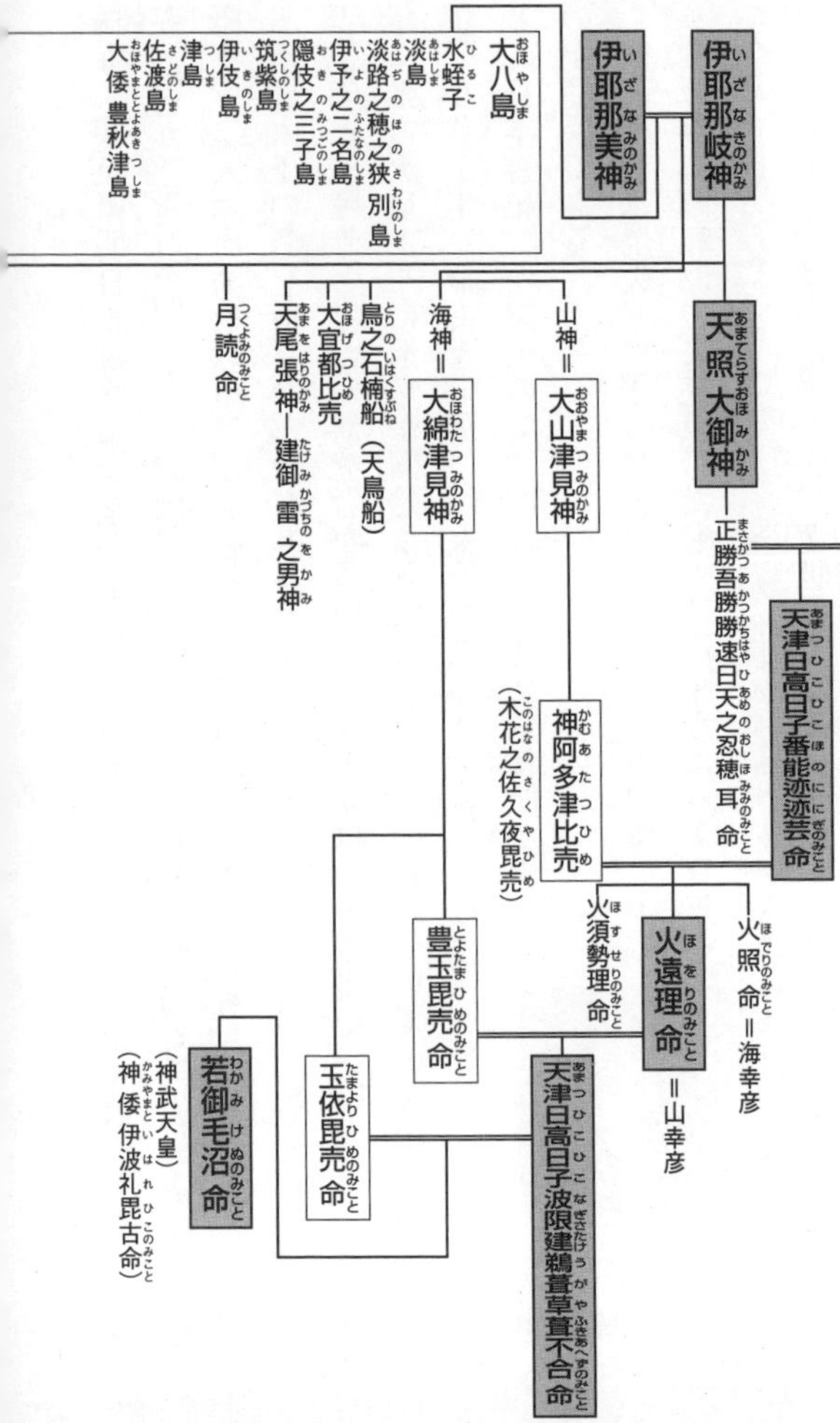

伊耶那岐神《いざなきのかみ》
伊耶那美神《いざなみのかみ》
大八島《おほやしま》
水蛭子《ひるこ》
淡島《あはしま》
淡路之穂之狭別島《あはぢのほのさわけのしま》
伊予之二名島《いよのふたなのしま》
隠伎之三子島《おきのみつごのしま》
筑紫島《つくしのしま》
伊伎島《いきのしま》
津島《つしま》
佐渡島《さどのしま》
大倭豊秋津島《おほやまととよあきつしま》
天照大御神《あまてらすおほみかみ》
山神＝大山津見神《おおやまつみのかみ》
海神＝大綿津見神《おほわたつみのかみ》
鳥之石楠船《とりのいはくすぶね》（天鳥船）
大宜都比売《おほげつひめ》
天尾張神《あまをはりのかみ》―建御雷之男神《たけみかづちのをかみ》
月読命《つくよみのみこと》
正勝吾勝勝速日天之忍穂耳命《まさかつあかつかちはやひあめのおしほみみのみこと》
万幡豊秋津師比売命《よろずはたとよあきつしひめのみこと》
天津日高日子番能迩迩芸命《あまつひこひこほのににぎのみこと》
神阿多津比売《かむあたつひめ》
（木花之佐久夜毘売《このはなのさくやひめ》）
火照命《ほでりのみこと》＝海幸彦
火遠理命《ほをりのみこと》＝山幸彦
火須勢理命《ほすせりのみこと》
豊玉毘売命《とよたまひめのみこと》
天津日高日子波限建鵜葺草葺不合命《あまつひこひこなぎさたけうがやふきあへずのみこと》
玉依毘売命《たまよりひめのみこと》
若御毛沼命《わかみけぬのみこと》
（神武天皇）
（神倭伊波礼毘古命《かみやまといはれひこのみこと》）

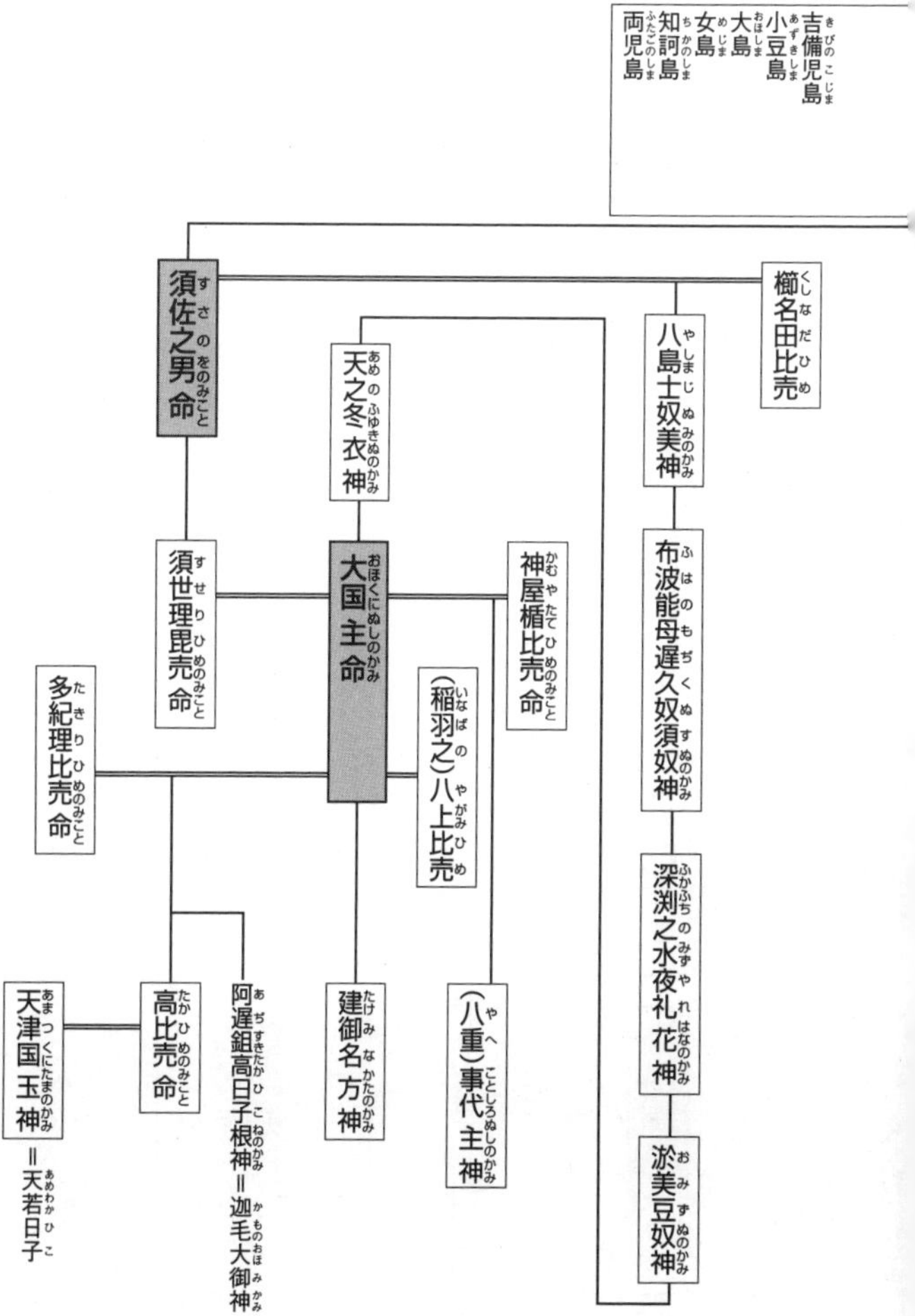

吉備児島《きびのこじま》
小豆島《あずきしま》
大島《おほしま》
女島《めじま》
知訶島《ちかのしま》
両児島《ふたごのしま》
櫛名田比売《くしなだひめ》
八島士奴美神《やしまじぬみのかみ》
布波能母遅久奴須奴神《ふはのもぢくぬすぬのかみ》
深渕之水夜礼花神《ふかふちのみずやれはなのかみ》
淤美豆奴神《おみずぬのかみ》
須佐之男命《すさのをのみこと》
天之冬衣神《あめのふゆきぬのかみ》
神屋楯比売命《かむやたてひめのみこと》
大国主命《おほくにぬしのかみ》
須世理毘売命《すせりひめのみこと》
(稲羽之)《いなばの》八上比売《やがみひめ》
多紀理比売命《たきりひめのみこと》
(八重)《やへ》事代主神《ことしろぬしのかみ》
建御名方神《たけみなかたのかみ》
阿遅鉏高日子根神《あぢすきたかひこねのかみ》=迦毛大御神《かものおほみかみ》
高比売命《たかひめのみこと》
天津国玉神《あまつくにたまのかみ》=天若日子《あめわかひこ》

天皇家の系譜（『日本書紀』をもとに作成）

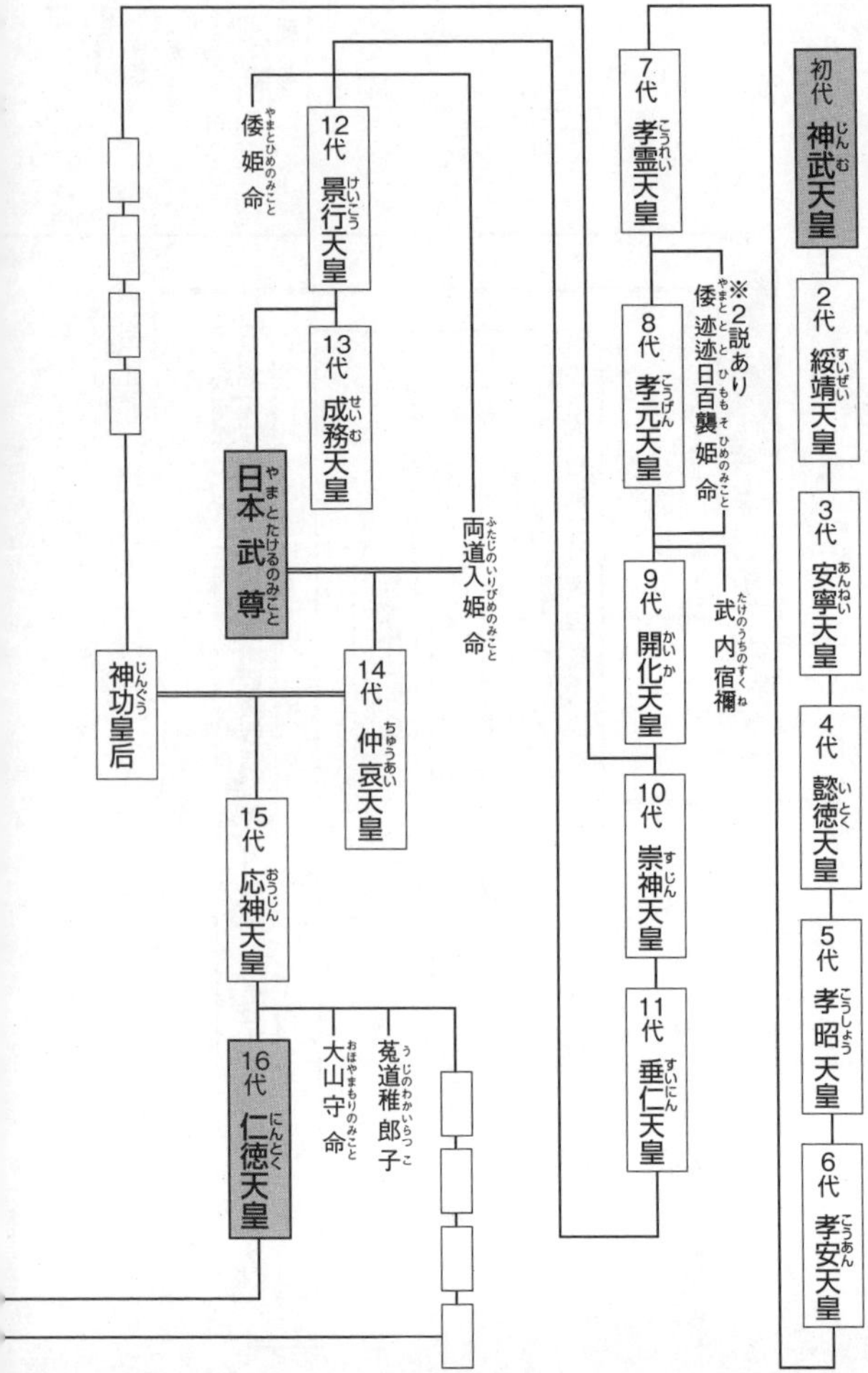

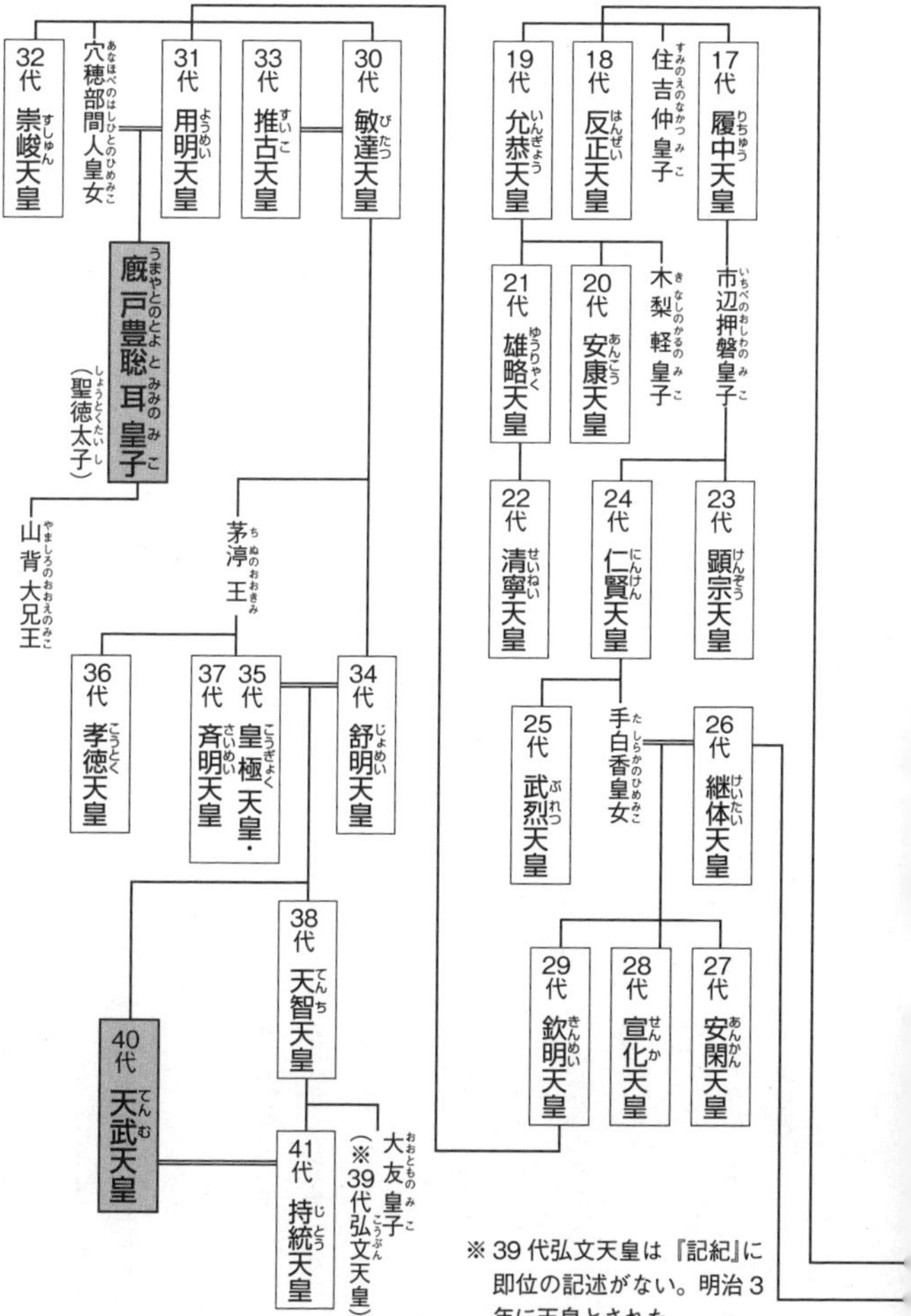

※39代弘文天皇は『記紀』に即位の記述がない。明治3年に天皇とされた。

日本書紀　歴史年表

西暦	年号	月	できごと
前667		10月	神日本磐余彦、東征開始
前660	神武1	1月	神武天皇即位
前581	綏靖1	1月	綏靖天皇即位
前549	安寧1		安寧天皇即位
前510	懿徳1	1月	懿徳天皇即位
前475	孝昭1	1月	孝昭天皇即位
前392	孝安1	1月	孝安天皇即位
前290	孝霊1	1月	孝霊天皇即位
前214	孝元1	1月	孝元天皇即位
前158	開化1	1月	開化天皇即位
前97	崇神1	1月	崇神天皇即位
前88	崇神10	9月	四道将軍を派遣
前86	崇神12	9月	人民の戸口を調査して賦役を課す

西暦	年号	月	できごと
前29	垂仁1	1月	垂仁天皇即位
前27	垂仁3	3月	天日槍、新羅より但馬に渡来
前5	垂仁25	3月	倭姫、伊勢に天照大神を鎮座
前3	垂仁32	7月	殉死の習慣を禁じ、埴輪を立てる
61	垂仁90	2月	常世国に田道間守を派遣
71	景行1	7月	景行天皇即位
97	景行27	10月	日本武尊に熊襲征討を命じる
110	景行40	7月	日本武尊に蝦夷征討を命じる
113	景行43		日本武尊、伊吹山の神との戦いに敗れ、死す
131	成務1	1月	成務天皇即位
192	仲哀1	1月	仲哀天皇即位
193	仲哀2	1月	気長足姫尊を皇后とする
200	仲哀9	10月	神功皇后、新羅征討

西暦	年号	月	できごと
201	神功1	2月	神功皇后、麛坂王と忍熊王の反乱を鎮圧
262	神功62	3月	葛城襲津彦を派遣して新羅を討つ
270	応神1	1月	応神天皇即位
283	応神14		弓月君、百済より渡来
289	応神20		倭漢直の祖阿知使主が渡来
313	仁徳1	1月	仁徳天皇即位
316	仁徳4	3月	税金を3年間免除
400	履中1	2月	履中天皇即位
406	反正1	1月	反正天皇即位
412	允恭1	12月	允恭天皇即位
415	允恭4	9月	氏姓を正すため、盟神探湯を行う
453	允恭42	1月	木梨軽皇子が穴穂皇子を攻撃するが失敗し、自害
	安康1		安康天皇即位

西暦	年号	月	できごと
456	安康3	8月	天皇、眉輪王に殺害される
	雄略1	11月	雄略天皇即位
463	雄略7		吉備上道臣田狭が謀反する
465	雄略9	3月	紀小弓を新羅追討に派遣するが、失敗
480	清寧1	1月	清寧天皇即位
481	清寧2	11月	億計、弘計の2皇子を発見
484	清寧5	1月	天皇崩御により、億計、弘計のふたりが皇位の譲り合いを始めたため、飯豊皇女が政務を執る
485	顕宗1	1月	顕宗天皇即位
488	仁賢1	1月	仁賢天皇即位
498	仁賢11	12月	武烈天皇即位
507	継体1	1月	継体天皇即位
511	継体5	10月	宮を山背国筒城に移す
518	継体12	3月	宮を弟国に移す

西暦	年号	月	できごと
527	継体21	11月	筑紫君磐井が反乱を起こす
528	継体22	11月	物部麁鹿火、磐井を討つ
535	安閑1	2月	安閑天皇即位
539	宣化1	12月	宣化天皇即位
	欽明1	2月	欽明天皇即位
545	欽明6	9月	百済が天皇に贈るために仏像を造る
552	欽明13	10月	百済の聖明王、仏像・経論を贈る
554	欽明15	12月	百済の聖明王、新羅に敗れ戦死
556	欽明17	1月	百済を救援する
562	欽明23	1月	新羅、「任那」を滅ぼす
572	敏達1	4月	敏達天皇即位
581	敏達14	3月	物部守屋、仏塔・仏像・仏殿を焼く
586	用明1	9月	用明天皇即位
587	用明2	7月	蘇我馬子、物部守屋を滅ぼす
587	用明2	8月	崇峻天皇即位
588	崇峻1		蘇我馬子、元興寺(飛鳥寺)を建立
592	崇峻5	11月	蘇我馬子、東漢駒に天皇を暗殺させる
		12月	推古天皇即位
593	推古1	1月	厩戸皇子を「皇太子」とする
602	推古10	2月	来目皇子を新羅に派遣
603	推古11	12月	冠位十二階制定
604	推古12	4月	憲法十七条制定
607	推古15	7月	小野妹子を中国の隋に派遣
621	推古29	2月	厩戸皇子、斑鳩宮で死去
626	推古34	5月	蘇我馬子死去
629	舒明1	1月	舒明天皇即位
639	舒明11	7月	百済宮を造営し、百済大寺造営を開始
642	皇極1	1月	皇極天皇即位
643	皇極2	11月	蘇我入鹿、山背大兄王を殺害

西暦	年号	月	できごと
645	孝徳1	6月	中大兄皇子、中臣鎌足らとともに蘇我入鹿を殺害する
		6月	14日、軽皇子(孝徳天皇)即位
		9月	古人皇子、謀反の罪で殺害される
646	孝徳2	1月	改新の詔発布
649	孝徳5	3月	蘇我倉山田(石川)麻呂が自害
655	斉明1	1月	皇極上皇(斉明天皇)重祚
658	斉明4	4月	阿倍比羅夫、蝦夷を討つ
		11月	有間皇子、謀反の疑いを受け殺害
661	斉明7	1月	新羅征討のため、筑紫に向かう
		7月	天皇崩御により、中大兄皇子称制開始
663	天智2	8月	白村江の戦いで唐・新羅連合軍に大敗
667	天智6	3月	都を近江・大津宮に遷す
668	天智7	1月	中大兄皇子(天智天皇)即位
669	天智8	10月	中臣鎌足死去

西暦	年号	月	できごと
670	天智9	2月	庚午年籍を作成
671	天智10	1月	大友皇子、太政大臣となる
		10月	大海人皇子、吉野へ隠棲
672	天武1	6月	大海人皇子、吉野を脱出し、近江朝と開戦
		7月	大津宮陥落し、大友皇子が自害
673	天武2	2月	大海人皇子(天武天皇)即位
681	天武10	3月	川島皇子ら帝紀・上古の諸事を記定させる
684	天武13	10月	八色の姓制定
686	天武15	7月	朱鳥に改元
		9月	鸕野讃良皇女(高天原広野姫)称制開始
		10月	大津皇子の謀反が発覚し、殺害
690	持統1	4月	持統天皇即位
694	持統8	12月	藤原宮へ遷都
697	持統11	8月	珂瑠皇子(文武天皇)に譲位

開化天皇(かいか)……127,154
カグツチ(ノカミ)……21,34,35,75
カゴサカノミコ……143
神世七代……28,226
カムアタツヒメ……92
カムヌナカハミミノミコト……121,126
カムムスヒノカミ……60
カムヤイミミノミコト……121
カムヤマトイハレヒコノミコト・112,114
軽野皇子(かるのみこ)……183,202
川島皇子(かわしまのみこ)……14
冠位十二階……170,172
吉備……21,114,132,150
キビツヒコ……128
欽明天皇(きんめい)
……109,160,163,168,174,242
草壁皇子(くさかべのみこ)……202
草薙剣……52,83,134,138,236
クシナダヒメ……50,56
国つ神(くにつかみ)……69,82,94,128
クニトコタチノミコト……28
熊襲(くまそ)……130,134,142
来目皇子(くめのみこ)……174
景行天皇(けいこう)……130,134,140,142
継体天皇(けいたい)……109, 158,163,240
欠史八代……127,129
元正天皇(げんしょう)……14,16
顕宗天皇(けんそう)……152
元明天皇(げんめい)……12, 210
孝安天皇(こうあん)……127
皇極天皇(こうぎょく)……180,183,223
孝元天皇(こうげん)……127,128
孝昭天皇(こうしょう)……127
孝徳天皇(こうとく)……183,186,223
弘文天皇(こうぶん)……198,223
孝霊天皇(こうれい)……127
別天つ神(ことあまつかみ)……28
コトシロヌシ(ノカミ)……75,78
コノハナノサクヤヒメ……91,94,98

〈さ行〉

斉明天皇(さいめい)……186,189,223
サホヒコノミコ……154
サホヒメノミコト……154
サルタヒコ……83,85
三韓征討……143
三貴子……40
三種の神器……83,90
シタテルヒメ……70
持統天皇(じとうてんのう)
……10,16,187,202,203,223
シホツチノカミ……100,102
十七条憲法……171,172,242
聖徳太子……167,170,172,174,178,242
舒明天皇(じょめい)……180,223
神功皇后(じんぐう)……22,142,146
壬申の乱……16,173,224
神武天皇(じんむ)
……13,20,97,112,114,121,122,234
神武東遷……114
推古天皇(すいこ)
……10,13,21,144,168,172,223,242
垂仁天皇(すいにん)……130,154,229
スクナヒコナノカミ……64
スサノヲ(ノミコト)・・20,40,43,48,56,60,211
崇峻天皇(すしゅん)……168
崇神天皇(すじん)……128,130,154
スセリヒメ……62,68
清寧天皇(せいねい)……152
成務天皇(せいむ)……130,142
宣化天皇(せんか)……109,163
蘇我稲目(そがのいなめ)……165
蘇我入鹿(そがのいるか)……181
蘇我馬子(そがのうまこ)……168,178,183,242
蘇我蝦夷(そがのえみし)……178

索引

〈あ行〉

〈か行〉

八十神(やそがみ) ……57,60,64,212
八咫烏(やたがらす) ……117,119,233
八咫鏡(やたのかがみ)……83,229
ヤチホコノカミ……56
山幸彦(やまさちひこ)……96,98,102,106,111
山背大兄皇子(やましろのおおえのみこ)……178
ヤマタノオロチ……13,49,211
ヤマトタケル(ノミコト)……13,20,132,134,138,142,236
ヤマトヒコノオオキミ……158
ヤマトヒメ(ノミコト)……134,229
雄略天皇(ゆうりゃく)・150,152,207,218,229
用明天皇(ようめい)……166,168,242

〈わ行〉

ワカタラシヒコ(ノミコト)……130,142
ワタツミ(ノカミ)……39,102,106

●参考文献

『古事記』倉野憲司校注(岩波文庫)／『古事記 全訳注』次田真幸(講談社学術文庫)／『日本書紀』坂本太郎・家永三郎・井上光貞・大野晋校注(岩波文庫)／『日本書紀 全現代語訳』宇治谷孟(講談社学術文庫)／『日本の歴史』1巻:井上光貞　2巻:直木孝次郎(中央公論社)／『日本の歴史』1巻:佐々木高明　2巻:田中琢　3巻:吉村武彦(集英社)／『全集 日本の歴史』1巻:松木武彦　2巻:平川南(小学館)／『日本神話』上田正昭(岩波新書)／『壬申の内乱』北山茂夫(岩波新書)／『古事記の世界』西郷信綱(岩波新書)／『天武朝』北山茂夫(中公新書)／『古事記と日本書紀 「天皇神話」の歴史』神野志隆光(講談社現代新書)／『日本書紀の読み方』遠山美都男(講談社現代新書)／『早わかり古代史』松尾光編(日本実業出版社)／『古代史を知る事典』武光誠(東京堂出版)／『らくらく読める古事記』 島崎晋(廣済堂出版)／『図説　地図とあらすじでわかる！ 古事記と日本書紀』坂本勝監修(青春出版社)／『日本書紀のすべて』武光誠編(新人物往来社)／『週刊朝日百科 日本の歴史 記紀の世界 神話と歴史のあいだ』(朝日新聞社)／『別冊歴史読本『古事記』『日本書紀』総覧』(新人物往来社)／『別冊歴史読本 記紀神話の秘密』(新人物往来社)

●写真提供・協力

飛鳥保存財団／淡路島くにうみ協会／大阪観光コンベンション協会／大津市産業観光部観光振興課／奥出雲町役場地域振興課／橿原市観光協会／霧島市観光協会／熊野本宮大社／御所市観光振興課／埼玉県立さきたま史跡の博物館／堺観光コンベンション協会／桜井市観光課／佐渡観光協会／静岡県観光協会／島根県観光連盟／島根県教育委員会文化財課文化財グループ／関ケ原町観光案内／高岡市観光協会／対馬観光物産協会／鳥取県文化観光局観光政策課／羽曳野市教育委員会／三重県観光連盟／南さつま市産業振興部商工観光課／みやざき観光コンベンション協会／焼津神社／吉野町役場観光商工課／一般財団法人奈良県ビジターズビューロー／福井県観光連盟

●監修者プロフィール

鈴木靖民（すずき　やすたみ）

1941年、北海道生まれ。1969年、國學院大學大学院文学研究科博士課程単位取得。現在、横浜市歴史博物館館長・國學院大學名誉教授・文学博士。専門分野は日本古代史、東北アジア古代史。全国で講演も行っている。主な著書に『倭国と東アジア』、『日本の古代国家形成と東アジア』（ともに吉川弘文館）、『倭国史の展開と東アジア』（岩波書店）、『比較史学への旅』（勉誠出版）など多数。

●STAFF

編集協力◎池上直哉・野秋真紀子（ヴュー企画）／むしか
執筆◎伊藤雅人
口絵・本文イラスト◎I.Lu.Ca.たらく
図解＆ＤＴＰ◎センターメディア

本書は、弊社発行の『図解　地図でたどる古事記・日本書紀』に加筆・修正を行って再編集し、改題したものです。

図解！地図とあらすじでわかる 古事記・日本書紀

監修者◎鈴木靖民
発行者◎永岡修一
発行所◎㍿永岡書店
〒176-8518　東京都練馬区豊玉上1-7-14
TEL.03-3992-5155(代表)　　03-3992-7191(編集部)
印刷◎図書印刷
製本◎コモンズデザイン・ネットワーク

ISBN978-4-522-47650-5　C0176